BREVIS
LINGUAE ARABICAE

GRAMMATICA, LITTERATURA, CHRESTOMATHIA

CUM

GLOSSARIO.

IN USUM PRAELECTIONUM ET STUDIORUM PRIVATORUM.

SCRIPSIT

JUL. HENR. PETERMANN,

DOCT. ET PROF. PUBL. EXTRAORD. IN UNIVERSITATE BEROLINENSI.

EDITIO SECUNDA EMENDATA ET AUCTA.

BEROLINI

APUD G. EICHLER.

1867.

Prodit hic, quae diu jam desiderabatur, secunda portae arabicae editio, in qua vitia multa prioris correxi, atque, uti paginarum numerus docebit, libellum in omni parte additamentis, quae necessaria videbantur, amplificavi.

Sic in grammatica tirones vix quidquam desiderabunt; in litteratura addidi delectum librorum, qui inde ab anno MDCCCXL in lucem editi sunt, et in chrestomathia adjunxi narrationem ab amicissimo Wetzstein e codice manuscripto bibliothecae ab ipso Damasci comparatae mihi suppeditatam, quae indolem religionis Muhammedanorum, atque imprimis Chaliphae Omari quam maxime conspicuam reddit.

De consilio ac ratione, quibus ductus me ad elaborandum hunc et similes libellos linguis *hebraicae, chaldaicae, samaritanae, syriacae, armeniacae, aethiopicae* et *persicae* dicatos accinxerim, deque via, quam ineundam putaverim, in praefatione primo horum libellorum volumini (portae hebraicae) praemissa fusius disputavi, quare lectores benevolos rogo, ut illam, si velint, perlegant.

Brevi tempore in lucem prodibit portae linguarum orientalium tomus III, *linguae Samaritanae* grammaticam, litteraturam et chrestomathiam cum glossario continens, in quo Samaritanorum, pronunciatione quam ab ipso eorum sacerdote summo didici, hucusque incognita innixus novam prorsus viam ingrediar.

GRAMMATICA.

I.

DE SCRIBENDI ET LEGENDI ELEMENTIS.

CAP. I. DE SCRIPTURA.

§. 1. Scriptura Arabum a dextra sinistrorsum legenda litteris constat 28, quae sive praecedenti, sive sequenti, sive utrinque annectantur, seu denique absolute nulli annexae ponantur, varias adsumunt figuras, quas unâ cum nomine et valore uniuscujusque ordine recepto tabula sequens exhibet.

CONSONANTES.

| NOMINA. | FIGURAE. | | | | VALOR. | |
| | NON AN-NEXA-RUM. | ANNEXARUM. | | | SONI | NUMERI |
		Praecedenti	Utrinque	Sequenti		
اَلِف Alif (Elif)	ا	ل			א s. spiritus lenis	1
بَا Bâ (Bê)	ب	ـب	ـبـ	بـ	ב b	2
تَا Tâ (Tê)	ت	ـت	ـتـ	تـ	ת t	400

| NOMINA. | FIGURAE. ANNEXARUM. | | | | VALOR. | |
	NON AN-NEXA-RUM.	Praecedenti	Utrinque	Sequenti	SONI	NUMERI
ثَا Tsâ (Tsê)	ث	ﺚ	ﺜ	ﺛ	th angl.	500
جِيم Dschîm	ج	ﺞ	ﺠ	ﺟ	ח dsch	3
حَآ Hhâ	ح	ﺢ	ﺤ	ﺣ	ח hh	8
خَآ Châ	خ	ﺦ	ﺨ	ﺧ	ח ch fortius	600
دَال Dâl	د	ﺪ			ד d	4
ذَال Dsâl	ذ	ﺬ			dh sive ds	700
رَآ Râ (Rê)	ر	ﺮ			ר r	200
زَآ Zâ (Zê)	ز	ﺰ			z gall.	7
سِين Sîn	س	ﺲ	ﺴ	ﺳ	ס (שׂ) s	60
شِين Schîn	ش	ﺶ	ﺸ	ﺷ	שׁ sch	300
صَاد Ssâd	ص	ﺺ	ﺼ	ﺻ	צ ss	90
ضَاد Ddâd	ض	ﺾ	ﻀ	ﺿ	d sive dd	800

NOMINA.	FIGURAE. ANNEXARUM.				VALOR.	
	NON-AN-NEXA-RUM.	Praecedenti	Utrinque	Sequenti	SONI	NUMERI
طَآ Ttâ	ط	ط	ط	ط	ט tt	9
ظَآ Ttsâ	ظ	ظ	ظ	ظ	ץ ts sive tz	900
عِين Ain	ع	ع	ﻌ	ﻋ	ע spir. gutt.	70
غِين Ghain	غ	غ	ﻐ	ﻏ	ע gh gutt.	1000
فَآ Fâ (Fê)	ف	ف	ﻔ	ﻓ	פ f	80
قَاف Qâf	ق	ق	ﻘ	ﻗ	ק q	100
كَاف Câf	ك	ﻚ	ﻜ	ﻛ	כ k mollius	20
لَام Lâm	ل	ﻞ	ﻠ	ﻟ	ל l	30
مِيم Mîm	م	ﻢ	ﻤ	ﻣ	מ m	40
نُون Nûn	ن	ﻦ	ﻨ	ﻧ	נ n	50
هَآ Hâ (Hê)	ه	ﻪ	ﻬ	ﻫ	ה h	5
وَاو Vâv	و	ﻮ			ו u sive v	6

| NOMINA. | FIGURAE. | | | | VALOR. | |
	NON ANNEXARUM.	Praecedenti	Utrinque	Sequenti	SONI	NUMERI
يَآء Jâ (Jê)	ى	ى	ﺒ	ﻴ	٭ i sive j	10
هَمزة Hamza	٠ء				spir. lenis	
Hê finale	ة	ﻬ			i. q. ت t	
لَام أَلِف Lâm-Elif	لا	لا			lâ	

VOCALES.

1) **breves**: Fatha — a(e), Kesre — i(e), Dhamma — u(o).

   2) **longae**: ا — â (ê), ى — î, و — û.

     Diphthongi: ﻰ — ai, و — au.

     Nunatio s. Tanvin: — un, — in, — an.

SIGNA ORTHOGRAPHICA.

1) Dschezma s. Sukun — . 2) Teschdid — .
3) Hamza — . 4) Wesla — . 5) Medda — .

§. 2. *Nomina* litterarum sive eadem sunt, quae in
lingua Hebr., ut *Elif, Sin, Schin, Ain,* sive magis
minusve decurtata, ut *Dal, Ssad, Lam, Be, Te* etc.; ordo
vero earum, licet antiquitus, ut e valore numeri, quem
in ultima tabulae columna dedimus, et ex octo vocibus
memorialibus أَبْجَد هَوَّز حُطِّى كَلَمَن سَعْفَص قُرِشَت ثَخَّذْ

ضَظَغ apparet, idem fuerit, atque apud Hebraeos et Syros,
serius tamen ob figurae sonive similtudinem in hunc, quem
in tabula proposuimus, conversus est. Sed occidentales
i. e. Mauri litteras ratione paullum diversa in hunc modum
disponunt: ا ب ت ث ج ح خ د ذ ر ز ط ظ ك ل م ن ص ض
ع غ ف ق س ش ه و لا ى.

§. 3. *Figura* litterarum antiquissima, *Himjaritica* dicta,
junctura expers atque aethiopicae similis fuit. Sed a Muhammedis inde tempore aliud scripturae genus litteris inter
se conjunctis, idque syriacae originis introductum est, primum Meccae et Medinae, deinde Basrae et imprimis Cufae
excultum; atque hinc scriptura *cufica* prae caeteris invaluit,
a quâ scriptura Arabum Hispanorum et Africanorum, quae
etiamnum characterem suum servavit, paullum diversa
est. In Oriente vero et Aegypto ex studio ductus litterarum tam contrahendi, quam diminuendi, novum genus
scripturae, *Neskhi* dictum, utpote librariis maxime ido-
neum, quo nostri libri arabici excuduntur, exortum est,
unde scripturae *Taalik* Persis imprimis atque etiam Turcis
usitata et *Divani,* quâ principum codicilli et diplomata

scribuntur, derivatae sunt. In variis his scripturae generibus omnes litterae in eâdem voce praecedenti, atque si ‌ا د ن exceperis, sequenti etiam annectuntur. Hinc figurae singularum primitus diversae coaluerunt, ac punctis dia-criticis distinguendae erant; atque, ut pronunciationis di-versitas notaretur, sex novae litterae ث خ ذ ض ظ غ ac-cesserunt.

§. 4. *Pronunciatio* litterarum, licet in tabula superiori jam proposita sit, tamen, quum in nonnullis explicatione egeat, atque pro variis terris diversa sit, accuratius hc tractabitur.

Elif (ا) cum Hamza (ء) superscripto mobile est, ac re-spondet hebr. א seu spir. leni Graecorum; sed sine Hamza quiescit, et soli prolongationi vocalis praecedentis inservit.

ب et ت a nostris *b* et *t* non differunt.

ث ex ت ortum addito sono sibilanti pronunciatur ut *th* anglicum; at saepe non distinguitur a ت.

ج pronunciatur *dsch*, sed in Aegypto primitivum sonum *g* retinuit.

ح et خ fortissime e gutture proferuntur, ut *hh, ch*.

د est nostrum *d*.

ذ ortum ex د, uti ث ex ت, addito sono sibilanti pro-fertur *ds* seu *dh*; a multis vero in pronunciatione a lit-tera د non distinguitur.

ر, س, ش a litteris *r, s, sch* non differunt; ز est *z* gall.

Litterae ص, ص, ط, ظ, ع, غ valde difficiles sunt ad
pronunciandum, et quatuor priores quidem sec. Arydam
p. 9. magna cum emphasi proferendae, pleno videlicet
ore, mucronem linguae initio palati sistendo, atque intimam oris partem guttur versus dilatando, ع et غ vero in
imo gutture proferendae. ص valet *s* palatinum idque fortissime pronunciandum, ض, quod Persae et Turcae pro-
nunciant *z*, Arabibus est *d* vel *dd* palatinum. ط est *t* vel
tt palatinum, ظ est *ts* vel *tts* palatinum. غ fortius quam
ع pronunciatur, ac fere nostro *gh*, cui litteram *r* im-
mixtam credas, respondet.

ف convenit cum nostro *f*.

ق est *k*, sive potius *q* in gutture prolatum; hinc
Aegyptiorum multi sonum mere gutturalem retinent, et
Mascatenses ac Maroccani hanc litteram saepe cum غ
confundunt. Syri Damasceni etc. eam in pronunciando
plane nomittunt, atque e. g. قال proferunt *âl,* تقول *te̓ ûl*.

ك est *c, k*, mollius quam ق et in intimo palate,
non in gutture proferendum.

ل et م a *l* et *m* non differunt.

ن ante litteram vocalem seu gutturalem pronunciatur
ut nostrum *n*; ante litteras ط,ض, ص ص, ش ,س, ز, ن, د, ج,ت,ث,
ك, ق, ف, ظ, sonum habet nasalem *ng*, ut *n* gall; ante
ب sonat ut *m*; denique ante م, ن, et ante ى, و, ل, ر

vocis sequentis in sonum litterae, quae sequitur, transit. Haec vero discrimina non in vita vulgari, sed a solis fere Korani lectoribus observantur.

ﻩ convenit cum nostro *h*, et mollius pronunciatur quam ﺡ. In fine nominum, si duo puncta superscripta habet, (ﻩ ﺓ) profertur ut *t*, sed in lingua vulgari plane omittitur.

ﻭ et ﻯ modo vocalium modo consonantium naturam induunt, ac sive *u*, *i*, sive *w*, *j* sonant.

§. 5. *Dividuntur* litterae 1) secundum organa, quibus efferuntur, in *Gutturales*, ﺍ ﻩ ﺡ ﺥ ﻉ ﻍ *Palatinas* ﻯ ﻙ ﻕ *Linguales*, ﻝ ﺭ ﺯ ﺱ ﺵ ﺹ ﺽ ﻥ *Dentales*, ﺩ ﺕ ﻁ ﻅ ﺙ ﺫ et *Labiales* ﻡ ﻑ ﺏ(*). 2) in *compatibiles*, quae se invicem in eâdem voce sequi possunt, et *incompatibiles*, quales sunt gutturales praeter ﺍ, et labiales, aliaeque. 3) in *radicales*, quae radicem constituunt, et *serviles*, quae vocibus technicis ﺑَﺘَﺴَﻤُﻨُﻮﺍ ﺑِﻔُﻠﻚ comprehenduntur. 4) in *solares* ﺕ ﺙ ﺩ ﺫ ﺭ ﺯ ﺱ ﺵ ﺹ ﺽ ﻁ ﻅ ﻝ ﻥ et *lunares*, uti reliquae appellantur. Nomina acceperunt a nominibus *solis* et *lunae*, ﺷﻤﺲ et ﻗﻤﺮ, quae unâ illarum litterarum incipiunt.

§. 6 *Vocalium* signa, quae nonninsi in Korano pau-

---

*) Sed rectius fortasse littera ﻕ gutturalibus, litterae ﺹ ﺽ ﻁ ﻅ lingualibus aut palatinis, ﺵ ﺱ ﺯ dentalibus accensentur.

cisque aliis libris praesertim poeticis reperiuntur, tria sunt,
Fatha ‒, *Kesre* ‒, et *Dhamma* ‒, quorum primum et
tertium litteris superscribuntur, secundum vero infra litteras ponitur. Ex his *Fatha* pronunciari solet *a* post
ultimam dictionis litteram, et si consonantes fortiores seu
asperiores ح خ ص ض ط ظ ع غ ق, ac saepius etiam,
si litteram ر sequitur; sin vero littera debilis praecedit,
et in syllaba composita, vulgo in sonum *e* transit. *Kesre*
vero et *Dhamma* pronunciantur *i*, *u*, 1) si litterae prolongationis و, ى sequuntur, 2) in fine vocum, 3) si
flexionem grammaticalem indicant; alias vero plerumque
e, *o* sonant. — Si in fine syllabarum litterae ا و ى sine
Dschezma (‒) vocales homogeneas sequuntur, brèves
hae vocales fiunt longae ا ‒ â, و ‒ û, ى ‒ î, atque ا و
ى litterae *protractionis* s. *prolongationis* tunc appellantur.
Litterae و protractionis in fine vocum nonnunquam, idque
praesertim in III. pers. pl. verb., ا vocali destitutum ac
mutum additur, e. g. كَتَبُوا lege *katabû*.

In mediis dictionibus quibusdam, quae saepissime occurrunt, Elif prolongationis omittitur, sed scribae diligen-
tiores Fatha perpendiculare (Elif parvum) superscribere
solent. e. g. هٰكَذَا pro هَاكَذَا, لِلّٰه pro لِلّاه.

Quando litteras و ى Fatha praecedit, diphthongi ori-
untur *au, ai,* atque litterae illae signo Dschezma notantur:

وْ ,ىْ —; sin vero deest Dschezma, litterae Elif vicem
gerunt e. g. صَلوة lege *salátun,* رَمَيه lege *ramáhu,* عَلَى
lege *'ala.*

In fine nominum post vocalem brevem sonus nasalis
Nunatio s. Tanvin dictus audiri solet, quem signo
vocalis duplicato exprimunt: — s. potius — *un,* — *in,*
— *an;* sed sonum nasalem *an,* nisi praecedat ٮ aut sequatur ى, semper sequitur ٮ. e. g. بَابًا lege *bában.* حِكْمَةً
lege *'hecmatan.* هُدًى lege *hodan.*

<small>In sermone vulgari primae atque ultimae vocum vocales breves raro
audiuntur, nunatio semper ommittitur.</small>

§. 7. *Syllabae* arabicae, qnae, si vocali finit, *simplex,*
si in consonantem desinit, *mixta* s. *composita* dicitur,
leges sunt sequentes:

1) Omnis syllaba a consonante incipit, et, ubi a vocali ordiri videatur, Elif instar spiritus lenis praemittitur.
e. g. أو lege *'au.* Idem in media voce locum habet,
ubi praeterea duae vocales concurrentes sive coalescunt,
sive altera ab altera eliditur.

2) Una tantum consonans in eadem syllaba vocalem

praecedere potest, unde vocibus, quae a duplici consonante
incipiunt, vocalis brevis praeponitur e. g. اِسْفِنج == σπόγγος
قِمْطَل == اقتل.

3) Vocalem in fine syllabae nonnisi una sequi potest consonans.

4) In syllaba composita vocalis semper brevis est,
et, si longa fuerit, in brevem mutatur; sed in pausa, et
si Teschdid (de quo vide §. 8, 2.) sequitur, nonnunquam
vocalis longa reperitur.

§. 8. *Signa orthographica* apud Arabes sunt haec:

1) *Dschezma* s. *Sukûn* — quod schevati quiescenti*)
Hebraeorum prorsus respondet, in fine omnis syllabae
compositae ponitur, praeterquam si ultima consonans cum
prima sequentis syllabae per Teschdid coalescit. Scribitur
itaque in fine etiam vocum, si syllabâ compositâ finiunt,
et litteris ا و ى imponitur, si in fine syllabarum signo Hamza
superscripto mobiles evadunt; ac denique etiam litterae
و ى eo signantur, si praecedente Fatha diphthongos
وْ — *au*, ىْ — *ai* faciunt.

2) *Teschdid* — signum duplicationis, i. q. Dagesch

_____

*) Schwa enim mobile in lingua arabica sec. §. 7, 2. locum habere
non potest, et, ubi in lingua hebr. scribitur, Arabes ejus loco vocalem
plenam substituunt.

forte Hebraeorum, omnibus litteris, Elifo etiam imponitur,
ac duplex est, *necessarium* et euphonicum. *Teschdid necessarium*, ita dictum, quoniam ad definiendam vocum
pronunciationem et significationem necesse est, ultimae
syllabae consonanti, sive ex lege etymologicâ duplican-
dae, sive cum sequenti litterâ eâdem contrahendae imponitur e. g. نَزَّلَ Conj. II. مَدَّ ,نَزَّلَ pro مَدَدَ atque etiam
مَانّ pro مَادَدَ cf. §. 7, 4. — *Teschdid euphonicum*, quo
euphoniae causa sive littera eadem bis ponenda in pronunciatione contrahitur, sive duae litterae magis minusve
similes coalescunt, posteriori semper, priori non dschezmatâ, adscribitur. Locum habet *a*) post ل articuli أَلْ,
Lamdale appellatum, si littera solaris (vide §. 5.) sequitur. e. g. أَلرَّبُّ lege *arrabbu*, أَلشَّمْسُ lege *acshschamsu*.
In Pron. relat. أَلَّذِى pro أَلَّذِى, أَلَّتِى, أَلَّذِينَ, ل art. omitti
solet, atque idem fit, ubi ل ter scribendum erat e. g.
لِلَّيْلِ pro لِالَّيْلِ — لِلّٰهِ pro لِالَّهِ. *b*) legitur in verbi personis a تَ incipientibus, si una e litteris ث, د (unde
Deltale dicitur,) ذ, ط, ظ, signo Dschezma signanda praecedit. e. g. أَخَذْتُ — أَرَتُّ pro أَرَدْتَ — لَبِثْتَ pro لَبِثْتَ
pro أَخَذْتُ — رَبَطْتَّ pro رَبَطْتَ — حَفِظْتَّ pro حَفِظْتَ

Denique c) *initiale* appellatum ponitur, si vocem litterâ ن terminatam alia vox unâ e litteris لومير incipiens sequitur. e. g. مِنْ لَّيْلٍ lege *millailin*, مِنْ رَّبِهِ lege *mirrabbihi*. Sed haec scriptura, quam Grammaticorum subtilitas ulterius etiam persequitur, in solis fere Koranis observatur; in aliis libris Praepositiones مِنْ et عَنْ tantum cum sequenti coalescunt: مِمَّنْ, عَمَّنْ. مِمَّا, عَمَّا et مَا مَنْ.

3) *Hamza* ء signum parvum Ain repraesentans litterae Elif mobili additur, et motum ejus actualem indicat. e. g. يَأْمُنُ, مَلَأَ, سَأَلَ, إِنْسَانْ. Saepissime etiam hoc solum ponitur litterâ Elif omissâ, nempe in fine vocum, atque, licet non semper, in mediis vocibus, si littera prolongationis sive dschezmata praecedit e. g. رِدْءٌ شَيْءٌ, سُوءٌ, مَآءٌ, يَسْـءَلُ, تَوْءَم etc. Hinc et ipsa littera Elif haud raro Hamza vocatur. Saepius etiam litteris و et ى superscribitur, si nempe vicem litterae Elif gerunt, atque ita etymologiae vocum cognoscendae inservit. e. g. قَائِلٌ pro قَاأِلٌ, يُومِنُ pro يَأْمُنُ, Puncta litterae Je tum omitti solent.

Nota. Hamza vocalibus et signo Dschezma apponi solet, et scri-
bitur infra Fatha, Dhamma, Dschezma, sed supra Kesre.
Litteris و ى semper superponitur; sin vero solum sine littera
Elif scribendum est, in ipsa linea ponitur.

4) *Wesla* ― signum unionis, quod ab initio vocum
quarundam a litterâ Elif incipientium ponitur indicans,
eas cum praecedenti in pronunciatione esse conjungendas.
Sunt vero hae voces ejusmodi, quae a consonante vocali va-
cuâ incipientes, ut pronunciatio facilior reddatur, Elif, quod
prostheticum s. *unionis* appellatur, cum vocali, eâque plerumque *i* tanquam proximâ, rarius *o*, cf. أنْصُر, assumunt, nempe
conjugationes septima et sequentes in Praeteritis activis,
Imperativis et Infinitivis, Imperativus Conj. I., nomina
peregrina nonnulla, et arabica ابن, ابنم, ابنة, اثنان, اثنتان,
است, اسم, امرأ, امرأة, quibus accedit nomen ايمن
in formulis jurandi, et art. أل. Hae omnes in nexu orationis amissâ vocali initali cum vocali Praefixi sive
ultimâ dictionis praecedentis uniuntur. e. g. بابنك lege
bibnica, يد ابنك lege *jadu-bnica.* Idem locum habet,
quando Elif prostheticum littera sequitur و sive ى dschezmata, quarum in conjunctione ratio habetur nulla. e. g.
يقول انكن lege *jaqûlu-dsan,* لقائنا اتت lege *leqâanâ-ti.*

Quando vox praecedens consonante terminatur, vocalis auxiliaris assumitur, et *Fatha* quidem (ex voce sequenti) post monosyllaba مَعْ ,مِنْ ,مَنْ, si sequitur Articulus, eademque assumi *potest*, si Articulum praecedunt
Suffixa I. pers. نِى aut ىِ e. g. نِعْمَتِىَ ٱلَّتِى ,مِنَ ٱلْمَلِكِ.

Kesre interseritur 1) si eadem monosyllaba aliud Elif
unionis sequitur. e. g. مَنِ ٱبْنُكَ 2) post alia omnia monosyllaba e. g. اِنْ, بَلِ ,قَدِ, هَلِ etc. excepto مُذْ, et post
لَكِنْ. 3) in III. pers. sing. fem. praet., ut نَصَرَتِ, et in Imperativo et variis Futuri apoc. personis, ut تَنْصُرِ ,يَنْصُرِ ,أَنْصُرِ,
أَنْصِرِ ,تَنْصِرِ, 4) in omnibus iis tam nominum quam verborum
formis, quae in diphthongum ىْ — *ai* exeunt. e. g. يَدَىْ,
يَدَى ٱلْمَلِكِ, Quodsi nunationem Elif unionis sequitur, le-
gendo quidem at non scribendo additur vocalis Kesre e. g.
مَدِينَةٌ ٱخْتَارَتْ lege *madinatuni-chtârat.*

Dhamma denique additur, idque ex forma primitiva
1) post Pron. أَنْتُمْ et Suffixa كُمْ et هُمْ(*), idemque post II.

---

*) Quando Suffixum هُمْ praecedente diphthongo *ai* sive vocali i in
هِمْ mutatur, secundum alios Dhamma, sec. alios Kesre assumitur.

pers. plur. praet. فَعَلْتُمْ. 2) post monosyllabum مُذْ. 3) in
verborum ac nominum formis, quae in diphthongum وْا *au*
exeunt e. g. غَزَوْا, غَزَوُا الْمَدِينَةَ.

Nonnunquam Elif unionis in scriptura etiam suppri-
mitur, nempe 1) in formula frequentissima بِسْمِ اللّٰهِ الرَّحْمَنِ
الرَّحِيمِ 2) in voce اِبْن inter duo nomina propria, quae
se mutuo respiciunt. 3) in Articulo, si لِ aut لَ praecedit. e. g. لِلْحَقِّ, لَلْحَقِّ. 4) post Elif interrogativum.,
ubi tamen ا Articuli retinere licet e. g. اَلرَّجُلُ, اَبْنُكَ.

5) *Medda* ‿ signum prolongationis, quo nempe vocalem producendam esse indicatur, litterae Elif fere soli
adscribitur, idque 1) ab initio vocum, ubi post Elif hamzatum et per Fatha pronunciandum aliud Elif sive
dschezmatum sive protractionis ponendum erat. Ibi unum
Elif signo Medda apposito scribi solet. e. g. آكُلُ pro اَاْكُلُ,
آمَنَ pro اَاْمَنَ. 2) in mediis vocibus *nonnunquam* aut eâdem
conditione e. g. الْقُرْآنُ pro الْقُرْاانُ, aut si Elif protractionis
signo Hamza sive soli sive litteris و ى superposito an-

tecedit. e. g. رَأَتِنَى, فَجَاءَةً. 3) in fine denique vocum semper ponitur ante Hamza vocali signatum. e. g. سَمَاءً.

Vocalis Fatha ab initio vocum semper, alibi vero raro ante signum Medda omittitur.

In Koranis diligentius scriptis hoc signum ubique fere, ubi vocalis aliqua producenda videbatur, adhiberi solet.

§. 9. *Tonus* penultimam dictionis syllabam ferit, si longa est, h. e. si vocali longâ aut consonante terminatur, sed in antepenultimam recedit, quando penultima brevis est e. g. نَاصِرٌ lege *nâserun,* نَاصِرُونَ lege *naserúna.* —

In vocibus هَذَا, لَكِنْ, إِلَهَ, زَمَنْ syllaba penultima tono signatur, quoniam scriptae sunt pro إِلَّاهَ, لَاكِنْ etc. cf. §. 6. p. 9.

Vox in *pausa* h. e. in fine sermonis posita ultimam vocalem brevem unâ cum nunatione, sive solam nunationem amittere solet.

§. 10. *Distinctionis signa* sunt: σ, σσσ, ۞ quae in fine periodorum et versuum Korani aut carminum ponuntur. Sed rarius ea leguntur, ac plerumque finis enunciationis absolutae spatio tantum vacuo vel litterarum ultimae vocis productione innuitur. In Korano litteris ج, ط, م, atque لا supra lineam positis in usum lectorum indicantur loci, in quibus pausa necessaria, ab omnibus recepta, licita, aut denique nulla sit.

Hae aliaeque litterae *compendia* sunt *scribendi*, qualia in vocibus ac formulis frequenter obviis atque in fronte nonnullorum capitum Korani leguntur. Illa intellectu facilia, haec vero Muhammedanorum etiam doctoribus obscura sunt. — Insigniuntur haec scribendi compendia sive lineâ sive signo Meddae simili superscripto. e. g.

ح s. ح $=$ جمع i. e. *pluralis.* عم s. عم $=$ عم عَلَيْهِ ٱلسَّلَامُ i. e. *sit ei salus.* ٱلٓمٓ Sur. II. v. 1.

§. 11. *Numeros* Arabes, ut in tabula litterarum indicavimus, litteris primitus expresserunt, et in numeris compositis eundem, quem in scribendo ordinem et modum observarunt. e. g. قلب $=$ 132; serius autem peculiaria numerandi signa ab Indis acceperunt, Indica inde appellata, quae Arabes deinde nobis tradiderunt:

١ ٢ ٣ ٤ ٥ ٦ ٧ ٨ ٩ ٠

1 2 3 4 5 6 7 8 9 0

Componuntur haec eâdem ratione, quâ apud nos componi solent. e. g. ١٨٤٠. $=$ 1840.

§. 12. *Permutationes* litterarum in flexione rarius occurrunt, ac persaepe, ubi in pronunciatione alia littera in aliam transit, etymologiae ratione habitâ in scripturâ littera primitiva retinetur. cf. quae §. 8. de Teschdid, et §. 4. de varia pronunciatione litterae ٯ dicta sunt. Veruntamen haud ita raro singulae litterae in flexione mutantur.

I. Si litteram aliquam eadem sive nullâ sive vocali brevi

interpositâ in media voce praecedit, hae in unam signo
Teschdid notatam coalescunt, quando posterior vocali
instructa est; sin vero Dschezma superscriptum habet,
conjunctio locum habere non potest e. g. اَمِّنَ pro اَمْمِنَ.

ضَلَّ pro ضَلِلَ, اتَّبَعَ pro اتْتَبَعَ, ثَبَّتَ pro ثَبْتَتَ, اَنْدَغَ pro اَنْدَغَ

pro ضَلَلْتَ, etc.; sed haec permutatio mere orthographica est. Veram permutationem praesertim in litteris
ت et ن deprehendimus, si littera solaris cf. §. 5. cognata
sive sequitur, sive praecedit.

Abjici potest ت cum vocali sequenti, si aliud ت cum eâdem vocali, sive etiam ط sequitur. e. g. تَكَسَّرُ pro تَتَكَسَّرُ,
اسْطَاعَ pro اسْتَطَاعَ; saepius vero idem ت praefixum in Conj.
V. et VI. sequente aliâ litterâ dentali vel linguali cum eâ per
Teschdid unitur, unde Elif prosth. in Praet. et Imp. sec. §. 7,
2. §. 8, 4. addendum erat. e. g. يَزَّكَّى, اثَّاقَلَ, ادَّارَأَ, ادَّبَّرَ
يَصَّلَّع pro تَدَبَّرَ etc. Eadem conjunctio saepius in Conj VIII.
reperitur, si ejusmodi littera dschezmata litteram ت praecedit e. g. اثْبَهَ, اسْمَعَ, ازْلَقَ, انْكَرَ, اظْلَمَ, ادْرَأَ, اطْبَعَ
pro اطْتَبَعَ etc.; sed nonnunquam etiam sonus t, d, praecedenti assimilatus servatur e. g. ازْدَلَقَ, اضْطَرَمَ, اصْطَبَغَ,
انْدَكَ atque انْدَكَ a نَكَرَ. Simili ratione littera ن
dschezmata litteram م vocali instructam praecedens in hanc

transit, idque in Praepp. وعَمَّا ,مِمَّا ,عَمَّنْ ,مِمَّنْ: عَنْ ,مِنْ

et in Conj. VII. أنْمَلَسَ pro أَمَّلَسَ etc.

II. Sed plerasque mutationes litterae ی و ا subeunt, quae ideo *debiles* vocantur. Ex his ا debilior est quam و, et و debilior quam ی. Hae litterae

1) ab initio vocum positae haud mutantur, و tantum ante aliud و mobile in forma nomm. plur. فَوَاعِلُ in **Elif** hamzatum transit. e. g. وَوَاصِلُ pro أَوَاصِلُ.

2) quiescentes sequente litterâ dschezmatâ excidunt: (sed Elif ante Teschdid retinetur. e. g. مَادٌّ). يَقُمْ, يَخَفْ, يَسِرْ pro يَخَافُ etc.; saepius alia vocalis formam primitivam seu radicem indicans redit: طَالَ, قَالَ a طُلْتَ, قُلْتَ; طُولٌ, قَوْلٌ; خِفْتَ, سِرْتَ a خَافَ pro خَوِفَ, سَارَ pro سَيَرَ; سُنِّيمَ.

3) vocali destitutae post vocales heterogeneas iis fiunt homogeneae: بِئْرٌ pro دَارٌ pro رَيْمٌ, مُوقِنٌ pro مِيقَنُ; sed وی post Fatha saepe manent et diphthongescunt, aut instar ا sine Dschezma quiescunt: لَيْلٌ, يَوْمٌ etc. (sed cf. يَأْتَعِدُ.

عَلَى (بَيْتَسِرُ) pro يَتْسِرُ et يَاتَسِرُ ,يُوْتَعِدُ pro يَتَعِدُ et

صَلَوٰةٌ ,رَمِيَةٌ cf. §. 6. p. 10.; atque littera ى nonnunquam
Dhamma praecedens in Kesre transfert: بِيضٌ ,نِيبَ ex
نِيبَ ,بِيضٌ.

4) In Conj. VIII. saepius litterae ت sequenti assimi-
lautur: اِبْتَسَرَ ,اِوْتَحَدَ ,اِاْتَخَذَ pro اتَّسَرَ ,اتَّحَدَ ,اتَّخَذَ.

A. *Elif* 1) abjicitur ab initio vocum in Imp. Conj. I,
verborum أَخَذَ ,أَكَلَ ,أَمَرَ, deinde et alibi praesertim in
mediâ dictione cf. §.8, 4. §§.6. et 9., et nonnunquam praecedente Dschezma e. g. مَسَلَةٌ pro مَسْأَلَةٌ, sin vero و vel ى
quiescens antecedit, saepius cum his per Teschdid unitur:
خَطِيَّةٌ pro خَطِيَةٌ ,خَطْئَةٌ.

2) In compositis quibusdam mutatur in ى e. g. حِينَئِذٍ,
اوَنِبِّشَكُمْ, itemque si ا int. praefigitur: أَتَّكَ ,أَتِّنْ, et in و: لَئَلَّا,
ubi alias ا initiale sive abjicitur, sive Hamzu ejus loco scribitur, seu denique Medda praecedente Hamza ponitur: الاٰنِبِّشَكُمْ,
عَاٰنْذَرْتُمْ s. اٰنْذَرْتُمْ. Eodem signo Medda duo Elif saepius
uniuntur. cf. §. 8, 5.

3) Haud raro in mediâ voce abjecto Dschezma et

Hamza quiescit: رَأْس pro رَأْس, imprimis si aliud Elif hamz. praecedit: اِتَّمَان pro اِيمَان.

4) praecedente aut sequente Dhamma vel Kesre in mediâ voce transit in و vel ى: سَوَال et سَوَال pro سَوَال, سَالَ, فَتَّة pro سُئِلَ, وَقِّفَ, رَوْف, فَاة etc.

5) Quando post ا hamz. aliud ا prolong. ponitur, aut prius mutatur in و, aut ambo per Medda uniuntur: تَوَامَرُوا pro تَأَامَرُوا, أَوَاخِر, مَآرِب.

6) in fine dictionis praecedente Dhamma vel Kesre in و vel ى mutatur, idemque fieri *potest*, si Dhamma vel Kesre sequitur: تَفْتَا seu تَفْتُو, خَطِّى, دَنُو, تَفْتَا.

Caeterum cf. §. 8, 3. regulas de signo Hamza propositas.

B. *Vau.* 1) abjicitur in Imp. Inf. et Fut. verborum quorundam I. rad. و: يَقَع, يَجِد, عِدَة, عِدّ; et nonnunquam post Dschezma ante vocalem longam: اِقَال, مَقُول pro اِقْوَال, مَقْوُول.

2) mutatur in ا (aut simplex Hamza accipit) nonnun-

quam, si praecedente Dschezma in mediâ voce enuncia-
tur cum Dhamma e. g. الدُر sive ادور pro ادور, atque in ا,
si tanquam tertia rad. in voce trium litterarum vocalem
Fatha in fine sequitur: غَزًا, عَصًا. cf. D, 8.

3) in ى transit in mediâ voce, si Kesre praecedit aut sequitur, et in fine vocis, ubi Kesre praecedit: ثِيَاب, رَضِيَ, قَائِل,
sed retinetur in vocibus طَوْل, سِوَى aliisque similibus; saepius deinde, si signo Teschdid notandum est: قِيوم pro قُووم,
صِيم pro صِوم; denique etiam haud raro in mediâ dictione
praecedente Dhamma vel Fatha et sequente Fatha: قِيَامَة pro
قِوَمَة, صِيَانَة pro صِوَانَة, et si tanquam tertia rad. in voce
quatuor vel plurium litterarum vocalem Fatha in fine sequitur: يَغْزِى pro يَغْزِو, مُصْطَفَى etc. cf. D, 8.

4) و servile in fine vocis Elif otiosum assumit, quod sec.
alios nonnunquam etiam post و rad. scribitur: نَصَرُوا, رَمَوْا;
يَتْلُوا *legent* et *leget*, نَتْلُوا *legemus*. In N. pr. عَمرو *Amru*
و plane otiosum in scriptura semper additur, si Accus. cum
nunatione exceperis, ut a N. pr. عُمَر *Omar* bene distingua-
tur: عَمرو lege *Amrin*, Acc. عَمْرًا.

C. *Je.* 1) abjicitur in fine vocum accedente nunatione *un* s. *in* sec. reg. II, 2., quando vero nunatio *an* ex *ajun* s. *ajin* s. *ajan* exorta accedit, retinetur: رَامٍ pro رَامِىَ et رَامِي, فَتًى pro فَتَى s. فَتِيٍ s. فَتْيًا.

2) in Elif transit in fine vocum post aliud ى: هَدَايَا pro هَدَايِى, exceptis Nomm. pr. يَحْيَى et رَىِّى.

3) in و mutatur interdum in mediâ dictione, si post Dhamma per Fatha efferendum est: رَمَوْان pro رَمَيَان at multo saepius ى servatur.

D. Litterae و ى. 1) in mediâ voce praecedente Dschezma, eo abjecto in vocali homogeneâ quiescunt, sin vero vocalis sequitur heterogenea, ei assimilantur: يَسِيرُ, يَطُولُ, أَسِيرُ, مُسْتَقِيمٌ pro مُسْتَقْوِم, يَسْيِرُ, يَطْوُلُ, يَخَافُ, أَسَارَ, مُسْتَقْوِم; sed in formis أَفْعَلُ, مِفْعَالٌ, مِفْعَلٌ immutatae remanent.

2) in mediâ voce post Fatha saepe in ا quiescens transeunt: سِيرَ, خِيفَ, طُولَ, قُولَ pro سَارَ, خَافَ, طَالَ, قَالَ, sed praecedente aut sequente vocali *a* longâ mobiles servan-

tur: قَاوَك, سَرُوا, رَمَيَا; praecedente Dhamma et sequente

Kesre in ى mutantur: قِيلَ, قُوِلَ pro سِيرَ سُيِرَ.

3) post vocales Dhamma vel Kesre mobiles, quando
sequitur و vel ى quiescens, unâ cum vocali excidunt, sed
Fatha praecedens cum sequente و vel ى diphthongescit:
غَازِرُونَ, أُغْزُوِي pro رَمَوْا, تُغْزَيِنَ, رَامُونَ, غَازُونَ, أُغْزُى,

رَمِيُوا. يُغْزَوِينَ, رَامِيُونَ Contra

4) و quiescens praecedente و mobili et ى quiescens
praecedente ى mobili eâque hamzatâ saepe excidunt: دَاوُن,

رُووف, رُتَيِس, طَاوُوس, دَاوُون pro رَوُف, رَئَس, طَاوُوس;

cum طَيِيب, قُوِيم pro طَيِّب, قَيِّم alias in ى mutantur:

Kesre efferendae, si ا prolongationis sequitur, saepe in ى

transeunt: مَايِلْ, قَاوِلْ pro زَوَائِدُ, مَائِلْ, قَائِلْ.

5) dschezmata ante و vel ى mobilem in ى mutan-

tur: كُوَى, أَيْوَام pro كَى, أَيَّام.

6) quando littera و vel ى quiescens eandem litteram

mobilem praecedit, ambae per Teschdid uniuntur: عَدْو, سَرِی

pro عَدْوٌ; وِسْہِی sin vero altera earum est و, altera ی

hae in ی transeunt: مَرَمِی pro رَضِی رَمَوِی, رَضِیو, atque

adeo duae و in ی mutantur: دَلِی, عَصِی et عَصِی pro

عَصُوو, دَلْوو.

7) finales post ا quiescens in Hamza mutantur: سَمَآءٌ,

مِرَآی pro سَمَاو, مِرَآی.

8) in fine vocum inter duas vocales homogeneas fiunt

quiescentes: یَغْزُو, یَغْزُو pro رَامِی رَامِی, sed و in nominibus

praecedente Dhamma in ی transit, atque Dhamma sequens

semper abjicitur, praecedens vero in Kesre mutatur: اَدْلِی,

accedente nunatione تَمْنُی, اَدْلُو, تَمْنُی; pro تَمْنُی

نَمْنُی, اَدْلُو, رَام pro تَمْنُی, اَدْلُ sec. II, 2. excidit: ی

رَامِی. At Fatha praecedens vocalem alteram sequentem ab-

sorbet: عَصَا, عَصَا, قَتَی pro عَصَو s. عَصَو s. عَصُوا, عَصَو.

cf. فَتَى, s. فَتَى s. فَتَى s. فَتَى, فَتَيا, s. فَتَى s. فَتَى عَصَو, عَصَو

C, 1.; sin sequitur, vocalis praecedens Kesre sive primi-

tiva sive ex Dhamma exorta retinetur: رَامِى et رَامِيًا, أَيْدِى.

. انْلُوا pro أَنْلِيًا, أَيْدِيًا pro أَيْدِى, أَيْدِيًا

Caeterum و haud raro Hamza assumunt, ac ى quidem
in forma particip. Conj. I. cf. D. 4., و vero ibidem, et alibi
saepius, praecedente Dschezma cf. B, 2., et praecedente
s. sequente vocali longâ: طَاوُس, خُوولَة cf. D, 4.

III. *Vocales* in lingua arab. fere non mutantur, nisi
cum litteris ا و ى concurrunt; atque saepius has mutant,
quam ipsae mutantur, quoniam ad formam grammaticalem
distinguendam necessariae sunt. cf. regg. sub II. traditas,
unde patet

1) vocalem longam in syllaba composita plerumque
in brevem mutari. cf. II, 2. C, 1. D, 8.

2) duas syllabas breves interpositâ litterâ و vel ى
saepissime in unam longam contrahi. cf. D, 2. 8.

3) vocalem Dhamma, quum ى firmior sit quam و,
haud raro transire in Kesre, atque huic vocali, si sit
potior, vocalem adeo antecedentis syllabae assimilari.
cf. D, 2. 6. 8.

4) vocalem Fatha reliquis esse constantiorem, et
ubique fere servari. cf. D, 3. 8.

II.
DE PARTIBUS ORATIONIS.

CAPUT I. DE PRONOMINIBUS.

§. 1. *Pronomina personalia* duplicis generis sunt: 1) *absoluta* s. *separata,* quae pro Nominativo adhibentur, et 2) *affixa* s, *suffixa,* quae Casibus obliquis exprimendis inserviunt.

a) Pronomina pers. separata:

		Sing.	Plur.	Dual.
I. pers.		اَنَا	نَحْنُ	
II. pers.	m.	اَنْتَ	اَنْتُم	اَنْتُمَا
	f.	اَنْتِ	اَنْتِن	
III. pers.	m.	هُوَ	هُمْ	هُمَا
	f.	هِىَ	هُنَّ	

Pronn. هُوَ et هِىَ post praefixum وَ vel فَ vocalem syllabae prioris abjicere possunt, et scribuntur modo وَهُوَ, فَهِىَ. modo وَهُوَ, فَهِىَ.

b) Pronomina affixa s. suffixa.

	Sing.	*Plur.*	*Dual.*

I. pers. ﻰ ـَ Gen., ﻰﻧ ـ Acc., ﺎَﻧ ـ

II. pers. $\begin{cases} m. \text{ َﻚ} - \\ f. \text{ِﻚ} - \end{cases}$ $\begin{cases} \text{ْﻢُﻛ} - \\ \text{َّﻦُﻛ} - \end{cases}$ ﺎَﻤُﻛ

III. pers. $\begin{cases} m. \text{ ُﻩ} - \\ f. \text{ﺎَﻫ} - \end{cases}$ $\begin{cases} \text{ْﻢُﻫ} - \\ \text{َّﻦُﻫ} - \end{cases}$ ﺎَﻤُﻫ

1) Suffixum ﻰ ـَ post litteras ﺍ ﻭ ﻯ sive quiescen-

tes sive Dschezmate notatas mutatur in ﻯ. Littera ﻯ suffixi

ﻰﻧ Imperativo additi, et ﻲ ـ Vocativo adjuncti saepius

omittitur, idque in Suff. ﻲ ـ praesertim fit, quando nomen

in Hamza desinit. e. g. ّﺏَﺭ pro ﻰّﺑَﺭ, ﻦﻴِﻘّﺗﺍ, ﻲَﺒﺒْﺣَﺃ.

Si Wesla sequitur, suffixa ﻰﻧ, ﻰ ـ vocalem Fatha possunt

assumere. cf. supra §. 8, 4, p. 15.

2) Suffixa ّﻦُﻫ, ْﻢُﻫ, ﺎَﻤُﻫ, ُﻩ praecedente vocali ﻩ in

ّﻦِﻫ, ﺎَﻤِﻫ, ْﻢِﻫ transeunt. Sequente Wesla Suffixa ْﻢُﻛ,

ْﻢُﻫ Dhamma assumunt, Suffixo vero ْﻢِﻫ sec. alios Kesre

additur. cf. supra in §. 8, 4. nota.

3) Uni verbo nonnunquam duo affiguntur Suffixa, ubi

كُمْ, si prius est, vocalem Dhamma cum و assumit. e. g.

‫يَمْ يَكْمُوهُمْ,‬

4) Accusativus nonnunquam ob concursum Pronomi-
num aut emphaseos causa per particulam اِيَّا cum Suff.

exprimitur: وَاِيَّاىَ pro اِيَّاِي. (cf. Cap. III. §. 1, 7.)

Pronominis *reflexivi* locum supplet nomen نَقْس *anima*
cum Suff. e. g. نَفْسِى *anima mea* pro *ego ipse* etc.

§. 2. *Pronomina demonstrativa*, et quae sequuntur,
flexiones nominum imitantur cf. Cap. III., atque praeter
genera et numeros casus etiam nonnunquam distinguunt.

Pertinet huc 1. اَلْ *articuli*, quod nominibus praefixum
vocalem suam fere semper, ac nonnunquam etiam ا amitit,
et cujus ل ante litteram solarem cum hâc coalescere solet.
cf. §§. 5 et 8, 2. 4. sq.2. Pronomina vere demonstrativa sunt

1. Sing. Masc. ذَا, rarius ذَاه, ذَآتَه.

Fem. تَا, تِى seu نِى نِهِ, تِهِى, ذِى, ذِهِ, ذِهِى.

Dual. Nom. *masc.* ذَانِ s. ذَانْ *fem.* تَانِ s. تَانْ.

Gen. Dat. Acc. *masc.* نَيْنِ *fem.* نَيْنِ s. نَيْنِ . تَيْنِ.

Plur. *masc. et fem.* أُولَى, أُولَا s. أُولَاۤء.

2. Sing. *masc.* هَذَا *fem.* (هَذِى, هَذِى) . هَذِهِ.

Dual. Nom. *masc.* هَذَانِ, هُذَانِ *fem.* هَتَانِ, هُتَانِ.

Gen. Dat. Acc. *masc.* هَذَيْنِ, هُذَيْنِ

fem. هَتَيْنِ, هُتَيْنِ.

Plur. *masc. et fem.* هَوُلَاۤء, هَوُلَاۤء.

3. Sing. *masc.* هَذَاكَ, هَاذَاكَ, ذَلِكَ, ذَلِكَ, ذَالِكَ, ذَاكَ ille.

fem. تَالِكَ rarius تِلْكَ, تِيكَ, نَاكَ illa.

Dual. Nom. *masc.* ذَانِكَ, تَانِكَ *fem.* ذَانِكَ, تَانِكَ.

Gen. Dat. Acc. *masc.* ذَيْنِكَ, تَيْنِكَ *fem.* تَيْنِكَ, تَيْنِكَ.

Plur. *masc. et fem.* أُولَائِكَ, أُولَاكَ, أُولَاۤئِكَ.

Pro ذَاكَ, ذَالِكَ dicas ذَاكَ, ذَلِكَ si femininum, ذَاكُمَا, ذَلِكُمَا si duas personas, et *fem.* ذَلِكُمْ si plures alloqueris.

§. 3. *Pronomen relativum* est ٱلَّتِى, ٱلَّذِى *qui, quae.*

Singularis.

Masc. ٱلَّذِى, rarius ٱلَّذِ, ٱلَّذْ, ٱلَّذِى, لَذِى.

Fem. ٱلَّتِى, rarius ٱللَّتِ, ٱللَّتْ.

Dualis.

Nom *masc.* ٱللَّذَانِ, ٱللَّذَا.

Nom. *fem.* ٱللَّتَانِ, ٱللَّتَا.

Gen. Dat. Acc. *masc.* ٱللَّذَينِ, ٱللَّذَينِ *fem.* ٱللَّتَينِ, ٱللَّتَينِ.

Pluralis.

Masc. ٱلَّذِينَ, rarius ٱلَّذِى, ٱللَّذُونَ (Gen. ٱللَّذِينَ), ٱلْأُلَى.

Fem. ٱللَّاتِى, rarius ٱللَّاتِ, ٱللَّوَاتِى, ٱللَّوَاتِ, ٱللَّوَا, ٱللَّاهِ, ٱللَّائِي.

Caeterum subinde etiam اَلْ articuli, atque saepius nomina interrogativa مَا, مَنْ non declinata et اَىّ, اَيْنَ Pronominis relativi vices gerunt.

Casus obliqui per subsequens Pronomen pers. suff. exprimuntur.

§. 4. *Pronomina interrogativa* sunt 1) مَنْ *quis? quae?* de personis, et مَا *quid?* de rebus, utrumque flexionis expers; sed ubi مَنْ solitarie ponitur, declinatur hoc modo:

Masculinum.

	Sing.	Dual.	Plural.
Nom.	مَنُو	مَنَانْ	مَنُونْ
Gen. Dat.	مَنِى	مَنَيْنْ	مَنِينْ
Accus.	مَنَا		

Femininum.

(مَنْتَ) مَنْتْ, مَنَهْ	مَنْتَانْ	مَنَاتْ per
per omnes Casus	مَنْتَيْنْ	omnes Casus.

2) أَىّ *quis? qualis? fem.* أَيَّةٌ, quod per omnes Numeros et Casus in utroque genere flectitur, et tanquam Nom. subst. aliud Nomen in Genitivo regit: مِنْ أَىّ كِتَابٍ *ex quo* vel *quali libro?*

CABUT II. DE VERBO.

§. 1. Verba sunt aut *primitiva* aut *derivata*. *Primi-*
tiva sunt *trilittera*, *derivata* vero sive a nominibus, ut تَلْمَذَ
„discipulus fuit" a تِلْمِيذٌ „discipulus", sive a verbis, e. g.

رَتَعَ ab أَرْتَعَى Conj. VIII. verbi رَعَى, et praesertim a verbis sec. rad. geminantibus, ut زَلْزَلَ a زَلَّ, sive etiam a
pluribus vocibus contractis, ut بَسْمَلَ „pronunciavit formu-
lam بِسْمِ ٱللَّهِ i. e. „in nomine Dei" originem ducunt. Ita
existunt verba plurium quatuor praesertim litterarum,
quae ad normam trilitterarum flectuntur.

§. 2. Forma primitiva, quam *radicem* nominare solent, plerumque in *tertia persona Sing. Praet.* conspicitur,
atque haec est, quae in lexicis proponitur.

A verbo primitivo ex lege certâ et constanti plures
deducuntur species derivatae, quae secundum varias formas significationem primitivi vario modo immutant. Hae,
Conjugationes vulgo (licet falso) dictae, numero sunt 13,
sive sec. alios 15, quae, quum aliae unam, aliae duas,
aliae denique tres litteras radici additas habeant, in tres
classes dividuntur. Paradigmatis loco sumitur verbum

فَعَلَ „egit‟, unde prima verborum littera radicalis dicitur ف, secunda ع, tertia ل.

III.	II.	I.	Forma prim.
10. اِسْتَفْعَلَ	5. تَفَعَّلَ	2. فَعَّلَ	1. فَعَلَ
11. اِفْعَالَّ	6. تَفَاعَلَ	3. فَاعَلَ	
12. اِفْعَوْعَلَ	7. اِنْفَعَلَ	4. اَفْعَلَ	
13. اِفْعَوَّلَ	8. اِفْتَعَلَ		
14. اِفْعَنْلَلَ	9. اِفْعَلَّ		
15. اِفْعَنْلَى			

In *Conj.* I. verba primariam eamque simplicem habent significationem sive *transitivam* sive *iutransitivam*;
atque intransitiva quidem verba vocalem mediae radicalis
vel Kesre vel Dhamma assumunt, eo tamen discrimine,
ut, quae qualitatem naturâ inhaerentem et constantem
indicant, *Dhamma*, quae vero statum transeuntem, in quo
quis per accidens versatur, denotant, *Kesre* habeant,
quanquam haec distinctio non semper observatur e. g.
حَسُنَ „pulcher fuit‟ حَزِنَ „tristis fuit‟, فَرَدَ, فَرُدَ, فَرِدَ
„separatus fuit.‟

Conj. II. فَعَّلَ mediâ rad. duplicatâ hebr. *Piel* respondens modo vim *frequentativam* atque *intensivam*, modo
causativam verbis tribuit cf. نَزَّلَ, كَتَّبَ, قَتَّلَ, ac saepe a
nominibus formatur e. g. جَيَّشَ — جيش.

Conj. III. فَاعَلَ insertâ litterâ ا inter 1. et 2. rad.
actionem denotat, atque *consilium* agendi in rem s. personam aliquam, quae in *Accusativo* apponitur, sive etiam
conatum aliumque *antecellendi studium.* cf. جَالَسَ, كَاتَبَ,
شَارَكَ, قَاتَلَ.

Conj. IV. أَفْعَلَ praeposito ا vim habet *causativam*,
atque *intransitiva* reddit *tansitiva.* cf. أَضْرَبَ, انْقَبَ.

Conj. V. تَفَعَّلَ a secundâ praeposito تَ formata notionem *reflexivam* s. *passivam* secundae Conj., et *Conj.* VI.
تَفَاعَلَ a tertia praeposito تَ derivata notionem *passivam*
tertiae aut, idque saepius, *reciprocam* verbo tribuit. cf.
تَقَاتَلَ, تَبَارَكَ, تَعَلَّمَ, تَفَرَّقَ.

Conj. VII. انْفَعَلَ praeposito أَنْ significationem plerumque *passivam*, rarius *reflexivam* habet. e. g. انْغَدَرَ, انْكَسَرَ.

Conj. VIII. اِفْتَعَلَ inserto تْ post 1. rad., cui ا prosth.
praemissum est, vim habet *reflexivam* et *passivam.* e. g.
اِجْتَمَعَ ,اِغْتَرَضَ.

Conj. IX. اِفْعَلَّ geminatâ 3 rad. et praeposito ا prosth.
verbis colorum et defectuum corporis propria est, et

Conj. XI. اِفْعَالَّ ab hâc inserto Elif inter 2. et 3. rad. formata vim ejus intendit. cf. اِعْوَاجَّ ,اِحْمَارَّ ,اِعْوَرَّ ,اِصْفَرَّ.

Conj. X. اِسْتَفْعَلَ praeposito اِسْتَ saepissime *petitio-
nem* et *desiderium* aut *opinionem* indicat e. g. اِسْتَغْفَرَ,
اِسْتَوْجَبَ.

Conjj. XII. et XIII. rarissimae *intentionem* aliquam indicant: *Conjj.* vero XIV. et XV. his adeo rariores ad verba
quadrilittera possunt referri.

At quae cujusque verbi Conjucationes occurrant, et
quamnam earum quaeque significationem induat, e Lexicis
cognoscitur.

Verba *quadrilittera quatuor* tantum Conjugationes
agnoscunt, quae trilitterorum normam ita sequuntur, ut
prima primae sive potius secundae, secunda quintae,
tertia septimae, quarta nonae in forma, flexione ac significatione fere respondeat. 1) فَعَالَ. 2) تَفَعْلَلَ. 3) اِفْعَنْلَلَ.

4) اِفْعَلَّ. Omnes hae Conjugationes nonâ tantum atque undecima exceptis, utpote quae sensum semper intransitivum habeant, *passivam* quoque admittunt formam, eaque per omnes ita formatur, ut secunda rad. semper *Kesre*, syllaba vero praecedens unâ cum litteris praeformativis *Dhamma* accipiat: فُعِلَ, أُفْتُعِلَ etc. exc. 13. اِفْعَوَّلَ.

§. 3. *Tempora* duo sunt, quorum alterum *Praeteriti* s. *Perfecti* nomine insignitur, quia rem perfectam ideoque certam indicat, alterum vero vulgo *Futurum* s. *Aoristus*, rectius *Imperfectum* appellatur, quia rem nondum perfectam atque ideo incertam enunciat. Praeterea tempora etiam *composita* formantur adjuncto verbo subst. كَانَ „fuit", atque Praeteritum hujus verbi cum Praet. alîus verbi conjunctum efficit *Plusquamperfectum*, cum Futuro vero efficit *Imperfectum*; et contra Futurum verbi كَانَ cum Praet. alîus verbi *Futuri exacti* notionem ei tribuit.

Modi sunt *Indicativus* et duae formae *Imperativi*; in Futuro praeter *indicativum* s. *raf'atum*, *subjunctivus* vel *nasbatus* s. *Futurum antitheticum*, *jussivus* vel *dschezmatus* s. *Fut. apocopatum*, et *emphaticus* s. *Fut. paragogicum* distinguuntur; *Infinitivus* vero et *Participium* ab Arabum Grammaticis Nominibus accensentur.

Numeri sunt tres: Singularis, Dualis, Pluralis; *personae* itidem tres in Sing. et Plur., in Duali duae tantum, secunda et tertia dignoscuntur, et Imperativus nonnisi secundam agnoscit.

Genus est triplex, masculinum, femininum et commune.

VERBI FLEXIO.

Futurum.		Praeteritum.
antithet. s. subj. s. nasb.	Ind. s. raf'at.	Sing.
يَكْتُبْ	يَكْتُبُ	كَتَبَ 3. *m.*
تَكْتُبْ	تَكْتُبُ	كَتَبَتْ — *f.*
تَكْتُبْ	تَكْتُبُ	كَتَبْتَ 2. *m.*
تَكْتُبِى	تَكْتُبِينَ	كَتَبْتِ — *f.*
أَكْتُبْ	أَكْتُبُ	كَتَبْتُ 1. *c.*
		Dual.
يَكْتُبَا	يَكْتُبَانِ	كَتَبَا 3. *m.*
تَكْتُبَا	تَكْتُبَانِ	كَتَبَتَا — *f.*
تَكْتُبَا	تَكْتُبَنِ	كَتَبْتُمَا 2. *c.*
		Plur.
يَكْتُبُوا	يَكْتُبُونَ	كَتَبُوا 3. *m.*
يَكْتُبْنَ	يَكْتُبْنَ	كَتَبْنَ — *f.*

Futurum.   Praeteritum.

antithet. s. subj. s. nasb.	ind. s. raf'at.	Plur.
تَكْتُبُوا	تَكْتُبُونَ	كَتَبْتُمْ 2. m.
تَكْتُبْنَ	تَكْتُبْنَ	كَتَبْتُنَّ — f.
نَكْتُبْ	نَكْتُبُ	كَتَبْنَا 1. c.

Futurum.

alia ejusd. forma.	paragog. s. emphat.	apocop. s. juss. s. dschezm.
		Sing.
يَتَكْتُبَنْ	يَكْتُبَنْ	يَكْتُبْ 3. m.
تَكْتُبَنْ	تَكْتُبَنْ	تَكْتُبْ — f.
تَكْتُبَنْ	تَكْتُبَنْ	تَكْتُبْ 2. m.
تَكْتُبِنْ	تَكْتُبِنْ	تَكْتُبِى 2. f.
أَكْتُبَنْ	أَكْتُبَنْ	أَكْتُبْ 1. c.
		Dual.
· · ·	يَكْتُبَانِّ	يَكْتُبَا 3. m.
· · ·	تَكْتُبَانِّ	تَكْتُبَا — f.
· · ·	تَكْتُبَانِّ	تَكْتُبَا 2. c.

Futurum.

alia ejusd. forma.	paragog. s. emphat.	apocop. s. juss. s. dschezm.
		Plur.
يكتبن	يَكْتُبَنْ	يَكْتُبوا **3.** *m.*
. . .	يَكْتُبْنَانّ	يَكْتُبْنَ *f.* —
تَكْتُبن	تَكْتُبَنْ	تَكْتُبوا **2.** *m.*
. . .	تَكْتُبْنَانّ	تَكْتُبْنَ *f.* —
نَكْتُبن	نَكْتُبَنْ	نَكْتُبْ **1.** *c.*

Imperativus.

alia ejusd. forma.	emphat.	Sing.
اُكْتُبن	اُكْتُبَنْ	اُكْتُبْ اُكْتُبْ **2.** *m.*
اُكْتُبن	اُكْتُبن	اُكْتُبى *f.* —
		Dual.
. . .	اُكْتُبَانّ	اُكْتُبَا **2.** *com.*
		Plur.
اُكْتُبن	اُكْتُبن	اُكْتُبوا **2.** *m.*
. . .	اُكْتُبْنَانّ	اُكْتُبْنَ *f.* —

Annotationes.

§. 4. De formis Praet. رَبَطتُ, عَبَدتُ, لَبِثتُ, ثَبَتُ,

أَمِنَ etc. vide supra 1. §. 8, 2 et §. 12.

Media rad. ut in Praet., ita quoque in Fut. aut Dhamma,
aut Fatha, aut Kesre assumit, et *Dhamma* quidem in verbis, quorum med. rad. in Praet. sive Dhamma seu Fatha
habet, *Fatha* plerumque in verbis med. et tert. rad. gut-
turalis, et in iis, quorum med. rad. in Praet. Kesre habet,
Kesre denique in verbis nonnullis, quorum med. rad. aut
per Fatha aut per Kesre in Praet. pronunciatur.

Futurum antitheticum adhibetur post particulas أَنْ,
لِ ,كَى ,حَتَّى ,أَوْ *ut* significantes, et post particulas ex أَنْ
compositas لَنْ et إِنَنْ.

Futurum apocopatum locum habet post Imperativum,
cui respondet, et post particulas أَيَانَ ,أَى ,أَنَّى ,إِنْ ,إِنَّمَا,
أَيْنَ ,حَيْثُمَا ,كَيْفَمَا ,لْ imperativum (لِيَكْتُبْ scribat), لَا ne,
مَهْمَا. لَمْ ,لَمَّا nondum, مَا quidquid, مَنْ quicunque,
Paragogica Futuri forma est apocopata cum emphasi qua-

dam prolata, ideoque post easdem particulas usurpari potest. Pro يَكْتُبَنْ scribitur nonnunquam يَكْتُبَا etc.

In Imperativo media rad. eandem vocalem retinet, quâ in Fut. pronunciatur; Elif vero prosth. Dhamma accipit, si med. rad. Dhamma habet, alias Kesre assumit. e. g. إِضْرَبْ, إِعْلَمْ.

Infinitivi, qui *Nomen actionis* appellatur, formae enumerantur triginta tres, quarum usitatiores sunt فَعَالَة, فَعَل, فَعْل, فَعُولَة, فَعُول.

§. 5. *Passivum* Imperativo et Infinitivo caret. In Praet. prima rad. *Dhamma*, secunda *Kesre* habet; in Futuro litterae praeformativae *Dhamma* assumunt, et secunda rad. per *Fatha* effertur. Caeterum in flexione ab Activo non differt.

Praet. كُتِبْتِ, كُتِبْتَ, كُتِبْتُ, كُتِبَ etc.

Fut. raf.' تُكْتَبِينَ, تُكْتَبُ, يُكْتَبُ etc.

\- antith. تُكْتَبِى, تُكْتَبَ, يُكْتَبَ etc.

\- apoc. تُكْتَبِى, تُكْتَبْ, يُكْتَبْ etc.

\- paragog. تُكْتَبِنْ, تُكْتَبَنْ, يُكْتَبَنْ etc.

Participium Sing. *masc.* مَكْتُوبٌ, *fem.* مَكْتُوبَةٌ.

Dual. *masc.* مَكْتُوبَانِ, *fem.* مَكْتُوبَتَانِ.

Plur. *masc.* مَكْتُوبُونَ *fem.* مَكْتُوبَاتٌ.

§. 6. Conjugationes derivatae omnes et verba quadri-littera in Praet., Fut. et Imp. easdem flexiones termina-les retinent, sed in reliquis a forma primitiva paullum differunt.

1) Media radicalis per omnia Praeterita Activa *Fatha* habet.

2) Futuri litterae praeform. in Conjugg. primae classis i. e. II, III et IV, et quadrilitt. primâ *Dhamma*, in reliquis Conjugg. *Fatha* assumunt. Media rad in Fu-turis Conjugg. V, VI, IX, XI, XIII per *Fatha,* in reliquis per *Kesre* effertur.

3) Imperativi omnium Conjugg. a Futuris formantur abjectis litteris praeformativis.

4) Participia omnia م praefixum et nunationem in fine habent; caeterum Futurorum formam imitantur prae-ter Conjugg. V et VI, quarum media rad. in Part. Act. vocali *Kesre* afficitnr.

5) Infinitivi in Conjugg. II, III et IV, et quadrilitt. primâ plures exstant formae, nempe quadrilitt. I. قِمْطَارٌ, قَمْطَرَةٌ

trilitt. Conj. II. تَفْعِيلٌ (quae est usitatissima), فِعَالٌ, تَفْعَالٌ,

فَعَالُ et فَعَّالُ. Conj. III. فِيعَالُ, فَعَّالُ, مُفَعَّالَةُ. Conj. IV. إِفْعَالُ,
فَعَّالَةُ, فَعَالُ.

6) In Conj. IV. ‌‌ا initiale post litteras praeform.
Futuri et م Part. unâ cum vocali sua abjicitur.

7) De mutationibus, quas singula verba in Conjugg.
V, VI, VII et VIII, subeunt, vide supra §. 12. p. 19.

8) In Conjug. IX. et XI. et quadrilitt. IV. contractio
per Teschdid ibi tantum locum habet, ubi vocalis sequitur, alias ultima rad. bis scribitur. e. g. in Praet. 2 pers.

sing. اِفْعَلَلْتَ Imp. اِفْعَلِلْ etc.

9) In *Passivo* vocalis Praeteriti prima, et in Conjugg.
secundae et tertiae classis prima et secunda *Dhamma*,
vocalis vero sequens sive penultima perpetuo *Kesre* est.
In Conjugg. III. et VI. hanc ob causam ‌‌ا insertum in و,
transit sec. §. 12. p. 22.

Litterae Fut. praeformativae et م Part. perpetuo
Dhamma, syllaba vero penultima *Fatha* habet.

Conjugg. IX. et XI., quum significationem neutra-
lem habeant, Passivo carent.

Paradigma omnium Conjugg. derivatarum.

CLASSIS I.
Activum.
Verbum quadrilitterum.

Infinit.	Particip.	Imperat.	Futur.	Praeter .Conj.
قِمْطَار	مُقَمْطِر	قَمْطِر	يُقَمْطِر	قَمْطَرَ 1.

Verbum trilitterum.

Infinit.	Particip.	Imperat.	Futur.	Praeter .Conj.
تَكْتِيب	مُكَتِّب	كَتِّب	يُكَتِّب	كَتَّبَ 2.
مُكَاتَبَة	مُكَاتِب	كَاتِب	يُكَاتِب	كَاتَبَ 3.
إِكْتَاب	مُكْتِب	أَكْتِب	يُكْتِب	أَكْتَبَ 4.

Passivum.
Verbum quadrilitterum.

Particip.	Futur.	Praeter.
مُقَمْطَر	يُقَمْطَر	قُمْطِرَ 1.

Verbum trilitterum.

Particip.	Futur.	Praeter.
مُكَتَّب	يُكَتَّب	كُتِّبَ 2.
مُكَاتَب	يُكَاتَب	كُوتِبَ 3.
مُكْتَب	يُكْتَب	أُكْتِبَ 4.

CLASSIS II. III.
Activum.
Verbum trilitterum.

Infinit.	Particip.	Imperat.	Futur.	Praeter. Conj.
تَكَتُّب	مُتَكَتِّب	تَكَتَّب	يَتَكَتَّب	٥. تَكَتَّب
تَكَاتُب	مُتَكَاتِب	تَكَاتَب	يَتَكَاتَب	٦. تَكَاتَب
اِنْكِتَاب	مُنْكَتِب	اِنْكَتِب	يَنْكَتِب	٧. اِنْكَتَب
اِكْتِتَاب	مُكْتَتِب	اِكْتَتِب	يَكْتَتِب	٨. اِكْتَتَب
اِكْتِبَاب	مُكْتَبّ	اِكْتَبِب	يَكْتَبّ	٩. اِكْتَبّ
اِسْتِكْتَاب	مُسْتَكْتِب	اِسْتَكْتِب	يَسْتَكْتِب	١٠. اِسْتَكْتَب
اِكْتِيَاب	مُكْتَاب	اِكْتَابِب	يَكْتَاب	١١. اِكْتَاب
اِكْتِيتَاب	مُكْتَوْتِب	اِكْتَوْتِب	يَكْتَوْتِب	١٢. اِكْتَوْتَب
اِكْتِوَّاب	مُكْتَوِّب	اِكْتَوِّب	يَكْتَوِّب	١٣. اِكْتَوَّب

Verbum quadrilitterum.

Infinit.	Particip.	Imperat.	Futur.	Praeter Conj.
تَقَمْطُر	مُتَقَمْطِر	تَقَمْطَر	يَتَقَمْطَر	٢. تَقَمْطَر

Verbum quadrilitterum.

Infinit.	Particip.	Imperat.	Futur.	Praeter. Conj.
أَقْمَنْطَار	مُقْمَنْطِر	أَقْمَنْطِر	يَقْمَنْطِر	٣. أَقْمَنْطَرَ
اِقْمِطْرَار	مُقْمَطِرّ	اِقْمَطِرّ	يَقْمَطِرّ	٤. اِقْمَطَرَّ

Passivum.

Verbum trilitterum.

Particip.	Futur.	Praeter. Conj.
مُتَكَتَّب	يُتَكَتَّب	٥. تُكُتِّب
مُتَكَاتَب	يُتَكَاتَب	٦. تُكُوتِب
مُنْكَتَب	يُنْكَتَب	٧. اُنْكُتِب
مُكْتَتَب	يُكْتَتَب	٨. اُكْتُتِب
مُسْتَكْتَب	يُسْتَكْتَب	١٠. اُسْتُكْتِب
مُكْتَوْتَب	يُكْتَوْتَب	١٢. اُكْتُوتِب
مُكْتَوَّب	يُكْتَوَّب	١٣. اُكْتُوِّب

Verbum quadrilitterum.

مُتَقَمْطِرٌ	يَتَقَمْطَرُ	2. تَقَمْطَرَ
مُقَمْطِرٌ	يُقَمْطِرُ	3. اِقْمَطَرَّ
مُقْمَطِرٌّ	يَقْمَطِرُّ	4. اِقْمَطَرَّ

§. 7. Verba *irregularia* sunt 1) *perfecta* eaque

a) quae secundam litt. rad. geminant, ab Arabibus *surda* appellata,

b) *hamzata*, quae inter radicales suas Eliph hamzatum habent.

2) *inperfecta* s. *infirma*, quae unam e litteris و, ى habent.

§. 8. Verba II. rad. *geminatá* s. *surda* per totam fere flexionem (excepto Imp. s. f. et pl. m.) regulam p. 18 sq. prolatam sequuntur, atque in contractione vocalem praecedentem, aut, si deest, vocalem intermediam assumere solent.

Futurum.		Praeteritum.
subj. s. antithet. s. nasb.,	ind. s. raf'at.	Sing:
يَفِرَّ	يَفِرُّ	3. m. فَرَّ
تَفِرَّ	تَفِرُّ	— f. فَرَّتْ
تَفِرَّ	تَفِرُّ	2. m. فَرَرْتَ

Futurum.		Praeteritum.
subj. s. antithet. s. nasb., ind. s. raf'at.		Sing.
تَغِرِّى	تَغِرِّينَ	2. f. فَرِرْتِ
أَغِرَّ	أَغِرُّ	1. c. فَرِرْتُ

Dual.

يَغِرَّا	يَغِرَّانِ	3. m. فَرَّا
تَغِرَّا	تَغِرَّانِ	f. — فَرَّتَا
تَغِرَّا	تَغِرَّانِ	2. c. فَرِرْتُمَا

Plur.

يَغِرُّوا	يَغِرُّونَ	3. m. فَرُّوا
يَغْرِرْنَ	يَغْرِرْنَ	f. — فَرِرْنَ
تَغِرُّوا	تَغِرُّونَ	2. m. فَرِرْتُمْ
تَغْرِرْنَ	تَغْرِرْنَ	f. — فَرِرْتُنَّ
نَغِرَّ	نَغِرُّ	1. c. فَرِرْنَا

Imperativus.   Futurum.

emphat.		parag. s. emphat.	apocop. s. dschezm. Plur.	
• • • •	• • • •	يَغُرَّ	يَغُرِّن	3. m.
• • • •	• • • •	تَغُرَّ	تَغُرِّن	— f.
إِفْرِرَن	إِفْرِرْ	تَغُرَّ	تَغُرِّن	2. m.
إِفْرِرِن	إِفْرِرِى	قَغِرِّى	تَغِرِّن	— f.
• • • •	• • • •	أَفُرَّ	أَفُرِّن	1. c.
				Dual.
• • • •	• • • •	يَغُرَّا	يَغِرَّانِ	3. m.
• • • •	• • • •	تَغُرَّا	تَغِرَّانِ	— f.
إِفْرِرَانِ	إِفْرِرَا	تَغِرَّا	تَغِرَّانِ	2. c.
• • •	• • • •	يَغُرُّوا	يَغُرِّن	3. m.
• • •	• • • •	يَغْرُرْنَ	يَغْرِرْنَانِ	— f.
إِفْرِرَن	إِفْرُرُوا	تَغُرُّوا	تَغُرِّن	2. m.

Imperativus.	Futurum.

parag.   apocop.

emphat.   s. emphat., s. dschezm. Plur.

إِفْرِرْنانِ   إِفْرِرْنَ   تَفْرِرْنانَ   تَغْرِرْنَ 2. f.

   نَفْرِرْنَ   نَفْرِرْ 1. c.

In Imp., cujus forma إِفْرِرْ افْرِرْ s. إِفْرِرْ aut أُمْدُدْ contra regulam in fem. sing. et plur. masc. retinetur, atque in Fut. apoc. alia etiam forma eaque contracta reperitur:

Fut. apoc. يَغِرِّ s. يَفِرِّ s. يَفِرِّ.   Imp. Sing. m. فِرَّ s. فِرِّ, فِرِّي,

Dual. فِرّا Plur. m. فِرّوا, sed f. إِفْرِرْنَ.

Inf. est فَرٌّ. Part. s. m. فَارٌّ, f. فَارَّة du. m. فَارّانِ f. فَارَّتانِ pl. m. فَارّونَ f. فَارّاتْ.

In *Passivo* scribitur فُرَّ pro 2. p. فُرِرْتَ etc. Fut. يُفَرُّ pro 3. pl. f. يَغْرِرْنَ etc. Part. مَغْرورٌ etc.

Quum tres litterae in unam coalescere non possint, Conjj. derivatae II, V, IX, XI, XIII. contractionem respuunt.

Infinit.	Particip.	Imperat.	Futurum.	Praeter.	Conj.
تَفْغِير	مُغْفِر	فِرَّ	يُغْفِرُ	فَرَّرَ	2.
تَفَغُّر	مُتَفَغِّر	تَفَغَّر	يَتَفَغَّرُ	تَفَغَّرَ	5.
إِفْرِرَار	مُغْفِرّ	أَفْرِرْ	يُغْفِرُّ	أَغْفَرَّ	9.
إِفْرِيرَار	مُغْفَارّ	أَفْرَارِرْ	يَغْفَارُّ	أَغْفَارَّ	11.
إِفْرِوَّار	مُغْفَرِّر	أَفْرِوْر	يُغْفَرِّرُ	أَغْفَرَّرَ	13.

In reliquis vero Conjugg, derivatis. sec. et tert. rad. per Teschdid contrahuntur:

Infinit.	Particip.	Imperat.	Futur.	Praeter.	Conj.
مُفَارَّة	مُفَارّ	فَارِرْ	يُفَارُّ	فَارَّ	3.
إِفْرَار	مُغْفِر	أَفْرِرْ	يُغْفِرُّ	أَفَرَّ	4.
تَفَارّ s. تَفَارُر	مُتَفَارّ	تَفَارَرْ	يَتَفَارُّ	تَفَارَّ	6.
إِنْفِرَار	مُنْفَغِر	إِنْفَرِرْ	يَنْغَفُّ	إِنْفَرَّ	7.
إِفْتِرَار	مُفْتَغِر	إِفْتَرِرْ	يَفْتَغُّ	إِفْتَرَّ	8.
إِسْتِغْفَار	مُسْتَغْفِر	إِسْتَغْفِرْ	يَسْتَغْفِرُ	إِسْتَغْفَرَ	10.
إِفْرِيرَار	مُغْفَرِّر	أَفْرِوْرِرْ	يَغْفَرِّرُ	أَفْرَوَّرَ	12.

§. 10. Verba *hamzata*, quae regulas supra p. 20. sqq. propositas sequuntur, caeterum in flexione a verbo regulari haud deflectunt.

1) Verba prima rad. اَ.

1) Praet. act. اَثَرَ, Fut. يَاْثُرُ, Imp. اِثْثُرْ s. اُثُرْ — اُومُلْ

s. اُومُلْ (sec. p. 22, 4.) exc. مُرَّ, كُلْ, خُذْ cf. p. 21.

Pass. Praet. اُثِرَ Fut. يُوثَرُ.

Conj. II. Praet. اَثَّرَ Fut. يُوثِّرُ Imp. اَثِّرْ.

Conj. III. Praet. آثَرَ cf. p. 16. Fut. يُواثِرُ Imp. آثِرْ.

Conj. IV. Praet. آثَرَ cf. p. 16. Fut. يُوثِرُ Imp. آثِرْ.

Conj. V. Praet. تَاَثَّرَ Fut. يَتَاثَّرُ pass. تُوثِّرَ.

Conj. VI. Praet. تَوَاثَرَ s. تَآثَرَ cf. p. 20, 5.

Coni. VII. Praet. اِنَاثَرَ Fut. يَنَاثِرُ pass. اُنُوثِرَ.

Conj. VIII. Praet. اِثْتَرَ s. اِيتَثَرَ sec. p. 21, 3. اِتَّخَذَ p. 22, 4.

2) Verba med. rad. أ.

Praet. سَأَلَ (سَأَلَ p. 21, 3.), نَؤُبَ, نَتْئَبَ Fut. يَسْأَلُ,

Part. نَذْأَبُ. Imp. إِسْأَلْ, سَلْ, اذْؤُبْ. يَذْأَبُ, يَسْئَالُ, يَسْأَلُ

يَسْأَلُ. Fut. سُئِلَ. Pass. Praet. سَائِلٌ.

Conj. III. Praet. لَاءَمَ Fut. يُلَائِمُ pass. Fut. لُوئِمَ يُلَاءَمُ.

Conj. IV. - آلَمَ - يُلْئِمُ - أُلِمَ يُلَامُ.

Conj. VIII. - الْتَأَمَ - يَلْتَئِمُ - الْتُئِمَ يَلْتَامُ.

3) Verba tert. rad. أ.

Praet. هَنَأَ, دَنَؤُ, خَرِئَ, 3. p. fem. هَنَأَتْ, دَنَؤُتْ, خَرِئَتْ,

2. p. m. هَنَأْتَ, دَنَؤُتَ, خَرِئْتَ etc.

Fut. يَهْنِئُ, يَدْنُؤُ, يَخْرَأُ s. يَنْخُرُؤُ cf. p. 22, 6.

Imp. اهْنِئْ, ادْنُؤْ, اخْرَأْ. Part. هَانِئٌ etc.

Eâdem ratione Passivum et Conjugg. derivatae flectuntur.

Conj. II. Praet.	جَشَّا	Fut.	يَجَشِّى	Imp.	جَشِّى.
Conj. V.	-	تَجَشَّا	-	يَتَجَشَّا	-	تَجَشَّا.
Conj. X.	-	اَسْتَنْخَذَا	-	يَسْتَنْخِذِى	-	اَسْتَنْخِذِى.

§. 11. Verba primâ rad. و vel ى in paucis tantummodo formis a flexione regulari deflectunt.

1) Verbâ primâ rad. و nonnisi in Conj. VIII, atque in Fut. et Imp. Conj. I. irregularia sunt, in Passivo vero et in reliquis Conjugg. derivatis verborum regularium normam semper sequuntur. In Fut. et Imp. Conj. I. verba وَتَرَ, وَنَعَ, وَهَبَ, وَقَعَ, وَطِئَ, وَضَعَ, وَسِعَ atque ea, quorum media rad. in iisdem formis Kesre assumit, و suum abjiciunt. cf. p. 22.:

Fut. يَقَعُ, يَتِرُ, يَعِدُ, يَرِثُ, يَمِقُ. Imp. نَعْ, تِرْ, عِدْ, etc., reliqua verba non deflectunt: يَوْجَلُ (s. يَاجَلُ), مِقْ يَوِثُ (يِيجَلُ).

2) Verba primâ rad. ى modo prorsus regulari flectuntur, atque id solum peculiare habent, quod ى dschezmatum post Dhamma in و transit e. g. Conj. I. Fut. pass. يُوسِرُ, Conj. IV. Fut. يُوسِرُ, Part. مُوسِرُ In Conj. VIII. verba I. rad. و vel ى has litteras sequenti ت assimilare solent:

اُتَّعَدَ pro اُوْتَعَدَ, اَتَّسَرَ pro اَيْتَسَرَ etc. cf. p. 21, 4., sed scribitur quoque interdum اِيْتَسَرَ, يَاْتَعِدُ, اِيْتَعَدَ et مُوْتَعِدٌ, يَاْتَسِرُ, اُوْتُسِرَ etc.

§. 12. Verba II. rad و vel ى plus quam reliqua a forma regulari in Coujugg. I, IV, VII, VIII. et X. sec. regulas p. 20, 23 et p. 24, I. 2. propositas abeunt, in reliquis vero regulatim flectuntur.

CONJUGATIO I.

Praeteritum.

Passivum		Activum.	
(خَوِفَ)		(سَيَرَ)	(قَوَلَ)
			Sing.
قِيلَ	خَافَ	سَارَ	قَالَ 3. m.
قِيلَتْ	خَافَتْ	سَارَتْ	قَالَتْ — f.
قُلْتَ	خِفْتَ	سِرْتَ	قُلْتَ 2. m.
قُلْتِ	خِفْتِ	سِرْتِ	قُلْتِ — f.
قُلْتُ	خِفْتُ	سِرْتُ	قُلْتُ 1. c.

Praeteritum.

	Activum.			Passivum.

Dual.

3. *m.*	قَالَا	سَارَا	خَافَا	قِيلَا
— *f.*	قَالَتَا	سَارَتَا	خَافَتَا	قِيلَتَا
2. *c.*	قُلْتُمَا	سِرْتُمَا	خِفْتُمَا	قُلْتُمَا

Plur.

3. *m.*	قَالُوا	سَارُوا	خَافُوا	قِيلُوا
— *f.*	قُلْنَ	سِرْنَ	خِفْنَ	قِلْنَ
2. *m.*	قُلْتُمْ	سِرْتُمْ	خِفْتُمْ	قُلْتُمْ
— *f.*	قُلْتُنَّ	سِرْتُنَّ	خِفْتُنَّ	قُلْتُنَّ
1. *c.*	قُلْنَا	سِرْنَا	خِفْنَا	قُلْنَا

Futurum, ind. s. raf'at.

	Activum.			Passivum.

Sing.

3. *m.*	يَقُولُ	يَسِيرُ	يَخَافُ	يُقَالُ
— *f.*	تَقُولُ	تَسِيرُ	تَخَافُ	تُقَالُ
2. *m.*	تَقُولُ	تَسِيرُ	تَخَافُ	تُقَالُ

Passivum.			Activum.

Sing.

تُقَالِينَ تَخَافِينَ تَسِيرِينَ تَقُولِينَ 2. f.

أُقَالُ أَخَافُ أَسِيرُ أَقُولُ 1. c.

Passivum.			Activum.

Dual.

بُقَالَانِ يَخَافَانِ يَسِيرَانِ يَقُولَانِ 3. m.

تُقَالَانِ تَخَافَانِ تَسِيرَانِ تَقُولَانِ — f.

تُقَالَانِ تَخَافَانِ تَسِيرَانِ تَقُولَانِ 2. c.

Plur.

يُقَالُونَ يَخَافُونَ يَسِيرُونَ يَقُولُونَ 3. m.

يُقَلْنَ يَخَفْنَ يَسِرْنَ يَقُلْنَ — f.

تُقَالُونَ تَخَافُونَ تَسِيرُونَ تَقُولُونَ 2. m.

تَقُلْنَ تَخَفْنَ تَسِرْنَ تَقُلْنَ — f.

نُقَالُ نَخَافُ نَسِيرُ نَقُولُ 1. c.

Futurum apocopatum s. dschezm.

Passivum.		Activum.		
				Sing.
يُقَلْ	يَخَفْ	يَسَرْ	يَقُلْ	3. m.
تُقَلْ	تَخَفْ	تَسَرْ	تَقُلْ	— f.
تُقَلْ	تَخَفْ	تَسَرْ	تَقُلْ	2. m.
تُقَالِى	تَخَافِى	تَسِيرِى	تَقُولِى	— f.
أُقَلْ	أَخَفْ	أَسَرْ	أَقُلْ	1. c.
				Dual.
يُقَالَا	يَخَافَا	يَسِيرَا	يَقُولَا	3. m.
تُقَالَا	تَخَافَا	تَسِيرَا	تَقُولَا	3. f.
تُقَالَا	تَخَافَا	تَسِيرَا	تَقُولَا	2. c.
				Plur.
يُقَالُوا	يَخَافُوا	يَسِيرُوا	يَقُولُوا	3. m.
يُقَلْنَ	يَخَفْنَ	يَسِرْنَ	يَقُلْنَ	— f.
تُقَالُوا	تَخَافُوا	تَسِيرُوا	تَقُولُوا	2. m.

Passivum. **Activum.**

Plur.

تُقَلْنَ	تَخَفْنَ	تَسِرْنَ	تَقُلْنَ 2. *f.*
نُقَلْ	نَخَفْ	نَسِرْ	نَقُلْ 1.

Imperativus.

Pass.		Act.	
خَفْ	سِرْ	قُلْ	Sing. *m.*
خَافِى	سِيرِى	قُولِى	*f.* —
خَافَا	سِيرَا	قُولَا	Dual.
خَافُوا	سِيرُوا	قُولُوا	Plur. *m.*
خَفْنَ	سِرْنَ	قُلْنَ	*f.* —

Part. aet. سَائِر , قَائِل cf. p. 25, 4. pass. مَقُول , مَسِير
cf. p. 22, B. 1., 24. D. 1.

Reliquae formae Fut. antith. s. nasb. يَقُولَ . يَسِيرَ ,
يُقَالَ , paragog. s. emphat. يَقُولَنَّ ,يَسِيرَنَّ ,يَخَافَنَّ ,يُقَالَنَّ,
et Imp. parag. s. emph. قُولَنَّ etc. difficultatem non
habent.

Verba med. و, quae in Praet. *Fatha* vel *Dhamma* habent, flexionem verbi قَالَ, et verba med. ى, quae in Praet. *Kesre* habent, flexionem verbi خَافَ sequuntur.

Verba med. و vel ى in Activo et Passivo Conjugg. IV, VII, VIII, X, quae solae a forma regulari deflectunt, inter se non discrepant.

Conjugationes derivatae.

	Passivum.		Activum.	
Futur.	Praeter.	Futurum.	Praeter.	Conj.
يُقَالُ	أُقِيلَ	يُقِيلُ	أَقَالَ	IV.
يُنْقَالُ	اُنْقِيلَ	يَنْقَالُ	اِنْقَالَ	VII.
يُقْتَالُ	اُقْتِيلَ	يَقْتَالُ	اِقْتَالَ	VIII.
يُسْتَقَالُ	اُسْتُقِيلَ	يَسْتَقِيلُ	اِسْتَقَالَ	X.

	Passivum.		Activum.	
Particip.	Infinit.	Partic.	Imperat.	Conj.
مُقَالٌ	إِقَالَةٌ	مُقِيلٌ	أَقِلْ	IV.
مُنْقَالٌ	اِنْقِيَالٌ	مُنْقَالٌ	اِنْقَلْ	VII.

Passivum.		Activum.		
Particip.	Infinit.	Partic.	Imperat.	Conj.
مُقْتَالٌ	اِقْتِيَالٌ	مُقْتَالٌ	اِقْتَلْ	VIII.
مُسْتَقَالٌ	اِسْتِقَالَةٌ	مُسْتَقِيلٌ	اِسْتَقِلْ	X.

Flexio harum Conjugg. eadem est, quae Conjugationis primae: اِقَالَ, اِقْلَتْ — اَقِلْ, اَقِيلِى etc.

Conj. II. قَوَّلَ, سَيَّرَ. pass. قُوِّلَ, سُيِّرَ. III. قَاوَلَ, سَايَرَ.

pass. قُوِوِلَ, سُويِرَ et sic porro.

Nonnulla verba per omnes Conjugationes litteras و vel ى mobiles retinent, et regulariter inflectuntur, e. g. عَوِرَ, صَيِدَ, alia in Conj. I. sunt imperfecta, in Conj. IV. vero, et pauca etiam in Conj. X. modo perfecta sunt, modo imperfecta: اَغْيَمَ, غَامَ — رَاحَ, اَرْوَحَ et اَرَاحَ — اَغَامَ — اِسْتَجَابَ et اِسْتَجْوَبَ.

§. 13. Verba III. rad. و vel ى regulas supra p. 20. 3. et p. 22 sqq. prolatas sequuntur.

Paradigmatis loco utimur verbis رَمَى pro غَزَا, غَزَو, et سَرُو pro رَضِىَ, رَضَو pro رَمَى

CONJUGATIO I.

Praet.   **Activum.**

Sing.

3. m.	غَزَا	رَمَى	رَضِيَ	سَرُوَ
— f.	غَزَتْ	رَمَتْ	رَضِيَتْ	سَرُوَتْ
2. m.	غَزَوْتَ	رَمَيْتَ	رَضِيتَ	سَرُوتَ
2. f.	غَزَوْتِ	رَمَيْتِ	رَضِيتِ	سَرُوتِ
1. c.	غَزَوْتُ	رَمَيْتُ	رَضِيتُ	سَرُوتُ

Dual.

3. m.	غَزَوَا	رَمَيَا	رَضِيَا	سَرُوَا
— f.	غَزَتَا	رَمَتَا	رَضِيَتَا	سَرُوَتَا
2. c.	غَزَوْتُمَا	رَمَيْتُمَا	رَضِيتُمَا	سَرُوتُمَا

Plur.

3. m.	غَزَوْا	رَمَوْا	رَضُوا	سَرُوا
— f.	غَزَوْنَ	رَمَيْنَ	رَضِينَ	سَرُونَ
2. m.	غَزَوْتُمْ	رَمَيْتُمْ	رَضِيتُمْ	سَرُوتُمْ

Praet. **Act.**

Plur.

سَرَوْتَنْ رَضِيتَنْ رَمَيْتَنْ غَزَوْتَنْ — ر.

سَرَوْنَا رَضِينَا رَمَيْنَا غَزَوْنَا 1. c.

Futurum indicat. s. raf'at. Sing.

يَرْضَى يَرْمِى يَسْرُو يَغْزُو 3. m.

تَرْضَى تَرْمِى تَغْزُو — ر.

تَرْضَى تَرْمِى تَغْزُو 2 m.

تَرْضِينَ تَرْمِينَ تَغْزِينَ — ر.

أَرْضَى أَرْمِى أَغْزُو 1. c.

Dual.

يَرْضِيَانِ يَرْمِيَانِ يَغْزُوَانِ 3. m.

تَرْضِيَانِ تَرْمِيَانِ تَغْزُوَانِ — ر.

تَرْضِيَانِ تَرْمِيَانِ تَغْزُوَانِ 2. c.

Plur.

يَرْضَوْنَ يَرْمُونَ يَغْزُونَ 3. m.

Plur.

3. *f.*	يَغْزُونَ	يَرْمِينَ	يِرْضَيْنَ
2. *m.*	تَغْزُونَ	تَرْمُونَ	تَرْضَوْنَ
— *f.*	تَغْزُونَ	تَرْمِينَ	تَرْضَيْنَ
1. c.	نَغْزُو	نَرْمِي	نَرْضَى

Futurum apocopat, s. dschezmat.   Sing.

3. *m.*	يَغْزُ	يَرْمِ	يِرْضَ
— *f.*	تَغْزُ	تَرْمِ	تَرْضَ
2. *m.*	تَغْزُ	تَرْمِ	تَرْضَ
— *f.*	تَغْزِي	تَرْمِي	تَرْضَيْ
1. c.	أَغْزُ	أَرْمِ	أَرْضَ

Dual.

3. *m.*	يَغْزُوَا	يَرْمِيَا	يِرْضَيَا
— *f.*	تَغْزُوَا	تَرْمِيَا	تَرْضَيَا
2. c.	تَغْزُوَا	تَرْمِيَا	تَرْضَيَا

Futurum apocopat s. dschezm.　　　Plur.

يَرْضَوْا	يَرْمُوا	يَغْزُوا	3. *m.*
يَرْضَيْنَ	يَرْمِينَ	يَغْزُونَ	— *f.*
تَرْضَوْا	تَرْمُوا	تَغْزُوا	2. *m.*
تَرْضَيْنَ	تَرْمِينَ	تَغْزُونَ	— *f.*
نَرْضَ	نَرْمِ	نَغْزُ	1. *c.*

Futurum paragog. s. emphat.　　　Sing.

يَرْضَيِنَّ	يَرْمِيِنَّ	يَغْزُوِنَّ	3. *m.*
تَرْضَيِنَّ	تَرْمِيِنَّ	تَغْزُوِنَّ	— *f.*
تَرْضَيِنَّ	تَرْمِيِنَّ	تَغْزُوِنَّ	2. *m.*
تَرْضَيِنَّ	تَرْمِنَّ	تَغْزُوِنَّ	— *f.*
أَرْضَيِنَّ	أَرْمِيِنَّ	أَغْزُوِنَّ	1. *c.*

　　　Dual.

يَرْضَيَانِّ	يَرْمِيَانِّ	يَغْزُوَانِّ	3. *m.*
تَرْضَيَانِّ	تَرْمِيَانِّ	تَغْزُوَانِّ	— *f.*
تَرْضَيَانِّ	تَرْمِيَانِّ	تَغْزُوَانِّ	2. *c.*

Plur.

يَرْضَوْنَ	يَرْمُنَ	يَغْزُنَ	3. m.
يَرْضَيْنَانِّ	يَرْمِينَانِّ	يَغْزُوَنَانِّ	— f.
تَرْضَوْنَ	تَرْمُنَ	تَغْزُنَ	2. m.
تَرْضَيْنَانِّ	تَرْمِينَانِّ	تَغْزُوَنَانِّ	— f.
نَرْضَيْنَ	نَرْمِينَ	نَغْزُوَنَ	1. c.

Imperativus.

Sing.

إِرْضَ	إِرْمِ	أُغْزُ	2. m.
إِرْضَى	إِرْمِى	أُغْزِى	— f.
إِرْضَيَا	إِرْمِيَا	أُغْزُوَا	Dual.

Plur.

إِرْضَوْا	إِرْمُوا	أُغْزُوا	2. m.
إِرْضَيْنَ	إِرْمِينَ	أُغْزُونَ	— f.

Fut. antithet, s. nasb. يَغْزُوَ، يَرْمِىَ، يَرْضَى in iis personis, in quibus terminatio accedit, cum Fut. *apoc.* prorsus convenit. e. g. تَغْزِى, يَرْمُوا, تَرْضَيْنَ. Part. رَامٍ, غَازٍ, رَاضٍ.

Acc. رَامِيًا, fem. رَامِيَة plur. رَامُونَ fem. رَامِيَات.

Passivum verborum III. rad. و vel ى in omnibus Conjugg. flectitur ad normam verbi رَضِىَ in Praet. et Fut.; sed. Part. pass. I. Conj. a verb. III. rad. و est مَغْزُو, et a verb. III. rad. ى est مَرْمِى.

In Conjugg. derivatis verba III. rad. و vel ى sec. p. 23, 3. inter se non differunt.

Conj.	Activum Praet.	Activum Futur.	Passivum Praet.	Passivum Futur.
2.	غَزَّى	يُغَزِّى	غُزِّىَ	يُغَزَّى
3.	غَازَى	يُغَازِى	غُوزِىَ	يُغَازَى
4.	أَغْزَى	يُغْزِى	أُغْزِىَ	يُغْزَى
5.	تَغَزَّى	يَتَغَزَّى	تُغُزِّىَ	يُتَغَزَّى
6.	تَغَازَى	يَتَغَازَى	تُغُوزِىَ	يُتَغَازَى

Passivum.		Activum.	
Futur.	Praeter.	Futur.	Praeter Conjug.
يُنْغَزَى	أُنْغِزَى	يَنْغَزَى	إِنْغَزَى 7.
يُغْتَزَى	أُغْتِزَى	يَغْتَزَى	إِغْتَزَى 8.
يُسْتَغْزَى	أُسْتَغِزَى	يَسْتَغْزَى	إِسْتَغْزَى 10.

§. Verba, quae plures radd. infirmas habent, varii sunt generis: 1) Ea, quibus duae radd. و vel ى insunt.

a) Si rad. I. et III. infirmae sunt, irregularem verborum I. et III. rad. و vel ى flexionem simul sequuntur: Praet. وَقَى, وَقَيْتَ etc. Fut. تَقِى, يَقِى. apoc. تَقِ, يَقِ. Imp. Sing. m. قِ s. قِهْ f. قِى. Du. قِيَا. Pl. m. قُوا f. قِينَ. parag. قِيَنْ. Part. وَاقٍ. Inf. وَقْى. — Intrans. Praet. وَجِى, وَجِيتَ. Fut. يَوْجَى. Imp. إِيجَ, إِيجَى, إِيجَوْا. Inf. وَجْى. Part. وَاجٍ. إِيجَيْنَ.

b) Si II. et III. rad. و vel ى habent, secunda semper mobilis retinetur, aut, id quod rarius fit, si ejusdem sunt soni, ambae per Teschdid contrahuntur: Praet. شَوَى, شَوَتْ, شَوِيَتْ.

Fut. يَشْوِى apoc. بَشْوِ Imp. اِشْوِ Part. شَاوٍ — Praet.

IV. طَوَى — Imp. اِقْوَ Fut. يَقْوَى قَوِيتَ, قَوِيتُ, قَوِيَ

أَطْوَى VII. اِنْطَوَى — Praet. حَبِيَ Fut. يَحْيَا sec. p. 24.

2. Du. يَحْيَيَانِ Plur. يَحْيَيْوْنَ apoc. يَحْيَ Imp. يَحْيَى اِحْيَ

حَيَّ, ac saepius etiam Praet. اِحْيَيْنَ, اِحْيَوْا, اِحْيَيَا, اِحْيَيْ

حَيَّتْ, sed حَيِيتَ etc. Du. حَيَّا, حَيَّتَا Plur. حَيُّوا. Fut.

يَحْيَى. In Conjugg. derivatis contractio locum non habet, in

Conj. X. Praet. اِسْتَحْيَى et اِسْتَحْيَا Fut. يَسْتَحْيِى et

اِسْتَحْيِ et اِسْتَحْيِ Imp. يَسْتَحْيِى.

2) Verba, quae simul ا inter suas radicales habent,
hujus etiam mutationes subeunt; suntque

a) I. rad. ا et III. rad. و vel ى. Praet. أَبَى. Fut. يَأْبَى.

Imp. اِئْتِ sive أَتَى Fut. يَأْتِى Imp. اِئْتِ Part. آبٍ —

ت s. تْه.

b) I. rad. و et III. rad. أ: وَنَأَ Fut. يَذِىُّ. Imp. نِى.ـ —

Fut. وَثِىَ — يوضُوُ Fut. وَضُوُ—طَأ Imp. يَطَأ Fut. طَأ وَطِىَ
يوطَأ.

c) I. rad. أ et II. rad. و vel ى. Praet. آبَ, أَبْتَ, أَبِتُ.
pass. آتَبْ Part. أُوبِى, أُبْ Imp. يُوبُ apoc. يُووبُ Fut.
أُتِيبْ. pass. آآبَ IV. مُووبْ pass. أُتِيبَ.

d) I. rad. و vel ى et II. rad. أ. وَأَرَ Fut. يَئِسَ — بَئِسَ.
Imp. يَبْئَسُ, يَئِسُ et بَئِسَ, sive etiam يَبْئَسُ, يَاسُ Fut.
بِيئَاسُ. إِيئِسْ, إِباَسْ.

e) II. rad. أ et III. rad. و vel ى. Praet. نَأَى, نَأَتَ, نَأَيْتَ.
رَأَى Verbum مَنْئِىٌ pass. نَآ Part. إِنَّا Imp. يَنْأَى Fut.

vidit, quoties ر Dschezma habet, أ amittit: Fut. ind. Sing.
Plur. تَرَيَانِ, يَرَيَانِ Dual. يَرَى, تَرَى, تَرَى, تَرَيْنَ.
يَرِيَا. antith. يَرَى etc. Du. نَرَى, تَرَيْنَ, تَرَوْنَ, يَرَيْنَ, يَرَوْنَ.
Plur. يَرَوْا apoc. أَرَ, تَرْ, يَرَ, تَرَىٰ etc. emph. يَرَيْنَ. Du.

emph. رَيْنَ, رَوْا, رَيَا, رَيْ, رَىَّ. Imp. رَ vel رَهْ, رَىَّ. Plur. يَرَوْنَ. يَرَيَانِ

ارَأَ, يَرْأَى; رَيْنَانِ, رَوْنَ, رَيَانِ, رَيْنَ, رَيْنَ sed scribitur etiam

Pass. رُئِىَ. Fut. يُرْأَى et saepius يُرَى Part. مَرْئِىٌّ. Conj.

IV. Praet. أَرَى, أَرْتَ, أَرَيْتَ, etc. Fut. يُرِى, تُرِى, تُرَى, تُرِينَ,

أُرِ. emphat. أُرِينَ, أُرُوا, أُرِيَا, أُرِى, أُرِ, أُرِى. Imp. أُرِى

أُرِيَانِ, أُرِنَ, أُرِينَانِ. Part. مُرٍ f. مُرِيَةٌ.

f) II. rad. و vel ى et III. rad. أ. Praet. سَآءَ pro سَوَءَ,

يَسُوءُ. Imp. apoc. يَسُؤْ. Fut. etc. سَاؤُوا pl. سُؤْتَ, سَآءَتْ

سُؤْ. Praet. pass. سِىءَ IV. أَسَآءَ, أَسَآءَتْ, أَسَأْتَ etc. —

Praet. يَجِىءُ apoc. جَآءَ pro جَيَءَ. Fut. جِثْتُ, جَآءَتْ, جِيَا,

شَآءَ — جِىءَ. Imp. جِىءْ Part. جَائِى. Praet. pass. جِىءَ يَجِئْ

pro شَيَأَ, شَآءَتْ, شِئْتَ. Fut. يَشَآءُ. Imp. شَأْ.

g) I. rad. أ et II. et III. rad. و vel ى. Praet أَوَى, أَوْتُ,

آوِيتُ etc. Fut. يَأْوِى, apoc. يَأْوِ. Imp. اِئْوِ. Part. act. آوٍ

fem. آوِيَةٌ. pass. مَأْوِىٌّ. —

h) II. rad. ا et I. et III. rad. و vel ى Praet. Sing. وَأَى,

وَأَتْ, وَأَيْتَ, وَأَيْتِ, وَأَيْتُ. Du. وَأَيَا, وَأَتَا, وَأَيْتُمَا. Plur. وَأَوْا,

وَأَيْنَ, وَأَيْتُمْ, وَأَيْتُنَّ, وَأَيْنَا. Fut. ind. Sing. يَأْى, يَأْى, تَأْى,

تَأْى, أُمَى. Du. يَأْيَانِ, تَأْيَانِ, تَأْيَانِ. Plur. يَأْوْنَ, يَأْيِنَ,

تَأْوْنَ, تَأْيَنَ, نَأْى. Fut. apoc. Sing. يَأْهَ, تَأْهَ, تَأْى, أَهْ.

Imp. يَأْيَا, تَأْيَا, تَأْيَا. Plur. يَأْوْا, يَأْيِنَ, تَأْوْا, تَأْيِنَ, نَأْهَ. Du.

ا s. اِهْ, اِأَى, اِأَيَا, اُوْا, اِأَيْنَ. Part. وَآهٍ fem. وَائِيَةٌ.

i) I. et III. rad. ا et II. rad. و, cujus generis unum

exstat verbum: آءَ pro اَوَأَ.

Praet. Sing. اَءْتُ, اَءْتِ, اَءْتَ, آءَتْ, آءَ. Du. آءَا etc.

Plur. آءُوا, اَءْنَ, اَءْتُمْ etc. Fut. ind. Sing. يَأُوءُ. Du. يَأُوءَانِ.

Plur. يَأُوءُونَ. Imp. اُؤْ, اُؤِى fem. اُؤْنَ. Plur. اُؤُوا,

اُؤْنَ.

3) Verba II. rad. gem. et I. rad. و aut أ verborum sur-
dorum et I. rad. hamz. s. و flexionem assumunt. e. g. وَدَّ Fut.
يَوُدُّ. Imp. اِيدَدْ. — أنْ Fut. يَمَنْ — أَبَّ Fut. يَوُبُّ. Verbum
quadril. يَوَابِي. Fut. يَأَبَا, يَأَبَات, يَأَبَات, يَأَبُوا vel يَأَبِيوا.
Imp. يَأَيِ.

§. 14. Verbum negativum لَيْسَ non fuit, non est,
Praeteritum tantum habet. Sing. لَيْسَ, لَيْسَتْ, لَسْتَ, لَسْتِ,
لَسْتُ. Du. لَيْسَا, لَيْسَتَا, لَسْتُمَا. Plur. لَيْسُوا, لَسْنَ, لَسْتُمْ,
لَسْتُنَّ, لَسْنَا.

Verba laudis et vituperii, quae interjectionum loco
usurpantur, sunt حَبَّذَا ex حَبَّ et ذَا gratum hoc! amatum
hoc! et نَعْمَ pro نَعِمَ bene habet! pulcher est! et بِئْسَ pro
بَئِسَ malus est! fem. نَعِمَتْ, بِئْسَتْ. Du. نَعْمَا. Plur.
نِعْمُوا; nonnunquam etiam نِعْمَ contractum cum مَا fit نِعِمَّا
pulchrum quid!

Verba admirationis dicta sunt formae مَا أَفْعَلَ sequente

Accus. et أَفْعَلَ sequente praep. بِ, et non flectuntur. e. g. مَا

أَفْضَلَ زَيْدًا sive بِزَيْدٍ أَفْضَلُ *quam praetans est Zeidus!*

§. 15. Quando verbis Pronomina suff. affiguntur, formae eorum, sive sint regularia, sive irregularia, non mutantur, nisi in II. pers. pl. masc. Praet., ubi تُمْ in تُمُو abit, atque, licet rarius, in Plur. Fut., ubi terminatio نَ nonnnnquam abjicitur. e. g. تَأْمُرُونِّي pro تَأْمُرُونَنِي, رَأَيْتُمُوهُمْ *vidistis eos*. Caeterum Pron. suff. III. pers. هُ, هُمَا, هُمْ. هُنَّ, Dhamma suum praecedente vocali *i* vel diphthongo *ai* in Kesre mutare, jam supra p. 29, 2. dictum est.

Caput III. De Nominibus.

§. 1. *Nomina* sunt aut primitiva aut derivata; ac *derivata* quidem sive a verbis sive a nominibus descendunt, eaque ita comparata sunt, ut modo solis litteris radd. constent, veluti formae فَعْلٌ, فَعَلٌ, فَعِلٌ, فُعْلٌ, s. فَعُلٌ, modo litteras inserant, e. g. فَعِيلٌ, فَعَالٌ, s. II. rad. geminent: تَوَّابٌ, عَلَّامٌ, modo in fine terminationem abstractam seu femininam, modo ab initio litteram addant;

atque, si م praefigitur, *locus* aut *tempus*, si م praeponitur, *instrumentum* exprimi solet.

Adjectiva easdem fere formas admittunt; exstant vero etiam certae quaedam formae, quae his propriae sunt. Huc pertinent participia, formae فَعِيلْ, فَعُولْ, فَعْلَانْ s.

فَعْلَانْ, intensiva فَعَّالْ, Comparativi اَفْعَلُ, et terminatio ـِى *), (rarius اَنِى), quam Adjectiva a nomm. subst. derivata habent.

Diminutiva sunt formae فُعَيْلْ et a quadrilitteris فُعَيْلِلْ:

شُمَيْسَة a حُبَيْلَى a حُبْلَى, قُلَيْعَة a قَلْعَة, عُبَيْد ab عَبْد, عُبَيْد ab

أُزَيْرِق (وُعَيْد), عُدَيْة ab عِدَة, وُعَيْد ab أَب, أُبَى fem., شُمَيْس ab

---

*) Haec levem saepius formarum nonnullarum mutationem efficit.

مَدِينَة a جُزَيْرَة et مَدَنِى et مَكَّة a مَكِّى, مَلِكْ a مَلِكِى, cf. مَلَكِى

جُزَيْرَة (sed حُدَيْدِى etc.), قُرَيْش a قُرَشِى; atque si a Nomm. propr. compositis formatur, sive altera pars compositi omittitur, sive ambae contrahuntur. فَخْرُ الدِّينِ a فُخَيْرَى, أَبُوَيْكُمْ ab بَكْرَى,

عَبْشَمِى عَبْد شَمْس ab etc.

ab أَسْيُود sec. p. 25, 5. pro مُوَيزِيِين a مِيزَان, أَسْيِد, أزرق formatur a حُمَيِد ita atque, أَسْوِد ab سُوَيِد atque etiam أَسْوَد, matur a حَامِد, أَحْمَد, حَمْدَان, حُمَاد et مَحْمُود.

§. 2. *Genus* est triplex, masculinum, femininum et commune; neutrum non distinguitur, sed terminatio fem. *neutro* et *abstracto* notando inservit.

Praeter ea, quae significatione feminina sunt, nomina nempe mulierum, regionum et urbium, populorum et tribuum, geminorum membrorum, instrumentorum et utensilium, triplici etiam terminatione fem. distinguuntur a masculinis: ة—, ــى, آء—; ac prima quidem omnium frequentissima est; forma فَعْلَى est fem. formae adj. فَعْلَان; فَعْلَى fem. Comparativi أَفْعَل; et فَعْلَاء fem. Adjectivorum أَفْعَل, quae qualitatem inhaerentem denotant.

Nomina nonnulla terminatione masc. sunt generis communis: حَالٌ, سُلْطَان, سِلْم, سَبِيل, سَمَآء, طَرِيق, لِسَان, etc., alia plura vero feminina دَار, خَمْر, حَرْب, جَهَنَّم, أُم, أَرْض, شَمْس رِيح, نَقْب etc., ac vicissim quaedam etiam terminatione fem. sunt generis masc. ut. خَلِيفَة, aut communia, ut

Adj. verbalia formarum مِفْعَلَة, فَعُولَة, فُعَلَة, فِعَالَة, فَعَّالَة, et nomina litterarum.

Numeri sunt tres, singularis, dualis et pluralis.

Terminatio Dualis est ‍ان —ٰ, quae formis Sing. masc. et fem. (mutato ة in ت) additur: a رَجُلٌ a رَجُلَانِ, مَدِينَتَانِ a مَدِينَة, نِكْرَيَانِ a نِكْرَى, فَتَيَانِ a فَتًى, قَتْلَاوَانِ a قَتْلَآء, (عَصَوَانِ ab عَصَا عَصَوٌ).

Pluralis terminatio est duplex, masc. ‍ونَ—ُ, fem. ‍ات—َ: a قَاتِلُونَ a قَاتِلٌ, قَاتِلَاتٌ a قَاتِلَةٌ, قَاضُونَ pro قَاضِيُونَ a قَاضٍ, مُوسَوْنَ pro مُوسَيُونَ a مُوسَى cf. p. 25, 3.

Terminationem fem. assumunt etiam nomina nonnulla, quae in Sing. non terminantur ة —ٰ, e. g. أَمَاتٌ, et أُمَّهَاتٌ, سَمَاوَاتٌ ab أُمّ, حَالٌ, سَمَاءٌ, حَالَاتٌ, et nomina peregrina: قُنْصُوَاتٌ pro باشَوَاتٌ, بَاشَا Pascha, قُنْصُوَاتٌ ab أَغَا Agha, أَغْوَاتٌ, Consul; ac vicissim plura nomina fem. Pluralem habent masc.: سَنُونَ, بَرُونَ a سَنَة, بَرَّة etc.

Praeter has Pluralis *regularis* s, *sani* formas exstant etiam aliae haud paucae, quae notione *collectivae* sunt et *abstractae*, ideoque constructionem fem. imitantur, atque Pluralis *irregularis* s. *insani* s. *fracti* nomine insigniuntur. Ex his aliae terminatione fem. Sing., qua haud raro nomina *unitatis* indicantur, in masculinam mutata, aliae contra adscitâ terminatione fem. utpote abstractis propriâ, aliae formâ Singularis decurtatâ, aliae denique eâdem diductâ formantur.

Sunt vero sequentes:

1) فُعَّل a formis Singul. فَعْلَة, فِعْلَة, فَعَلَة, et فُعْلَى fem. Adj. Comp. أَفْعَل.

2) فُعْل ab Adjectivis formae أَفْعَل eorumque femininis فَعْلَاء.

3) فُعْل a Sing. فَعَل, فِعْل, فُعَال, فَعْلَة, فَعُول, فَعِيل.

4) فُعْل a Sing. فُعْلَة.

5) فِعَال a فَعْل, فِعْل, فُعْل, فَعَل, فَعْلَة, فِعْلَة, فَعِيل, فُعَلَانَة, فَعْلَان, فُعْلَان, et فَعْلَانَة, فَعِيلَة, فُعَلَانَة.

6) فُعُول a فَعْل, فِعْل, فُعْل, rarius a فَاعِل.

7) فَاعِلَة‎ et فَاعَل‎ a فَعَّال‎ et فُعَّل‎.

8) فَعَلَة‎ et 9) فُعَلَة‎ ab Adjectivis formae فَاعِل‎ ratio-
nalia significantibus.

10) فُعْلَة‎ a Sing. فُعَل‎, فُعْل‎, فَعْل‎.

11) فُعْلَة‎ a فَعَل‎, فِعَل‎, فَعَل‎, فُعَال‎, فَعِيل‎.

12) أَفْعُل‎ a فَعَل‎, فِعْل‎, فُعْل‎, et a Nomm. femm. non
terminatis ة fem., quae inter II. et III. rad. litteram quies-
centem insertam habent.

13) أَفْعَال‎ a Substantivis trilitteris cujusvis formae, et
Adjectivis فَاعِل‎ et فَعِيل‎.

14) أَفْعِلَة‎ a multis Subst. quatuor litterarum, quarum
penultima est ا, و, vel ى quiscens.

15) فَوَاعِل‎ a Subst. et Adj. formarum فَاعَل‎, فَاعِل‎ et
فَاعَة‎, فَاعِلَاء‎.

16) فَعَائِل‎ a Femininis formarum فَعَالَة‎, فَعَال‎, فُعَال‎,
فَعَالَة‎, فَعِيل‎, فَعِيلَة‎, فَعُول‎, فَعُولَة‎.

17) فِعْلَان a فَعَالٌ, فَعَلٌ, فُعَلٌ, فَعَلٌ, فَعْلٌ, فُعْلٌ, فَاعِلٌ, فَعِيلٌ.

18) فَعْلَان a فُعَلٌ; فَعَلٌ, فَعِيلٌ, فَاعِلٌ.

19) فُعَلَاءُ a Masc. فَعِيلٌ et فَاعِلٌ.

20) أَفْعِلَاءُ ab Adjectivis rationalibus formae فَعِيلٌ.

21) فَعْلَى ab Adjectîvis formae فَعِيلٌ, rarius formarum فَعْلَان, أَفْعَلُ, فَعِلٌ, فَاعِلٌ, rem plerumque infaustam aut tristem significantibus.

22) فَعَالَى a Subst. formarum فَعْلٌ, فُعَلٌ, فَعْلَاءُ et Adj. fem. formarum فَعْلَاءُ et فُعْلَى.

23) فَعَالَى, rarius فُعَالَى s. فَعَالِى, ab iisdem Subst. et Adj., a quibus forma praecedens fit, et ab Adj. formae فَعِيلَةٌ. et fem. فَعْلَان.

24) فَعِيلٌ forma rarior a فَعَلٌ et فَعَالٌ.

25) فُعُولَةٌ forma itidem rara a فَعَلٌ.

26) فَعَالَةٌ a فَعَلٌ et فَاعِلٌ.

27) فَعَل forma rarissima a فَاعِل, فَعْلَة, فَعَلَة.

28) فَعَالِل a nominibus quatuor litterarum (non adnume-
rato ة finali), sive descendant a radice trilittera, sive quatuor constent litteris radicalibus.

29) فَعَالِيل et 30) فَعَالِلَة a nominibus quinque litterarum, ultima quoque, licet raro, a nominibus quadrilitteris.

Formae Sing. saepius plures admittunt formas Plur,
modo Plur. regularem simul cum pluribus Plur. fracti
formis, modo has tantum; sed non omnes semper formae,
quae a certis Singularibus derivari possunt, in usu sunt;
atque saepius pro varia significatione varias accipiunt
formas.

Formae 11, 12, 13 et 14 *Plurales paucitatis* dictae
usurpantur tantummodo cum Numeralibus a 3 ad 10, si
alia quoque ejusdem Singularis forma plur. exstat; sin
minus, generaliter adhibentur.

Saepius a formis Pluralis fracti Dualis aut novae Pluralis formae derivantur, eaeque sive regulares fem., sive
irregulares. cf. رَجُل pl. fr. رِجَال inde رِجَالَات — ظُفُر pl.
fr. أَظْفَار inde أَظَافِير.

Nomina, quae quinque vel pluribus constant litteris
(non adnumeratis ا و ى quiescentibus aut ة finali), unâ

litterâ aut pluribus abjectis quadrilittera fiunt, eorumque

formam plur. فَعَالِلُ assumunt.

Plura Adjectiva, praesertim, quae sectam aut dyna-
stiam indicant, a Nomm. Subst. derivata et in ىٍ de-
sinentia, formam fem. Sing. Pluralis loco habent.

Nomina quaedam Plurales suos aliunde mutuantur, ut
أُمّ pl. أُمَّهَات , فَم pl. أَفْوَاه, مَاءٌ pl. أَمْوَاه et مِيَاه , إِمْرَأَة pl.

نَاس et أَنَاس fit pl. إِنْسَان Ab إِنْسَان . نِسْوَان et نِسْوَة et نِسَاءٌ.

Nomina, quae duobus constant statu constructo conjunctis, prius tantum in Duali et Plurali mutant.

§. 4. Dialectus arabica inter semiticas sola et *casus*
et *declinationes* habet. *Casus* in Sing. discernuntur tres,
Nominativus, Genitivus, (cujus forma etiam Dativo' exprimendo inservit), et Accusativus; sed nomina haud
pauca duos tantum, Nominativum nempe et casum obli-
quum distinguunt, alia adeo irregularia nullum casuum
discrimen habent; in Duali vero et Plurali duo semper
sunt casus. Declinationes sunt duae, quarum prior nomina continet, quae in nunationem, altera vero ea, quae
in simplicem vocalem desinunt. Sed distinguenda est
declinatio nominum aut articulo praefixo, aut pronomine
suffixo, aut genitivo addito *definitorum*, atque *indefinitorum*,
nominumque *irregularium*, quae litteram ىٍ in fine habent.

DECLINATIO PRIMA.

a) nominum regularium.

	Femininum.			*Masculinum.*	
Definit.	**Indefinit.**		**Definit.**	**Indefinit.**	**Sing.**
اَلسَّاعَةُ	سَاعَةٌ		اَلرَّجُلُ	رَجُلٌ	Nom.
اَلسَّاعَةِ	سَاعَةٍ		اَلرَّجُلِ	رَجُلٍ	Gen.
اَلسَّاعَةَ	سَاعَةً		اَلرَّجُلَ	رَجُلًا	Acc.

					Dual.
اَلسَّاعَتَانِ	سَاعَتَانِ		اَلرَّجُلَانِ	رَجُلَانِ	Nom.
اَلسَّاعَتَيْنِ	سَاعَتَيْنِ		اَلرَّجُلَيْنِ	رَجُلَيْنِ	Gen. et Acc.

					Plur.
اَلسَّاعَاتُ	سَاعَاتٌ		اَلرَّجُلُونَ	رَجُلُونَ	Nom.
اَلسَّاعَاتِ	سَاعَاتٍ		اَلرَّجُلِينَ	رَجُلِينَ	Gen. et Acc.

b) nominum irregularium masc.*)

Definit.	**Indefinit.**	**Definit.**	**Indefinit.**	**Sing.**
اَلْمُصْتَفَى	مُصْتَفًى	اَلْغَازِى	غَازٍ	Nom.
اَلْمُصْتَفَى	مُصْتَفًى	اَلْغَازِى	غَازٍ	Gen.
اَلْمُصْتَفَى	مُصْتَفًى	اَلْغَازِىَ	غَازِيًا	Acc.

*) cf. regulas euphonicas p. 24 sqq. traditas, secundum quas غَازٍ pro غَازِى, مُصْتَفًى pro مُصْتَفَى etc. scribitur.

Dual.

ٱلْمُصْتَغِيَانِ	مُصْتَغِيَانِ	ٱلْغَازِيَانِ	غَازِيَانِ Nom.
ٱلْمُصْتَغِيَيْنِ	مُصْتَغِيَيْنِ	ٱلْغَازِيَيْنِ	غَازِيَيْنِ Gen. et Acc.

Plur

ٱلْمُصْتَغُونَ	مُصْتَغُونَ	ٱلْغَازُونَ	غَازُونَ Nom.
ٱلْمُصْتَغِينَ	مُصْتَغِينَ	ٱلْغَازِينَ	غَازِينَ Gen. et Acc.

DECLINATIO SECUNDA.
a) nominum regularium.

Femininum.		*Masculinum.*		
Definit.	Indefinit.	Definit.	Indefinit.	Sing.
(ٱلْفَاطِمَةُ)	فَاطِمَةٌ	ٱلْآخَرُ	آخَرُ Nom.
(ٱلْفَاطِمَةَ)	فَاطِمَةَ	ٱلْآخَرِ	آخَرَ Gen.
(ٱلْفَاطِمَةَ)	فَاطِمَةَ	ٱلْآخَرَ	آخَرَ Acc.

Dual.

ٱلْفَاطِمَتَانِ	فَاطِمَتَانِ	ٱلْآخَرَانِ	آخَرَانِ Nom.
ٱلْفَاطِمَتَيْنِ	فَاطِمَتَيْنِ	ٱلْآخَرَيْنِ	آخَرَيْنِ Gen. et Acc.

Plur.

ٱلْفَاطِمَاتُ	فَاطِمَاتٌ	ٱلْآخَرُونَ	آخَرُونَ Nom.
ٱلْفَاطِمَاتِ	فَاطِمَاتٍ	ٱلْآخَرِينَ	آخَرِينَ Gen. et Acc.

b) nominum irregularium.

Indef. Sing. Nom. Gen. et Acc. بُشْرَى Dual. Nom.

بُشْرَيَانِ Gen. et Acc. بُشْرَيَيْنِ Plur. Nom. بُشْرَوْنَ Gen.

et Acc. بُشْرَيْنَ.

Defin. eâdem prorsus ratione Sing. Nom. Gen. et Acc.

ٱلْبُشْرَى Dual. Nom. ٱلْبُشْرَيَانِ Gen. et Acc. ٱلْبُشْرَيَيْنِ

Plur. Nom. ٱلْبُشْرَوْنَ Gen. et Acc. ٱلْبُشْرَيْنَ.

Annotationes.

1) Nomina adjectiva eâdem, quâ substantiva, ratione declinantur.

2) Utram declinationem nomina sequantur, e sola terminatione cernitur.

3) Formae pluralis fracti flexionem numeri Singularis habent.

4) Peculiaris est flexio nominum اِمْرُؤٌ *vir* et اِبْنُمٌ *filius:*

Gen. اِمْرِئٍ et اِبْنِمٍ Acc. اِمْرَأً et اِبْنَمًا.

5) Nomina propria e duabus vocibus composita aut priorem tantum in statu constructo, quem dicunt, positam

declinant, ut حَضْرَمَوْتُ Gen. حَضْرَمَوْتِ, aut posteriorem

flectunt, ut حَضْرَمَوْتَ Gen. et Acc. حَضْرَمَوْتَ, aut, si integram propositionem efficiunt, non declinantur, ut

تَابَطَ شَرًّا . Ita quoque nomina in وَيْهِ exeuntia, ut

عَمْرُويَهِ plerumque non flectuntur. — De. declinatione

nominis عَمْرُو Amru vide supra pag. 23, 4.

6) Nomina cum Genitivo aut cum Pron. suff. conjuncta
in Sing. masc. et fem. et Plur. fem. ad normam nominum
Articulo definitorum flectuntur, in Plurali vero masc. et
Duali utriusque generis nunationem unâ cum vocali suâ

abjiciunt, e. g. Du. رَجُلَا, رَجُلَيْ — سَاعَتَا, سَاعَتَيْ , Plur.

رَجُلِي, (*)رَجُلُوا , atque ita quoque in nomm. iregg. Du.

غَازِيَا, غَازِيَيْ — غَازِيًا, غَازُوا , Plur. مُصْتَفِيَا, مُصْتَفِيَيْ

مُصْتَفَى, مُصْتَفَوا. Quum decl. II. in Dual. et Plur. a prima
non differat, in his quoque discrimen nullum observatur.
— Quando diphthongos ai vel au in Du. vel Plur. Wesla
sequitur, illa (cf. p. 15). in aji, haec (cf. p. 16.) in avu

transit e. g. رَجُلِي ٱلْمَدِينَةِ duobus viris urbis, مُصْتَفَوا ٱللَّهِ

electi Dei. Nomen ٱبْن inter duo nomina propria scribitur

---

*) cf. supra p. 23, 4.

بٰنِ, et nomen praecedens nunationem suam abjicit. e. g.
.مُحَمَّد بن جعفرٍ

7) Pronomina suffixa, ut in verbis, ita in nominibus paucas tantum mutationes et ipsa subeunt, et nomina
subire faciunt, nempe *a*) in Sing. masc. et fem. et Plur.
fem. vocalis casuum — — — ante Suff. I. *p*. Sing. abjicitur, et ة fem. transit in ت. e. g. سَاعَتِى , كِتَابِى
pro Nom. Gen. et Acc. *b*) praecedente vocali longâ vel
diphthongo Suff. ى — transit in ى, atque ى praecedens,
ne duo ى in fine concurrant sec. p. 24, 2., mutatur in
— ا , و vero in ى abit, et pro وّى et يِى sec. p. 25, 6.
scribitur ىَّ , pro وّى et يّى vero sec. p. 25, 5. ىَّ —
e. g. Du. Nom. كِتَابَىَّ Gen. et Acc. كِتَابَىَّ pro كِتَابَىَّ
Plur. Nom. Gen. et Acc. كِتَابِىَّ pro كِتَابُوَى et كِتَابِيَى;
ita Sing. Nom. Gen. et Acc. بُشْرَاىَ *nuncius meus* etc. Du.
Nom بُشْرَيَاىَ Gen. et Acc. بُشْرَيَى Plur. Nom. Gen. et Acc.
.بُشْرَى

Nomina, quae Hamza in fine habent, accedente Suffi.

illud in و mutant, si cum Dhamma, in ی vero, si cum Kesre efferuntur, atque ی Suff. I. p. fere semper abjiciunt: نِسَاىَ *feminae*, نِسَاوَ, نِسَّتِهَ, et نِسَآیَ pro نِسَاىَى . Caeterum cf. supra p. 29, l. 2.

Nomina فُن, حَم, اَخ, اَب accedente Genitivo aut Suffixo formas assumunt in Nom. اَخُو, اَبُو etc. Gen. اَبِى etc. Acc. اَبَّا etc.

Similiter nomen ذُو *possessor*, quod nonnisi in statu cstr. legitur, in Nom. scribitur ذُو Gen. ذِى Acc. ذَا, et nomen فَم *os* plerumque فَا, فِى, فُو, rarius etiam فُم, فَم, فِم.

بِنْت *filia* in regimini fit اِبنَة sive cum Wesla اِبنَة.

Vocativo exprimendo inservit *Nominativus* abjectâ nunatione Sing., quando persona aut res invocata adest, seu praesens cogitatur: یُوسُف, یَا مُحَمَّد *Accusativus* vero, si non est determinata, aut si aliâ voce additâ accuratius definitur: یَا عَبْدَ اللَّهِ, رَبَّنَا. Quodsi Adjectivum vel no-

men per appositionem junctum personam aut rem invo-
catam sequitur, haec in Nominativo ponitur, illud vero
tam in Nom. quam in Acc. positum reperitur: يَا زَيْدُ
ٱلْعَاقِلَ et ٱلْعَاقِلُ, يَا مُحَمَّدُ ٱلنَّبِىُّ et ٱلنَّبِىَّ.

Plerumque interjectio يَا sive sola, sive sequente أَيُّهَا
vel هَذَا praefigitur.

Nominapropria haud raro decurtantur: يَا مَرْوَ pro يَا مَرْوَانُ;
similiter dicitur يَا غُلَامِ رَبِّ pro رَبِّى, يَا غُلَامِ cf. p. 29, 1., sed e
contrario scribitur etiam غُلَامِيَهْ يَا, غُلَامَا et غُلَامَاهُ.
Pro أَبِى, يَا أُمِّى, يَا أَبَتِ يَا interdum reperitur أُمَّتِ, يَا أَبَتِ, يَا أُمَّتِ يَا.
Si quis ad opem invocatur, aut admiratio exprimitur, no-
mini in Gen. posito لَ (pro لِ) praemittitur: يَا لَزَيْدٍ
يَا لَلْعَجَبِ.

Lamentationem Arabes exprimunt per interjectionem
وَا, quae eâdem ratione ac lege, quâ يَا, nomina antecedit.

§. 5. De *nominibus numeralibus*.

1) *Cardinalia* ab 1 ad 10 utriusque sunt generis, et
duo prima Femininum regulari modo formant, octo re-

liqua Masculina sunt cum terminatione feminina, et vice
versa. Sunt vero haec:

Fem.	Masc.		Fem.	Masc.	
سِتّ	سِتّة	6	إِحْدَى	أَحَد	⎱ 1
سبع	سبعة	7	وَاحِدَة	وَاحِد	⎰
ثَمَان	ثَمَانِيَة	8	إِثْنَتَانِ	إِثْنَانِ	2
تسع	تسعة	9	ثَلَاث	ثَلَاثَةٌ	3
عشر	عشرة	10	أَربَع	أَربَعَةٌ	4
			خَمْس	خَمْسَةٌ	5

a) Nomina haec ad decl. I. flectuntur, اِثْنَانِ numeri

dualis est, ثَمَان declinatur ut غَازٍ.

b) Pro ثَلَاثَةٌ, ثَلَاث scribitur quoque ثَلَثٌ, ثَلَثَةٌ, atque pro ثَمَان rarius ثَمَان.

c) Usurpantur tam ut Adjectiva Substantivo suo plur.
postposita, quam ut Substantiva Gen. plur. rei numeratae
in statu constructo, aut etiam in statu absoluto Accusativo plur. seu praepositioni مِن cum Gen. numerati praeposita.

Cardinalia ab 11 ad 19 e monadibus et denario ita componuntur, ut minorem numerum in Acc. sine nunatione positum sequatur denarius ejusdem formae; et عَشَرْ quidem in his masculini, عَشْرَةَ vero s. عَشْرَةَ fem. est generis:

Fem.		Masc.		
عَشْرَةَ	إِحْدَى	11	أَحَدَ عَشَرَ	
عَشْرَةَ	إِثْنَتَا	12	إِثْنَا عَشَرَ	
عَشْرَةَ	ثَلَاثَ	13	ثَلَاثَةَ عَشَرَ	
عَشْرَةَ	أَرْبَعَ	14	أَرْبَعَةَ عَشَرَ	
عَشْرَةَ	خَمْسَ	15	خَمْسَةَ عَشَرَ	
عَشْرَةَ	سِتَّ	16	سِتَّةَ عَشَرَ	
عَشْرَةَ	سَبْعَ	17	سَبْعَةَ عَشَرَ	
عَشْرَةَ	ثَمَانِى	18	ثَمَانِيَةَ عَشَرَ	
عَشْرَةَ	تِسْعَ	19	تِسْعَةَ عَشَرَ	

a) Pro ثَمَانِى عَشْرَةَ dicitur quoque ثَمَانِى عَشْرَةَ, ثَمَان عَشْرَةَ et ثَمَان عَشْرَةَ.

b) Hi numeri omnis declinationis expertes sunt praeter

اِثْنَتَا عَشْرَةَ et اِثْنَا عَشَرَ, qui in casu obliquo scribuntur

اِثْنَتَى عَشْرَةَ et اِثْنَى عَشَرَ.

c) Numeratum in Acc. Sing. rarius Plur. apponitur.

Denarii a 20 ad 90 sunt monadum et numeri عَشَر formae plur., ac generis communis:

50, عِشْرُونَ 20, ثَلَاثُونَ 30, أَرْبَعُونَ 40, خَمْسُونَ

90. سِتُّونَ 60, سَبْعُونَ 70, ثَمَانُونَ 80, تِسْعُونَ

a) Pro ثَلَاثُونَ scribitur quoque ثَلُثُونَ.

b) Res numerata in Acc. Sing. posita sequitur; si
possessoris nomen additur, denarii in statu constr. عِشْرُوا,

عِشْرِى etc. praemittuntur, id quod etiam secundum non-
nullos grammat. in numeris ab 11 ad 19 locum habere
dicitur, plerique tamen in his hoc fieri negant.

c) Denarii cum monadibus ita conjunguntur, ut hae
intercedente copulâ و praecedant. Utrumque nomen declinatur: Nom. أَحَدٌ وَعِشْرُونَ 21, Gen. أَحَدٍ وَعِشْرِينَ etc.

Reliqua Cardinalia, quibus res numeratae in Gen.
Sing. vel Plur. addi solent, sunt haec:

أَرْبَعُ مِائَةٍ 300, ثَلَاثُ مِائَةٍ 200, مِائَتَانِ 100, مِائَةٌ

700, سَبْعُ مِائَةٍ 600, سِتُّ مِائَةٍ 500, خَمْسُ مِائَةٍ 400

900, تِسْعُ مِائَةٍ 800, ثَمَانِى مِائَةٍ s. ثَمَانِ مِائَةٍ أَلْفٌ

1000, أَلْفَانِ 2000, ثَلَاثَةُ آلَافٍ 3000, أَرْبَعَةُ آلَافٍ 4000,

etc. اِثْنَا عَشَرَ أَلْفًا 11000, أَحَدَ عَشَرَ أَلْفًا 12000, et

sic porro usque ad 99000. مِائَةُ أَلْفٍ 100000, مِائَتَا أَلْفٍ

200000, ثَلَثُمِائَةِ أَلْفٍ 3000000.

مَائٍ, مِئَاتٌ, مِئُونَ in Plur. has admittit formas; مَائَةٌ.

2) *Ordinalia* sunt haec:

Fem.	Masc.		Fem.	Masc.	
سَادِسَةٌ	سَادِسٌ	sextus, a.	أُولَى	أَوَّلُ	primus, a.
سَابِعَةٌ	سَابِعٌ	septimus, a.	ثَانِيَةٌ	ثَانٍ	secundus, a.
ثَامِنَةٌ	ثَامِنٌ	octavus, a.	ثَالِثَةٌ	ثَالِثٌ	tertius, a.
تَاسِعَةٌ	تَاسِعٌ	nonus, a.	رَابِعَةٌ	رَابِعٌ	quartus, a.
عَاشِرَةٌ	عَاشِرٌ	decimus, a.	خَامِسَةٌ	خَامِسٌ	quintus, a.

	Fem.		Masc.
حَادِيَةَ عَشْرَةَ	undecima.	حَادِىَ عَشَرَ	undecimus.
ثَانِيَةَ عَشْرَةَ	duodecima.	ثَانِىَ عَشَرَ	duodecimus.
ثَالِثَةَ عَشْرَةَ	decima tertia.	ثَالِثَ عَشَرَ	decimus tertius.

et sic porro usque ad 19. Reliqua Ordinalia a Cardi-
nalibus non differunt: عِشْرُونَ *vigesimus*, ثَلَثُونَ *trige-*
simus etc.

a) Pro خَامِس et سَادِس scribitur quoque خَام , خَامِى ,
سَاتِى s. سَاتِ , سَادِى s. سَادِ et سَاى .

b) Ordinalia ab 11 ad 19 non flectuntur, nisi prius
Articulo restringitur; tunc enim hoc declinatur, alterum
vero indeclinabile manet: Nom. اَلثَّالِثُ عَشَرَ , Gen. اَلثَّالِثِ عَشَرَ
Acc. اَلثَّالِثَ عَشَرَ .

c) Ordinalia e denariis et monadibus composita per
copulam وَ conjunguntur: Nom. m. حَادِى وَعِشْرُونَ *vige-*
simus primus fem. حَادِيَةَ وَعِشْرُونَ , Gen. حَادِى وَعِشْرِينَ
Acc. حَادِى وَعِشْرِينَ etc.

Reliqua numeralia, quae apud Arabes permulta sunt, omittenda hic putamus.

Caput IV. De Particulis.

Inter particulas, quae e Lexicis cognosci possunt, eas tantum hic commemorandas duximus, quae inseparabiles sunt, easque, quae accedentibus Suffixis mutationes quasdam subeunt. Sunt vero sequentes:

1) اَ part. interrogationis, quae quomodo cum sequenti Elif uniatur, aut illud mutet, aut etiam absorbeat, jam supra pagg. 16 et 21, 2. dictum est.

2) بِ Praepositio quietem proprie denotans, quae pariter atque omnes praepositiones cum Genitivo construitur. Accedentibus suffixis scribitur: بِى, بِكَ, بِهِ, بِهَا, بِهِمَا, بِنَا, بِهِنَّ, بِهِمْ, بِكُمْ

3) تَ part. jurandi, quae tanquam praepositio Genitivum regit.

4) سَ pro سَوْفَ part. Futuro praefixa, quae tempus vere futurum indicat.

5) فَ part. consecutionem notans, quae vocalem priorem Pron. هُوَ et هِىَ saepius absorbet. cf. p. 28.

6) كَ part. comparationis, quae Genitivum regit. Suffixo I. p. juncta scribitur: كِى *sicut ego*.

7) لَ part. affirmationis. Si Articulo praefigitur, is suum Elif amittit: لَلْحَقُّ pro لَالْحَقُّ.

8) لِ nota Dativi et praepositio, quae Suffixis (exc. suff. I. p. sing.) juncta, et si in acclamatione ponitur, cf. p. 91., Fatha assumit: لِى, لَكَ, لَهُ, لَنَا etc. يَا لَزَيْدٍ, يَا لَلْعَجَبِ; si Articulo praemittitur, Elif supprimitur cf. p. 16; Futuro ant. praefixa significat *ut*, لِيَأْكُلَ *ut edat*, sed Fut. apoc. praeposita jussum indicat. لِيَكْتُبْ *scribat!* ac praecedente وَ vel فَ scribitur cum Dschezma: وَلْيَكْتُبْ.

9) وَ copula *et;* si significat *cum*, construitur cum Accusativo, sin vero denotat *saepe* (i. q. رُبَّ) aut *per* in jurejurando, Genitivum regit. Pronn. هُوَ vel هِىَ juncta vocalem eorum priorem saepe expellit. cf. p. 28.

10) Praepositiones إِلَى et عَلَى suffixis junctae *ai* in fine habent: إِلَّى *ad me*, عَلَّى, إِلَيْكَ, إِلَيْهِ, إِلَيْهِمْ etc., si-

militer لَدَىّ *apud me,* لَدَيْهِمْ, sed scribitur etiam لَدُنِى,

s. لَدُنِّى a لَدُنْ, لَدَنْ, لَدَى.

11) Praepositiones عَنْ et مِنْ cum Pronn. مَنْ et مَا

cf. p. 13. coalescunt: مِمَّا, عَمَّنْ, Suff. I. p. Sing. junctae ن

plerumque geminatur: عَنِّى, مِنِّى.

12) Praepositio فِى cum suff. I. p. Sing. scribitur

مَعِى *in me.* فِى s. مَعَ, بَعْدَ, غَيْرَ etc. cum eadem scribuntur

بَعْدِى, غَيْرِى etc. إِنَّ *ecce* cum Suff. I p. Sing. scribitur

إِنِّى et إِنَّنِى, cum Suff. I. p. plur. إِنَّا et إِنَّنَا; itemque أَنَّ

qnod cum Suff. I. p. Sing. أَنِّى et أَنَّنِى, cum. Suff. I. p.

pl. أَنَّا et أَنَّنَا, atque لَكِنْ, *veruntamen, sed,* cum Suff.

I. p. sing. لَكِنِّى, cum Suff. I. p. pl. لَكِنَّا, et sec. non-

nullos grammat. لَكِنَّنَا et لَكِنَّنِى.

SPECIMEN LECTIONIS ET ANALYSEOS.

Oratio dominica.

أَبَانَا ٱلَّذِى فِى ٱلسَّمَوَاتِ لِيَتَقَدَّسِ ٱسْمُكَ

لِيَأْتِ مَلَكُوتُكَ لِتَكُنْ مَشِيَّتُكَ كَمَا فِى ٱلسَّمَاءِ

كَذَلِكَ عَلَى ٱلْأَرْضِ أَعْطِنَا خُبْزَنَا كِفَايَةَ يَوْمِنَا

وَٱغْفِرْ لَنَا ذُنُوبَنَا كَمَا نَحْنُ نَغْفِرُ لِمَنْ

أَخْطَأَ إِلَيْنَا وَلَا تُدْخِلْنَا فِى ٱلتَّجَارِبِ لَكِنْ

نَجِّنَا مِنَ ٱلشِّرِّيرِ أَمِينْ۞

Abánà-lladsî fì-'s samavâti lejataqaddasi'-smuca le-ja'ti malcûtuca letacon maschiatuca cama fì-'s samâi cadsáleca ala-'l-ardhi a'ttena chobzanâ kefâjata jauminâ vâghfer lanâ dsonûbanâ cama nahhnu naghferu leman achttaa elainâ valâ todchelnâ fì-'ttadschárebi laken nad-schdschenâ mena-'sch scharîri amîna.

أَبَانَا *pater nostrûm* Accus. Sing. in statu cstr. (cf. p. 90.) positus a voce أَب cf. p. 90. cum Suff. I. pers. Plur. Accusativus hic Vocativum exprimit. cf. p. 90.

اَلَّذِى *qui* pro اَللَّذِى cf. p. 12. Sing. Masc. Pron. relat.
فِى *in*, Praepositio, quae Genitivum regit.

اَلسَّمَوَات *coelis*, Genitivus plur. gen. fem. a voce سَمَاءٌ cum
Articulo praefixo.

نِيَتَقَّدَس *sanctificetur!* Fut. apoc. Conj. V. formae activae
a verbo قَدَّس Conj. II. *sanctificavit* V. *sanctificatus est*
(vide p. 36.) cum praefixo لِ cf. p. 98. Pro Dschezma
in fine Kesre scriptum est propter Wesla, quod sequitur. cf. p. 15.

اَسْمُكَ *nomen tuum*. Nominat. Sing. in statu cstr. (vide
pag. 89) positus a voce إِسْم cf. p. 14. cum. Suff. II.
pers. sing. masc.

لِيَأْت *veniat!* Fut. apoc. Conj. I. a voce اَتَى verbo I. rad. أ
et III. rad. ى (vide pag. 71.) cum praefixo لِ cf.
pag. 98.

مَلَكُوتُكَ *regnum tuum*. Nom. Sing. in st cstr. a voce مَلَكُوت
cum Suff. II. pers. sing. masc.

لِتَكُنْ *fiat!* Fut. apoc. Conj. I. a voce كَانَ, verbo II. rad.
و cum puaefixo لِ cf. p. 98.

مَشْتَتَكَ *voluntas tua.* Nom. sing. in st. cstr. a voce مَشْتَتَة

cum Suff. II. p. sing. masc. Nomen مَشْتَتَة est nomen actio-

nis, quod descendit a شَآءَ pro شِيِى *voluit*, verbo II.

rad. ى et III. أ cf. p. 73, et scribendum proprie مَشِيتَة,

ad formam مَفْعَلَة, cujus loco et مَشْتَتَة et مَشِيبَة scribi

potest cf. p. 21. A. I. ۃ finale fem. ob suffixum acce-

dens (cf. pag. 89.) in ت transiit.

كَمَا *sicut.* Part. comparationis كَ (cf. p. 98.) cum Pron.

rel. مَا (vide pag. 32.) conjuncta, unde proprie signi-

ficat *sicut id quod*, deinde *sicut.*

فِى ٱلسَّمَآءِ *in coelo.* فِى est Praepositio, de qna modo

diximus. ٱلسَّمَآءِ est Gen. sing. vocis سَمَآءِ cum Articulo,

ac dependet a praep. فِى. Caeterum سَمَآءِ scribitur pro

سَمَاأِ cf. pagg. 13, 3. et 17, 3.

كَذَلِكَ *ita.* Compositum e كَ part. comp. *sicut*, et Pron. dem.

sing. masc. ذَلِكَ, quod scribendum proprie est ذَالِكَ

s. ذٰلِكَ cf. p. 31.

عَلَى super. Praepositio cum Genitivo construenda. cf. pag. 98.

الْأَرْض terrā. Gen. sing. vocis أَرْض cum Articulo.

أَعْطِنَا da nobis. II. pers. masc. sing. Imp. Conj. IV. a voce

عَطَا, verbo III. rad. و cum Suff. I. pers. plur. عَطَا Conj. I. accepit IV. trans. (cf. p. 36.) accipere fecit aliquem aliquid, dedit alicui aliquid ccga.

خُبْزَنَا panem nostrum. Acc. sing. in st. cstr. a voce خُبْز cum Suff. I. pers. plur.

كَفَايَة sufficientiam. Acc. sing. in st. cstr. ob Genitivum sequentem a voce كَفَايَة, nomine actionis formae فَعَالَة, quod descendit a verbo كَفَى suffecit, satis fuit.

يَوْمَنَا diei nostri. Gen. sing., qui a voce praecedente dependet, in st. cstr. positus a nom. يَوْم, cum suff. I. pers. pl.

وَاغْفِر et condana. II. pers. masc. sing. Imp. Conj. I. a voce

غَفَرَ, cui copula وَ (vide p. 98.) praefixa est. Eadem forma non connexa praecedenti scribitur اِغْفِرْ vide pag. 43.

لَنَا *nobis.* Nota Dativi لِ, quae hic لَ scribitur. cf. p. 98. cum Suff. I. pers. plur.

ذُنُوبَنَا *crimina nostra.* Accus. a verbo اَعْطِنَا dependens, in st. cstr. positus ob Suffixum I. pers. plur. accedens. ذُنُوب vero est pluralis fractus formae 6. (vide p. 80.) a voce ذَنْب.

كَمَا *sicut.* De hac voce modo diximus.

نَحْنُ *nos.* Pronomen personale absolutum, idque I. pers. pl. (vide pag. 28.)

نَغْفِرْ *condonabimus* s. *condonamus.* I. pers. plur. Fut. Ind. Conj. I. a verbo غَفَرَ cf. pag. 42 sq.

لِمَنْ *ei qui.* Praep. لِ cum pron. rel. مَنْ. vide pag. 33.

اَخْطَاَ *peccavit.* III. pers. masc. sing. Praet. Conj. IV. a voce خَطِىَ, verbo III. rad. أ.

اِلَيْنَا *erga nos.* Praep. اِلَى cum Suff. I. pers. plur. cf. p. 98.

وَلَا *et non* s. *et ne.* Compositum e copula وَ *et*, atque nega-
tione لَا, quae hebr. לֹא et אַל, gr. οὐ et μή lat. *non* et *ne*
respondet.

تُدْخِلْنَا *inducas non.* II. pers. masc. sing. Fut. apoc. Conj.

IV, cum Suff. I. pers. plur., a voce دَخَلَ Conj. I. *intravit*
IV. *intrare fecit, induxit.*

فِى ٱلتَّجَارِبِ *in experientias* s. *tentationes.* Praep. فِى, quae

quietem et motum indicat, cum Genit. nominis تَجَارِبُ

per Articulum definii, quod ad decl. II. flectitur; تَجَارِبُ

vero est pluralis fractus formae 29 a voce تَجْرِبَة, quae

est nomen actionis Conj. II. verbi جَرَبَ. cf. p. 44, 5.,
ubi haec forma per errorem omissa ets.

لَكِنْ *sed.* Conjunctio pro لَاكِنْ. cf. p. 17.

نَجِّنَا *libera nos.* II. pers. masc. sing. Imp. Conj. II. cum

Suff. I. pers. plur. a voce نَجَا, verbo III. rad. وَ Conj. I.
effugit, salvus evasit II. *liberavit.*

مِن‎ *a.* Praep. مِن‎ cum Fatha in fine, quia Wesla sequitur. cf pag. 15.

ٱلشَّرِّ‎ *malo.* Gen. Sing. a praep. مِن‎ dependens cum Articulo prafixo. Nom. شَرِّ‎ est forma adjectiva. cf. p. 77.

أَمِين‎ *Amen.* hebr. אָמֵן‎.

LITTERATURA ARABICA.

LITTERATURA ARABICA *).

Bibliotheca arabica, ed. *Chr. F. de Schnurrer.* Halae 1811. 8. 2 Thlr.
Bibliotheca orientalis. Manuel de Bibliographie orientale. I. contenant
1. Les livres arabes, persans et turcs imprimés depuis l'invention
de l'imprimerie jusqu'à nos jours, tant en Europe qu'en Orient,
disposés par ordre de matières; 2. table des auteurs, des titres
orientaux et des éditeurs; 3. un aperçu de la littérature orientale,
par *J. Th. Zenker.* Leipzig 1846. 1 Vol.   2¼ Thlr.
Bibliotheca orientalis. Manuel de Bibliographie orientale. II. contenant 1. Supplément du premier volume; 2. Littérature de l'Orient
chrétien; 3. Littérature de l'Inde; 4. Littérature des Parsis; 5. Littérature de l'Indo — Chine et de la Malaisie; 6. Littérature de
la Chine; 7. Littérature du Japon; 8. Littérature mantchoue, mon-
gole et tibétaine; 9. Table des auteurs, des titres orientaux et des
éditeurs. Par *J. Th. Zenker.* Leipzig 1861. 1 Vol. 8.   5 Thlr

1. Grammaticae, Chrestomathiae et Lexica.

Grammatica arabica, quinque libris methodice explicata a *Thoma
Erpenio.* Leidae 1613. 4.
Grammatica arabica dicta *Giarumia,* et libellus centum Regentium
cum vertione latina et commentariis *Thomae Erpenii.* Leidae
1617. 4.

---

*) Dedimus hic praeter libros praestantissimos eos tantum, qui aliquâ certe ex
parte tironibus commendandi sunt, et quos facilius sibi comparare possunt; reliquos
omittendos putavimus.

Thomae Erpenii Rudimenta linguae arabicae. Accedunt ejusdem pra-
xis grammatica, et consilium de studio arabico feliciter instituendo.
Leidae 1620. 8. ed. II. 1628. 8. ed. III. 1638. 8.
(Inest caput Corani LXIV. cum versione latina inter lineas sub-
junctisque declarationibus grammaticis.)

Antonii Giggeji, Thesaurus linguae arabicae (i. e. Lex. arabicum.) IV.
Voll. fol. Mediolani. 1632. c.   35 Thlr.

Thomae Erpenii, Grammatica arabica, ab auctore emendata et aucta.
Cui accedunt Locmani fabulae et adagia quaedam Arabum, ab
eodem auctore cum Latina versione pridem edita, at nunc vocalibus
et notis orthographicis illustrata. Lugd. Bat. 1836. 4. Weigel 1 Thlr.

Jacobi Golii, Lexicon arabico-latinum, accedit index copiosissimus, qui
Lexici latino-arabici vicem explere possit. Lugd. Bat. 1653. Fol.
                                                      Weigel 33 Thlr.

Arabicae linguae tyrocinium, id est *Thomae Erpenii* grammatica arabica, cum varia praxeos materia. Lugd. Bat. 1656. 4. W. 1 Thlr.
10 Sgr.
(Insunt: Adagiorum arab. centuriae III. — Poetarum sententiae
LIX. — Korani capita duo XXXI. et LIX. — Consessus primus
Haririi. — Carmen Abul Olae — Patriarchae, Eliae III., homilia
de nativitate Christi — cum interpretatione lat. et scholiis; alia
arabice tantum addita.)

Elementa linguae arabicae, in quibus omnia ad solidam hujus linguae
cognitionem necessaria paradigmata exhibentur. Accedunt textus
aliquot arabici et justae analyseos exemplum, cum praefatione Herr-
manni von der Hardt. Auctore *Joh. Godofredo Lackemacher.*
Helmstadii 1718. 4.   Weigel 15 Sgr.
(Tirones in hoc libro omnes verbi imperfecti formas invenient.
Addita sunt arabice et latine 1) Genes. cap. I. 2) Matth. cap. II.
3) Corani cap. XV.)

Rudimenta linguae arabicae auctore *Thoma Erpenio.* Florilegium sententiarum arabicarum ut et Clavem dialectorum, ac praesertim
Arabicae, adjecit *Alb. Schultens.* Lugd. Bat. 1733. 4. W. 1 Thlr.
20 Sgr. ed. II. aucta indicibus. Lugd. Bat. 1770. 4.

Emonis Lucii Vriemoet, Arabismus; exhibens Grammaticam novam, et
monumenta quaedam arabica, cum notis miscellaneis et glossario
arabico-latino. In usum studiosae juventutis omniumque, qui vel
proprio Marte in hisce studiis se exercere cupiunt. Franequerae
1733. 4.   Weigel 1 Thlr. 20 Sgr.

Thomae Erpenii, Grammatica arabica cum fabulis Locmani etc. accedunt Excerpta Anthologiae veterum Arabiae poetarum, quae inscribitur Hamasa Abi Temmam ex Mss. bibliothecae Acad. Betavae

edita, conversa, et notis illustrata ab *Alb. Schultens.* Lugd. Bat. 1748, 4. 2 Thlr. 10 Sgr. ed. II. cum Indice locupletiore. Lugd. Bat. 1767. 4. Addatur ejusdem Epistola prima et secunda ad F. O. Menckenium, in qua nupera recensio Grammaticae Erpen. cum praefat. et accessionibus ex Hamasa, sub examen devocatur. Lugd. Bat. 1749. 4. Weigel 1 Thlr.

Erpenii Arabische Grammatik, abgekürzt, vollständiger und leichter gemacht, von *Johann David Michaelis*, nebst dem Anfang einer arabischen Chrestomathie, aus Schultens Anhang zur Erpenischen Grammatik. Göttingen 1771. 8. ed. II. 1781. 8. 2 Thlr.

(Everhardii Scheidii) Primae lineae institutionum ad fundamenta dialecti arabicae, sive specimen grammaticae arabicae, ad intimam antiquissimae hujus dialecti, cum hebraea lingua, demonstrandam harmoniam, secundum paragraphos elegantissimae grammaticae hebraeae Schroederianae descriptum. (Subsistit ad §. LXXXV. Schroed.) Lugd. Bat. 1779. 4. maj.

J. G. Eichhorn, über die versch. Mundarten der arab. Sprache in Richardsons Abh. über Sprache etc. morgenländ. Völker. Leipzig 1779. 8. 1 Thlr.

Dissertatio academica de pronuntiatione linguae arabicae ejusque usu, quam praeside Matth. Norberg obtulit auctor et respondens *Nicocolaus Sinius*, Scanus. Havniae 1783. 4. Weigel 15 Sgr.

Lexicon linguae arabicae in Coranum, Haririum et vitam Timuri, auctore *Johanne Willmet*. Roterodami 1784. 4. Weigel 12 Thlr.

Dissertatio academica de gente et lingua Maroccana, praeside Matth. Norberg, auctore et respond. *Mich. B. Nolleroth*. Lundae 1787. 4.

Compendium grammaticae arabicae ad indolem linguarum orientalium et ad usus rudimentorum conformatum cum progymnasmatibus lectionis arabicae ex historia ortus ac progressus literarum inter arabes decerptis Chrestomathiae arabicae a se editae jungendum elaboravit *Henr. Eberh. Gottlob Paulus*. Jenae 1790. 8. 15 Sgr.

Elementarbuch für die arabische Sprache und Litteratur, die Sprache im doppelten Gesichtspunkt, als Sprache der Schrift und Sprache des Lebens betrachtet. Zunächst zum Behuf akademischer Vorlesungen, von *S. F. Günther Wahl*. Halle 1789. 8. 1 Thlr. 5 Sgr.

Neue Arabische Anthologie, oder auserlesene Sammlung seltener und grossentheils erst neu aus Handschriften ausgehobener Stücke aus verschiedenen Fächern der arabischen Litteratur. Eine Fortsetzung des Elementarbuchs etc. Benebst einer Voreinleitung, einem Anhang für die Kenner der persischen Litteratur, und einem Glossarium. Von *S. F. Günther Wahl*. Leipzig 1791. 8. 2 Thlr. 5 Sgr

Olai Gerhardi Tychsenn, Elementale arabicum sistens linguae arab.
elementa, catalecta maximam partem anecdota, et glossarium. Ro-
stochii 1792. 8. 22½ Sgr.

Arabische Sprachlehre, etwas vollständiger ausgearbeitet von *Johann
Jahn.* Wien 1796. 8. 2 Thlr.

Arabisches Elementar- und Lesebuch, mit einem vollständigen Wort-
register von *Ernst Friedrich Karl Rosenmüller.* Leipzig 1799. 8.
2 Thlr. 10 Sgr.

Grammatica linguae Mauro-Arabicae juxta vernaculi idiomatis usum,
accessit vocabularium Latino-Mauro-Arabicum, operá et studio
Francisci de Dombay. Vindobonae 1800. 4. 1 Thlr. 10 Sgr.

Arabische Chrestomathie, herausgegeben von *Johann Jahn.* Viennae
1802. 8. Lexicon arabico-latinum Chrestomathiae Arabicae accom-
modatum a *Johanne Jahn.* ib. eod. a. 2 Voll. 8. 4 Thlr. 20 Sgr.

Developpemens des principes de la langue Arabe moderne, suivi d'un
recueil de phrases, de traductions interlinéaires, de proverbes arabes, et d'un Essai de Calligraphie orientale, avec onze Planches,
par *Auguste F. J. Herbin.* Paris 1803. In 4. maj. W. 4 Thlr.

Chrestomathie Arabe, ou extraits de divers écrivains Arabes, tant en
prose qu'en vers à l'usage des élèves de l'école spéciale des langues
Orientales vivantes; par *A. J. Silvestre de Sacy.* Paris 1806. 3
Vols. 8. IIᵉ édit. corrigée et augmentée. ibid. 1827. 3 Vol. 8.
63 Frcs. Tome IV. Anthologie grammat. arabe. Paris 1829. 8.
8 Thlr. 10 Sgr.

Grammaire Arabe à l'usage des élèves de l'école speciale des langues
Orientales vivantes; avec figures. Par *A. J. Silvestre de Sacy.*
II. Voll. cum tabulis VIII. Scripturas aeri incisas exhibentibus.
Paris 1810. 8. IIᵉ édit. augmentée d'un traité de la prosodie
et de l'art métrique des Arabes. ibid. 1831. 2 Voll. 8.
15 Thlr. 15 Sgr.

Richardson's Grammar of the Arabic language, in which Rules are
illustrated by Authorities from the best Writers. 4ᵗᵒ Lond. 1811.
12 S. Weigel 6 Thlr.

Savary, Grammaire de la langue Arabe, vulgaire et littérale augm.
de quelq. contes arabes par l'éditeur (Langlès). Paris 1813. 4.
6 Thlr.

Ant. Aryda, institutiones grammaticae arabicae. Viennae 1813. in 4.
maj. 4 Thlr. 15 Sgr.

E. F. K. Rosenmüller, institutiones ad fundamenta linguae arabicae.
Accedunt sententiae et narrationes Arab. una cum glossario Arab.
Lat. Lipsiae 1818. 4. 4 Thlr. 15 Sgr.

J. C. Kallii, Fundamenta linguae Arabicae. Ed. I. Havniae 1760. 4.
20 Sgr. Ed. II. ibid. 1818. 4. 17½ Sgr.

J. D Michaelis, arabische Chrestomathie. 3te von *G. H. Bernstein*
verbesserte Ausgabe Göttingen 1817. 8. 1 Thlr. 5 Sgr.

C. H. Bernstein's Nachträge dazu. 1 Abth. Nachträge zu den Gedich-
ten aus der Hamasa. ibid. 1818. 8. 10 Sgr.

Grammatik der arabischen Schriftsprache für den ersten Unterricht,
mit einigen Auszügen aus dem Koran, von *Th. Chr. Tychsen.*
Göttingen 1823. 8. 1 Thlr. 5 Sgr.

Grammaire Arabe en Tableaux, à l'usage des étudians, qui cultivent
la langue Hebraique. Paris 1818. 4.

Fundamenta linguae arabicae. Accedunt selectae quaedam magnam-
que partem typis nondum exscriptae sententiae primis legendi ac
interpretandi periculis destinatae. Auct. *A. Oberleitner.* Viennae
1822. 8. 2 Thlr. 20 Sgr.

Chrestomathia arabica una cum Glossario Arabico-Latino, huic Chrestomathiae accommodato ab *Andrea Oberleitner.* Pars I. Chrestomathiam continens. Pars II. Glossarium continens. Viennae 1823
—1824. 2 Voll. 8. 7 Thlr.

J. Humbert, Discours sur l'utilité de la langue arabe. Genève 1823.
br. 8.

Grammaire Arabe-Vulgaire, suivie de dialogues, lettres, actes etc., à
l'usage des élèves de l'Ecole royale et spéciale des langues orientales vivantes par *A. P. Caussin de Perceval.* Paris 1824. 4.

G. H. A. Ewald, De metris carminum Arabicorum libri duo. Bruns-
vig. 1825. 8. 26¼ Sgr.

Analecta arabica' edid. lat. vert. et illustr. *E. Fr. C. Rosenmüller.*
Lipsiae 1825—1828. III partes. 4. 3 Thlr. 18⅔ Sgr.

Joh. Godofr. Lud. Kosegartenii Chrestomathia arabica ex codicibus
manuscriptis Paris. Goth. et Berol. collecta atque tum adscriptis
vocalibus, cum additis lexico et adnotationibus explanata. 8. Lipsiae
1828. 4 Thlr.

Fragmenta arabica. e codd. edid. *R. Henzius.* Petropoli 1828. 8.
1 Thlr. 10 Sgr.

H. G. Lindgren, de lingua Neo-Arabica disquisitio. Upsaliae. 1829.
4. 25 Sgr.

Georg Guil. Freytag, Chrestomathia arabica, grammatica historica in
usum scholarum Arabicarum ex codd. ineditis conscripta 8. maj.
Bonnae. 1 Thlr. 22⅔ Sgr.

L. N. Boisen, kortfattet Arabisk Grammatik til Brug ved Foreläs-
ninger. stor. 8. Kjöbenhavn 1831. 1 Thlr. 7½ Sgr.

Jo. Aug. Vullers, Grammaticae Arabicae elementa et formarum doctrina per tabulas descripta. in usum praelectionum digessit. 4 maj.
Bonnae 1831. geh.   25 Sgr.

Geo. Henrici Aug. Ewald, Grammatica critica linguae arabicae cum
brevi metrorum doctrina. Lipsiae 1831—1833. II Voll. 8.
                                                       4 Thlr. 15 Sgr.

Georg Wilh. Freytag, Darstellungen der arabischen Verskunst, mit 6
Anhängen, enthaltend ein arabisches Lehrgedicht über die Metrik,
mit Uebersetzung, Bemerkungen über die Poesie der Araber, Bemerkungen über arabische Dichter, über einige bei den neuern
Dichtern vorkommende Versarten, über verschiedene Eigenheiten
der Dichtersprache, Erklärung mehrerer auf die Poesie Bezug
habender Kunstausdrücke. Nach handschriftl. Quellen bearbeitet
und mit Registern versehen. Bonn 1831. gr. 8.   3 Thlr.

T. Roorda, Grammatica arabica. Breviter in usum scholarum acade-
micarum conscripta. Adjuncta est brevis Chrestomathia, edita
et Lexico explanata a P. Cool. Lugd. Bat. 1835. 8. maj. 3 Thlr.

G. W. Freytag, Lexicon Arabico - Latinum praesertim ex Djeuharii
Firuzabadiique et aliorum libris confectum. Accedit index vocum
latinarum locupletissimus. IV. Tomi. Hal. 1830 – 1837. 4. maj.
                                                       26 Thlr. 20 Sgr.

Ejusdem, Lexicon Arabico-Latinum ex opere suo majore in usum tiro-
num excerptum edidit. 4. maj. Halis. 1836.   10 Thlr.

Dictionnaire détaillé des noms des vétements chez les Arabes. Par *R.
P. A. Dozy.* · Amsterdam 1845. 8.

Samachscharii lexicon arabicum persicum etc. ed. *Joann. Godofr.
Wetzstein.* Lipsiae 1850. 4.   9 Thlr.

Alfijjah, carmen didacticum grammaticum auctore *Ibn Malik* et in
Alfijjam commentarius quem conscripsit *Ibn Akil.* ed. *Fr. Dieterici.*
Lipsiae 1851. 4.   6 Thlr.

Ibn Akil's Commentar zur Alfijja des Ibn Malik aus dem Arabischen
zum ersten Male übersetzt von *F. Dieterici.* Berlin 1852. 8.
                                                            4 Thlr.

Die Rhetorik der Araber nach den wichtigsten Quellen dargestellt und
mit angeführten Textauszügen nebst einem literaturgeschichtlichen
Anhange versehen, von Dr. *A. F. Mehren.* Kopenhagen 1853. 8.
                                                       4 Thlr. 20 Sgr.

Chrestomathia arabica quam e libris Mss. vel impressis rarioribus
collectam edidit Fr. *A. Arnold.* Pars I. Textum continens. Pars
II. Glossarium continens. Halis 1853. 8.   5 Thlr.

Grammatik der arabischen Sprache für akademische Vorlesungen, von
Dr. *Carl Caspari.* Nebst einigen aus Handschriften entnommenen

und durch ein Glossar erläuterten Lesestücken. Zweite deutsche,
vielfach verbesserte Auflage. Leipzig 1859. 5. 2½ Thlr.

Historica et Geographica.

Incerti auct. liber de expugnatione Memphidis et Alexandriae vulgo
adscr. Abou Abdallae Mohammedi, Omari filio, *Wakideo* Medinensi.
Text. arab. descripsit. plurimisque vit. purg. et annot adj. *H. A.
Hamaker.* Lugd. Bat. 1825. 4. 7 Thlr. 20 Sgr.
Libri *Wakedii* de Mesopotamiae expugnatae historia pars e cod. arab.
ed. et annot. illustr. ab *G. H. Ewald.* Gött. 1827. 4 12½ Sgr.
Eutychii, Aeg. Patriarchae Orthod. Alex. scriptoris Ecclesiae suae ori-
gines. Ex ejusd. Arabico nunc pr. typis expr. ac vers. et comm.
aux. *J. Seldenus.* Lond 1642. 4. Weigel 2 Thlr. 15 Sgr.
Contextio gemmarum s. *Eutychii* Alex. Patriarchae Annales ill. J. Sel-
deno chorag. Interpr. *Edw. Pococke.* Oxon. 1658 — 1659.
2 Voll. 4.
Vitae Patriarch. Alex. quinque. Arab. et lat. vert. not. adj. *J. F.
Rehkopf.* Lips. 1758—1759. III Spec. 4. 9 Thlr.
Eutychius, Patr. Alex. vindicatus et suis restitutus Orientalibus. Auct.
Abrah. Ecchellensi Maronita. Romae 1661. 4.
Historia Saracenica. Arabice olim exarata a *Georg Elmacino*, et lat.
reddita opera ac studio *Thom. Erpenii.* Lugd Bat. 1625. 4to
Weigel 1 Thlr. 10 Sgr.
Specimen Historiae Arabum, sive *Gregor. Abul Farajii* Malatiensis,
de orig. et mor. Arabum succincta narrat , in l. lat. conv. notq.
illustr. opera et stud. *Edv. Pococke.* Oxoniae 1650. 4.
Weigel 4 Thlr. 15 Sgr.
Spec. hist. Ar. auct. Edv. Pococke.; acc. Hist. vet. Arabum ex Abul
Feda cura Aut. J. S. de Sacy. ed. *Jos. White.* Oxon 1806. 4.
Historia compend. Dynastiarum, auth. *Greg. Abul-Pharajio*, Malat.
medico. arab. ed. et lat. versa ab *Ed. Pocockio.* Oxon 1668. 4.
Greg. Abulfaradsch, kurze Gesch. der Dynastien, oder Ausz. der allg.
Weltgesch., besond. der Gesch. der Chalifen und Mongolen; a. d.
Arab. mit erläut. und bericht. Anm., von *G. Fr. Bauer.* Leipzig
1783—1785. 2 Bde. gr. 8. 1 Thlr. 20 Sgr.
Ismael Abulfeda, de vita et rebus gestis Mohummedis, textum Arab.
prim. edid. lat. vert. praef. et not illustr. *Joh. Gagnier.* Oxoniae
1723 Fol. Weigel 7 Thlr.
Abulfeda, annales moslemici, arab. et lat. studio *Reiskii* ed. *Adler.*

5 Vol. 4. maj. Copenh. 1789—1794. Ursprünglicher Preis 31 Thlr.
20 Sgr., jetziger antiquarischer Preis 80 bis 90 Thlr.

Abulfedae historia Anteislamica, Arabice. e duob. Codd. Paris. edidit,
vers. lat. notis et indicibus auxit *H. O. Fleischer.* Lipsiae. 1831.
4.   3 Thlr.

Chorasmiae et Mawaralnahrae descriptio arab. et lat. ex Tabb.
Abulfedae Ismaelis, principis Hamah. (ed. *Joh. Gravius.*) Lond
1650. 4.

Abulfedae descriptio Aegypti arabice et latine ex codd. edid. lat. vert.
not. adj. *J. D. Michaelis.* Gottingae 1776. 8.   1 Thlr.

Abulfedae tabula Syriae, c. excerpto geogr. ex Ibn el Vardii geogr.
et hist. natur. arab. pr. edid. lat. vert. notis expl. *J. B. Koehler;*
acc. J. Reiskii animadv: ad Abulf. et prodidagm. ad hist. natur.
Lipsiae 1776. ed. II. Regiomont. 1786. 4.   3 Thlr.

Abulfedae Africa, excudi curavit *J. G. Eichhorn.* Gottingae 1790. 8.
                                                    7½ Sgr.

Abulfedae tabulae quaedam geograph. et alia ejusd. argum. specimina
et *Rinck.* Lipsiae 1791. 8. maj.   1 Thlr. 5 Sgr.

Ch. Rommel, Abulfedae Arabiae descriptio comment. perpet. illustrata.
Gottingae 1802. 4.   22¼ Sgr.

Abulfedae tabulae quaedam geogr. nunc. prim. arab. edid. lat. vert.
not. illustr. *H. Ferd. Wüstenfeld.* Acced. excerpta ex Jacuto etc.
et dissert. de scriptt. et libris, quos Abulf. in geogr. laudat. Gottingae 1834. 8. maj.   1 Thlr. 15 Sgr.

La géographie d'*Aboulféda*, texte arabe, publié par *Reinaud* et *Mac
Guckin de Slane.* Paris 1834. 4. Ire livraison.   8 Thlr.

(*Jac. Golius*) Ahmedis Arabsiadae vitae et rerum gestarum Timuri, qui
vulgo Tamerlanes dicitur, historia. Lugd. Bat. ex typogr. Elzev.
1636. 4to   2 Thlr. 22¼ Sgr.

Ahmedis Arabsiadae vitae et rerum Timuri, qui vulgo Tamerlanes dicitur, Historia lat. vert. et adnotat. adj. *Sam. Henr. Manger.* Le-
ovard. 1767—1772. 2 Tomi. 4.   (circa 8 Thlr.)

Fructus imperatorum et Jocatio Ingeniosorum, liber arabicus, auctore
Ahmedo filio Mohammedis, cognominato *Ebn-Arabschah.* Quem prim.
e codd. edid. et adnotat. crit. instr. *G. W. Freytag;* Pars I. cont.
praef. adnotat. et text. Arab. Bonn 1832. 4. maj.   5 Thlr.

Pars posterior continens locorum difficiliorum explicationem, indices
latinos arabicosque nec non de ornamentis orationis adnotata.
Bonnae 1842. 4. maj.   •   2 Thlr. 26 Sgr.

Specimen philologicum exhibens Conspectum operis *Ibn Chalikani* de
vitis illustr. virorum. ed. *Bern. Friedr. Tydeman.* Lugd. Bat.
1809. 4.   3 Thlr.

Ibn Challikani vitae illustrium virorum. E codd. nunc. prim. Arabice
edidit. variis lectt., indicibusque locupletiss. instr. *Ferd. Wüstenfeld.* Gottingae. 1835—40. 6 fasc. 4. à 1 Thlr. 20 Sgr.

Henr. Ferd. Wüstenfeld. Liber concinnitatis nominum i. e. Vitae
illustr. viror. auctore *Abu Zacarja Jahjah En - Navavi.* E cod.
Arabice edid. lat. vert. annotat. addid. Sectio I. qua ·cont. praef.
et Mohammedis vita. Gottingae 1832. 4. maj. 1 Thlr. 10 Sgr.

Specimen El-Lobabi, sive genealogiarum Arab., quas conscr. ab Abu
Sa'd Sam'anense abbrev. et emend. *Ibn el - Athir.* E cod. nunc
prim. arab. edid. et praef. est *H. F. Wüstenfeld.* Gottingae 1834.
geh. 15 Sgr.

Kitab Wafayat Al-Aiyan, Vies des hommes illustres de l'Islamisme en
Arabe, par *Ibn Khallikan*, publiées par le Baron *Mac Guckin de
Slane.* Paris 1834. Tom. I. 4 Thlr.

Historia praecipuorum Arabum regnorum rerumque ab iis gestarum
ante Islamismum. E codd. collegit, vert. et animadvers. addidit.
J. L. Rasmussen. Havniae 1817. 4.

Ejusdem Additamenta excerpta ex Ibn Nabatah, Nuveirio atque Ibn
Koteiba. ib. 1821. 4 3 Thlr. 22½ Sgr.

Monumenta vetustiora Arabiae s. specimina quaedam illustria antiquae
memoriae et linguae. E codd. excerps. et ed. *A. Schultens.* Lngd.
Bat. 1740. 4.

Historia Jemanae, quam e cod. arab. edid. atque annotat. et indice
geogr. instruxit *Anton Rutgers.* Lugd. Bat. 1838. 4. maj. 4 Thlr.

Scriptorum Arabum de Rebus Indicis loci et opuscula inedita. Ad
codd. fidem recens. et illust. *Jo. Gildemeister.* Bonn 1838. 8. fasc.
I. · 2 Thlr. 20 Sgr.

Reinaud. Extraits des historiens arabes relatifs aux guerres des
Croisades. Paris 1829. 8.

Regierung des Saahd-Aldaula zu Aleppo, a. e. arab. Handschr. herausg.,
übers. und durch Anm. erkl. von *G. W. Freytag.* Bonn 1820. 4.
1 Thlr. 5 Sgr.

Ebul Hassan Aly Ben Abdallah, Ben Ebi Zeroa, Gesch. der mauritan.
Könige a. d. Arab. mit Anm. von *Fr. v. Dombay.* Agram 1794
—1795. 2 Thle. 8. 2 Thlr. 7½ Sgr.

Henr. Ferd. Wüstenfeld, liber class. virorum, qui Korani et traditio-
num cognitione excelluerunt, auctore Abu Abdalla Dahabio. In
epitomen coegit. et cont. Anonymus. E cod. lapid. exscrib. curavit.
Gottingae 4. Part. I—III. geh. 3 Thlr. 17½ Sgr.

G. W. Freytag, Selecta ex historia Halebi. Paris et Strassburg 1819.
8. 9 Thlr. 10 Sgr.

C. M. Fraehn, Ibn-Foslan's und anderer Araber Berichte über die

Russen älterer Zeit. Text und Uebersetzung mit Anm. Peterb. 1823.
                     3 Thlr. 22½ Sgr.
Specimen geographico-historicum exhibens dissertationem de *Ibn Hau-
kalo* Geographo, nec non descriptionem Iracae Persicae. ed. *P. J.
Uylenbroek.* Lugd. Bat. 1822. 4.   5 Thlr.
Vita et res gestae Sultani Saladini auct. *Bohadino* f. Sjeddadi. nec
non exc. ex Hist. univ. Abulf. itemque spec. ex hist. maj. Sala-
dini. ed. ac lat. vert. *Alb. Schultens*, acc. index comment. geogr.
Lugd. Bat. 1732. Weigel 4 Thlr. Ed. nov. 1755. Fol.
                     Weigel 5 Thlr.
Abdollatiphi compend. memorabilium Aegypti. arab. e. cod. ed. *Jos.
White.* praef. est *H. Eb. Glo. Paulus.* Tubingae 1789. 8. maj.
                     2 Thlr.
Ejusdem Hist. Aeg. comp. arab. et lat. partim ipse vert. part. a Po-
cock. vers. edend. cur. notq. illustr. *J. White.* Oxonii. 1800. 4.
Abdollatif's Denkwürdigkeiten Aegyptens, in Hinsicht auf Naturreich
und physische Beschaffenheit des Landes und seiner Einwohner,
Alterthumskunde, Baukunst, Oekonomie mit med. Bemerkungen
und Beobachtungen histor. topogr. und andern Nachrichten, aus
dem Arabischen übersetzt und erläut. von *Sam. Fr. Günther Wahl.*
Halae 1790. 8.   25 Sgr.
Relation de l'Egypte, par *Abd-Allatif*, médécin; trad de l'arabe et
accomp. des notes; suivi de plus. morc. inédits extr. de div. écriv.
orient. par *M. Silv. de Sacy.* Paris 1801. 4. maj.
Descriptio terrae Malabar ex Arab. *Ebn. Batutae* itinerario et inter-
pr. et annotat instructa per *H. Apetz.* Jenae 1810. 4.   10 Sgr.
Liber climatum auctore *Scheicho Abu-ishako el-faresi* vulgo *el Is-
sthachri.* Ad similitud. cod. accur. delin. et lapid. exprim. cur.
J. H. Moeller. Praemissa est Dissertatio de libri climatum indole,
auctore et aetate. Gothae 1839. 4.   10 Thlr. 20 Sgr.
Makrisi: Historia regum Islamit. in Abyssinia interpret. est et una c.
Abulf. descript. regionum Nigritarum e codd. arab. ed. *F. Theod.
Rinck.* Lugd. Bat. 1790. 4.   25 Sgr.
Al Mahrizi: Historia monetae arab. e codd. c. var. lect. et excerptis
anecdotis nunc pr. ed. versa et illustr. ab *Ol. Gh. Tychsen.* Ro-
stock 1797. 8.   17½ Sgr.
—   gallice ed. Silv. de Sacy. 1797. 8.
— — Tract. de legalibus Arab. ponder. et mensuris ex cod. ed.
add. excerpt. e script. ar. *O. Gh. Tychsen.* ibid. 1800. 8. 15 Sgr
J. G. Eichhorn. Monumenta antiquiss. historiae Arabum. Goth. 1775.
8.   1 Thlr. 15 Sgr.
Alb. Schultens Historia imperii vetustiss. Joctanid. ex Abulfeda, Hamzah

Ispab. Taberita et Messudio. rcc. denuo hac edit. monum. vetust. Arabiae e codd. Harderwyck. 1786. 4. Weigel 2 Thlr.

Fr. Th. Rinck. Var. u. Verb. zu A. Schultens hist. imp. etc. Königsberg 1792. 4.

Emend, et Additam. ad A. Schult. hist. periculum novum. Gedani 1801. 4.

Maured allatafet Jemaleddini f. Togri-Bardii, s. rer. Aegypt. annales. text. arab. pr. edid. lat. vert. notisq. illustr. J. D. Carlyle. Cantabrig. 1792. 4. Weigel 6 Thlr.

Edrisii Africa cura J. Melch. Hartmann. Gottingae 1792. ed. II. 1798. 8. maj. 25 Sgr.

Ejusdem Hispania c. J. Melch. Hartmann. Marb. 1801—1803. II Partes. 4. 11¼ Sgr.

Edrisii Geographie. Trad. par Am. Jaubert. Paris 1834. 4.

Ibn el Vardi: Aegyptus ex autogr. una c. lect. var. e cod. pr. ed. vert. notisque illustr. Ch. Mt. Frähn. Halae 1804. 8. maj. 15 Sgr.

Ibn-el-Vardi. Fragmentum libri „Margarita mirabilium." Prooem. et Cap. 2—5. cont. et lat. ver. var. lect. adj. Car. Joh. Tornberg, Upsaliae 1835. 8. maj. Pars I. geh. 2 Thlr. 20 Sgr.

Macrizi's Geschichte der Kopten mit Uebersetzung und Anm., von F. Wüstenfeld. Göttingen 1845. 4. 2 Thlr.

Abu Dolef Micaris ben Mohalhal de itinere asiatico commentarius. rec. et ed. Kurt de Schloezer. Berolini 1845. 8. 1 Thlr.

Annales regnm Mauritaniae a condito Idrisidarum imperio ad a. f. 726. ab Abu'l Hasan Ali Ben Abd Allah Ibn Abi Zer' Fesano vel' ut alii malunt, Abu Muhammed Salih Ibn Abd el Halim Granatensi conscriptus ed. script. var. not. lat. vert. observationibusque illustravit. C. J. Tornberg. Upsaliae 1843—1846. II Voll 4. 12⅓ Thlr.

Jakuts Muschtarik, d. i. Lexicon geograph. homon. Herausgegeben von Ferd. Wüstenfeld. Göttingen 1846. 8. 4 Thlr.

El-Macrizi's Abhandlung über die in Aegypten eingewanderten arabischen Stämme. Herausgegeben und übersetzt von F. Wüstenfeld. Mit 1 Tab. Göttingen 1847. 8.

Hamzae Ispahanensis. Annalium libri X. ed. J. M. E. Gottwaldt. Tom. I. textus. II. translatio latina. Lipsiae 1848. 8. 1 Thlr.

Géographie d'Abulféda. Traduite de l'arabe en français et accomp. de notes et d'éclaircissements par Mr. Reinaud. Tome I. introduction générale à la Géographie des orientaux avec 3 planches. Tome II. cont. la traduction du texte arabe. Paris 1848. 4.

El-Cazwinis Kosmographie. 1. Th. Die Wunder Schöpfung. 2. Thl.

die Denkmäler der Länder. Herausgegeben von *Ferd. Wüsten-feld.* Göttingen 1848—1849. 8.   7 Thlr.
The biographical dictionary of illustrious men by Abu Zakariya Yahya El-Nawawi. ed. by *F. Wüstenfeld.* Gött. 1849. 8. 9 Bde. 12 Thlr.
Ibn Coteiba's Handbuch der Geschichte. Herausgegeben von *Ferd. Wüstenfeld..* Göttingen 1850. 4. lithogr.   4 Thlr.
Ibu-El-Athiri Chronicon quod perfectissimum inscribitur volumen undecimum annos H. 527—583 continens. ed. *Car. Joh. Tornberg.* Upsaliae 1851. 8.   4½ Thlr.
   Vol. XII. Idemque ultimum annos H. 585 — 683 continens. Lipsiae 1853.   4½ Thlr.
Histoire de l'Afrique et de l'Espagne, intitulée Al-Bayano-l Mogríb par Ibn-Adhâri (de Maroc), et fragments de la chronique d'Arib (de Cordoue). Le tout publié, précédé d'une introduction et accompagné de notes et d'un glossaire, par *R. P. A. Dozy.* Leyde 1848 —1851. 2 Vols- 8.   8 Thlr. 26 Sgr.
Historia Abbadidarum ed. *R. P. A. Dozy.* Lugd. Bat. 1846—1852. 2 Voll. 4.   6 Thlr.
Description de l'Afrique par un Géographe arabe anonyme du 6me siècle de l'hégire. texte arabe par *A. v. Kremer.* Vienne 1852. 8.
                                                      1½ Thlr.
The Travels of Ibn Jubaïr ed. by *William Wright.* Leyden 1852. 8.
Tabaristanensis. i. e. Abu Dschaferi Mohammed ben Sherif Et-Taberi Annales regum atque legatorum Dei ed. *J. G. L. Kosegarten.* Gryphiswaldiae 1831—1852. 3 Voll. 4.   17 Thlr. 20 Sgr.
Abu Bekr Mohammed ben al Hasan Ibn Doreid's genealogisch etymologisches Handbuch. Herausgegeben von *Ferd. Wüstenfeld.* Göttingen 1853—54. 2 part. 1 Vol.   3½ Thlr.
Die Chroniken der Stadt Mekka. Gesammelt und herausgegeben von *Ferd. Wüstenfeld.* 1. Bd. Gesch. und Beschr. d. Stadt Mekka von Abul-Walid Muhammed ben Abdallah el Azraki. Leipz. 1858. 8. 4 Thlr.
   2. Bd. Auszüge aus den Geschichtsbüchern der Stadt Mekka, von Muhammed el - Fákibi, Muhammed el-Fâsi und Muhammed ibn Dhuheira. Leipzig 1859. 8.   3 Thlr.
   3. Bd. Cutb ed - Din's Geschichte der Stadt Mekka und ihres Tempels. Leipzig 1857. 8.   4 Thlr.

Lexicon geographicum. cui titulus est

مراصد الاطلاع على اسماء الامكنة والبقاع

ed. *T. G. F. Juynboll.* Lugd. Bat. 1854—59. 4 Vols. 8. 12 Thlr.
Voyages d'Ibn Batoutah, texte arabe, accompagné d'une traduction

par *C. Defrémery* et le *Dr. R. B. Sanguinetti.* Paris 1853 — 59.
4 Vols. 8.

Elfachri. Geschichte der islamischen Reiche vom Anfang bis zum
Ende des Chalifates, von Ibn etthiqthaqa. Arabisch herausgegeben
von *W. Ahlwardt.* Gotha 1860. 8. 5 Thlr.

Das Leben Muhammeds, nach Muhammed Ibn Hischâm. Herausgegeben von *Ferd. Wüstenfeld.* 1. Bd. Text. Göttingen 1857 u. 1859.
2 Bd. Einleitung, Anmerkungen und Register. 1858 — 1860. 8.
12 Thlr.

Vergleichungstabellen der muhammedanischen und christlichen Zeit-
rechnung nach den ersten Tagen jedes muhammedanischen Monats
berechnet. Herausgegeben von *Ferd. Wüstenfeld.* Leipzig 1854. 4.
20 Sgr.

Description de l'Afrique et de l'Espagne par Edrisi, texte arabe avec
une traduction, des notes et un glossaire par *R. Dozy* et *M. J.
de Goeisse.* Leyde 1866. 8. 5 Thlr.

Jacut's geographisches Wörterbuch. Herausgegeben von *Ferd. Wüstenfeld.* Leipzig 1866. 1ten Bandes ‫ا‬—‫ث‬ 1te Hälfte. Bogen 1—60.
8. 5½ Thlr.

Poetica.

Amrui ben Kelthum, Taglebitae Moallakam, Abu-abdallae el Hossein
ben Achmed Essaseni scholiis illust. et Amrui ben Kelthûm vitam
e libro Kitâb el aghâni excerpt. ed. in lat. transt. notasque adj.
J. G. L. Kosegarten. Jen. 1819. 4. 1 Thlr. 10 Sgr.

Harethi Moallakah cum scholiis Zuzenii ed. vert. et illustr. *Wyndham
Knatchbull.* Oxon. 1820. 8. 1 Thlr. 15 Sgr.

Har. Moallakah c. schol. Zuzenii et Abulolae carm. duo ined. ed. lat.
vert. et comment. instr. *J. Vullers.* Bonn 1827. 4. 1 Thlr. 20 Sgr.

Taraphae Moallakah c. schol. Nahas arab. ed. vert. illustr. *J. J. Reiske.*
Lugd. Bat. 1742. 4.

Tar. Moall. c. Zuzenii scholiis; text. emend. lat. vert. vitam poetae
accur. expos. sel. Reiskii annot. suis substit. ind. arab. add. *J. Vullers.* Bonn 1829. 4. 2 Thlr.

Caab ben Zohair carm panegyr. in laud. Mohammedis. Item *Amral-
keisi* Moallakah c. schol. et vers. *Lev. Warneri.* Acced sentent.
arab. Imperat. Ali et nonnulla ex Hamasa et Diwan Hudeilitarum.
Omnia e codd. ed. vert. notisque illustr. *G. J. Lette.* Lugd. Bat.
1748. 4. 1 Thlr. 20 Sgr.

Zohairi carmen templi Meccani foribus appensum arab. ed. lat. con-
vers. et not. illustr. publ. erud. exam. subj. *E. Fr. C. Rosenmüller.*

Lipsiae 1892. 4.   1 Thlr. 10 Sgr.
Ed. II. emend. in Ejusd. Analecta arabica. P. II. ibid. 1826.
                                                       1 Thlr. 15 Sgr.
Caabi Ben - Sohair carm. in laudem Muhamm. dict, denuo mult. con-
   ject emend. lat. vers. adnotatq. illustr. una c. carm. *Motenabbii*
   gratulatorio et carm. ex Hamasa utroq. ined. ed. *G. W. Freytag.*
   Hal. 1823. 4.   1 Thlr. 22½ Sgr.
Duae Moallakat *Antarah* et *Hareth.* sumt. suis ed. *Al. Boldyrew.*
   Gotting. 1808. 12.   17½ Sgr.
Antarae poema arab. Moallakah. c integr. Zuzenii schol. ed. et vert.
   Menil, observ. ad tot. poema subj. *J. Willmet.* Lugd. Bat. 1816. 4.
                                                          3 Thlr.
Lebidi Moallakah arab. et suec., ed. *J. G. Billberg.* Lond. Goth.
   1826. 4.
C. R. R. Peiper. De Moallaka Lebidi celeberr. vet. Arabum poetae
   carm. laudatiss. dissert. comment. praev. scrips. Jordanimelae 1823.
   4.   1 Thlr. 15 Sgr.
Lebidi Amiritae Moall. s. carm. coron. c. schol. Abi Abdall. Hus-
   seini Susenii arab. ed. vers. lat. et imit. germ. instr *C. R. S. Pei-*
   per. Vratislav. 1828. 4.   15 Sgr.
Amrulkeisi Moallaka c. schol. Zuzenii ed. lat. vertit et illustr. *E. G.*
   Hengstenberg. Bonn 1823. 4.   2 Thlr. 5 Sgr.
Amrulkeisi Moall. arab. et sueth. P. I. et II. Lond. Goth. 1824. 4.
                                                       1 Thlr. 10 Sgr.
Le divan d'*Amrolkais* précédé de la vie de ce poëte par l'auteur du
   Kitab El-Aghani accomp. d'une trad. lat. et not. par *Mac Guckin*
   de Slane. Paris 1834. 4.   8 Thlr.
Amrilkaisi Carm. nunc prim. ed. spec. exh. *A. Arnold.* Hal. 1836. 4.
A. Th. Hartmann. Die hellstrahlenden Plejaden am arab. *poet.* Him-
   mel, oder die 7 am Tempel zu Mecca aufgehangenen arab. Ge-
   dichte. Uebers. erläut. und mit einer Einl. versehen. Münster
   1802. kl. 8.   22½ Sgr.
Humasae carmina c. Tebrisii scholiis integris prim. edid. ind. instr.
   vers lat. et comm. illustr. *G. G. Freytag.* Pars. I. contin. text.
   arab. et IV. indices Bonn 1828. 4. Pars posterior, continens
   versionem latinam, commentarium et indices. Bonnae 1847. sq. 4.
                                                          18 Thlr.
Der vertraute Gefährte des Einsamen in schlagfertigen Gegenreden
   von *Abu Manssur abdul' melik Ben Mohammed Ben Ismail Ettse-*
   alebi aus Nisabur Uebers. berichtigt und mit Anm. erläut. durch
   G. Flügel, mit einer Vorrede von *J. v. Hammer.* Wien 1829. 4. 9 Thlr.
Maksura. *Abu Becri Mohamm. Ibn Hoseini Ibn Doreidi Azdiensis*

Poemation ed. *Ev Scheid*. Access. var. lect. ex binis codd. in VI. prior. Haririi consessus. Hardervici 1768. 4.

Poem. *Ibn Doreidi* c. schol. arab. excerpt. Chaluwiae et Lachumaei e cod. lat. conv et observ. miscell. illustr. Cur. et edd. *Agg. Haitsma*. Franeq. 1773. 4. Weigel 3 Thlr. 10 Sgr.

Abu-Azdiensis Katsijda'l mektsoura s. idyllium arab. lat. redd. et breviss. schol. illustr. in us. prael. ed. *Ev. Scheidius*. Gelr. 1786. 4.
Weigel 2 Thlr. 5 Sgr.

Carmen Maksura dictum *Abi Becri Muh. Ibn Hoseini Ibn Doreidi* c. schol. integr. nunc pr. editis Abi Abdallah Ibn Heschami collatis codd nec non recens. Ibn Chaluviae ed. interpr. lat. prolegom. et notis instruxit *L. N. Boisen*. Pars I. Havniae 1828. 4. geh.
2 Thlr. 20 Sgr.

Motenebbii Carmen, quo laudat Alhosainum nunc prim. ed. A. Horst. Bonn 1823. 4- 1 Thlr.

Motenebbii, der grösste arabische Dichter, zum ersten Male übersetzt von *Jos. v. Hammer*. Wien 1823 gr. 8. 4 Thlr.

G. W. F. Freytag. Carmen arabicum (poetae Taabbata Scharran) perpetuo comment et vers. jamb. germ. Gottingae 1814. 8. 7½ Sgr.

Carminum *Abulfaragii* Babbaghae specimen ex cod. nunc pr ed. lat. vert. adnotat. instr. *Ph. Wolff*. Acc. aliq. carm. *Abi Ishaci*. Lipsiae 1834. 8. maj geh. 11¼ Sgr.

Proverbia quaedam *Alis*, imperatoris Muslimici, et Carmen *Tograï* poetae doctiss. nec non dissertatio quaedam *Aben Sinae*. (ed. *Jac. Golius*.) Lugd. Bat. 1629. 4.

Lamiato'l Ajam, Carmen *Tograi*, poet arab. doct. una c. vers. lat. et notis praxin illius exhibentibus; opera *Eduaroi Pocockii*. Access. tractatus de prosodia arabica. Oxonii 1661. 8. 1 Thlr. 20 Sgr.

Poema *Tograi*, c. vers. lat. Jacobi Golii hactenus inedita, quam e cod. Gol. praefatione et notis quibusdam auctam ed. *Mathias Anchersen*. Traj. ad. Rh. 1707. 8.

Tograi's sogenanntes Lammisches Gedicht, aus dem Arab. übersetzt, nebst einem kurzen Entwurf der arab. Dichterei. Friedrichsstadt (Dresden). 1756. 4.

Poema *Tograi*, ex vers. lat. Jac. Golii c. scholiis et notis, curante *Henr. van der Sloot*. Franeq. 1769. 4.

P. a Bohlen. Carmen Arabicum, Amali dictum breve religionis Islalamiticae systema complectens, Arab. Lat. et Ger. 4to. Regiom. 1826. 20 Sgr.

Ebu Abdallah Mohammed etc. genannt: *Bussiri* funkelnde Wandersterne zum Lobe des Besten der Geschöpfe, ein arab. insgemein unter dem Namen „Gedicht Burda" bekanntes Gedicht, übers.

und mit Anm. von *Vinc. v. Rosenzweig.* Wien 1824. Fol.
                                                1 Thlr. 15 Sgr.
Szafieddini Hellensis ad Sultanum Elmęlik etc. Carmen arab. ed.
    lat. et germ. c. not. *G. H. Bernstein.* Lips. 1816. Fol.
                                                2 Thlr. 20 Sgr.
Garcin de Tassy. Les oiseaux et les fleurs, allégories morales d'*Azzed-
    din el mocaddéci*, publiées en arabe, avec une trad. et des notes.
    Paris 1834. 8.   4 Thlr.
Specimens of Arabian poetry from the earliest time to the exstinction
    of the Kaliphat, with some account of the Authors by *J. D. Car-
    lyle.* Cambridge 1796. 4.   4 Thlr. 15 Sgr.
J. Humbert, Anthologie arabe, ou Choix de Poesies arabes inédites
    trad. en Francais av. le Texte en Regard et accompagnées d'une
    version latine littéraire. Paris 1819. 8.
Anthologie arabe, ou Choix de poésies arabes inédites, traduites pour
    la première fois en français, avec le texte et des notes, par *M.
    Grangeret de la Grange.* Paris 1828. 8. br.   10 Frcs.
Ali ben Abi Taleb carmina, arabice et lat. ed. et notis illustr. *Ge-
    rardus Kuypers.* Lugd. Bat. 1745. 8.   1 Thlr- 2½ Sgr.
Sententiae *Ali Ebn Abi Talebi* arab. et lat. e cod. descripsit, lat. vert.
    et annot. illustr- *Corn. van Waenen.* Oxon 1806. 4.
Sententiae *Ali Ben Taleb* arab. et persice e cod. prim. ed. atque in
    usum schol. annotat. max. partem gramm. nec non glossar. instru-
    xit. J. G. Stickel. Jenae 1834. 4.   1 Thlr.
Ali's hundert Sprüche, arabisch und persisch paraphrasirt von *Watwat*
    n. e. dopp. Anhang. arab. Sprüche von *H. L. Fleischer.* Leipzig
    1837. 4.   1½ Thlr.
E. Bertheau. Libri proverbiorum *Abi' Obaid Elgasimi* filii Salami
    Elchuchjami lectiones duae. Gottingae 1836. 8.   15 Sgr.
Proverbia *Meidanii* centum cum scholiis. ed. *E. Scheidius.* s. l. et
    a. 4.
Specimen proverbiorum *Meidanii* ex vers. Pocockiana ed. *H. A.
    Schultens.* London 1473. 4.   3 Thlr. 10 Sgr.
Meidanii proverbiorum arab. pers. lat. vert. et notis illustr. H. Alb.
    Schultens. Opus posthumum (ed. curav. *N. G. Schroeder.*) Lugd.
    Bat. 1795. 4.
E. F. K. Rosenmüller, selecta quaedam Arabum adagia e Meidanensi
    proverb. syntagmate nunc primum arabice et latine versa et il-
    lustrata. Lipsiae 1797. 4.   8¼ Sgr.
Meidanii aliquot prov. arab. c. interpr. lat. ed. *Chr. M. Habicht.*
    Vratislav. 1828. 8.   15 Sgr.
Arabum proverbia vocalibus instruxit, lat. vertit, comment. illustr. et

sumtibus suis ed. *G. W. Freytag.* 2 Tomi. Bonn 1838—39. 8.
geh. 13 Thlr.
Al Nawabigh. Dicta clara. Anthologia sententiarum arabicarum, cum
schol. Zamachsjarii ed. vert. et illustr. *H. A. Schultens.* Lugd.
Bat. 1772. 4. 1 Thlr. 10 Sgr.
Samachschari's goldene Halsbänder, als Neujahrsgeschenk. Arab. und
deutsch von *J. v. Hammer.* Wien 1835. 8. 22½ Sgr.
Samachschari's goldene Halsbänder aus dem zuvor berichtigten Texte
der v. Hammerschen Ausgabe von Neuem übers. u. m. krit. und
exeget. Anmerkungen begleitet von *H. L. Fleischer.* Leipz. 1835.
8. - 25 Sgr.
Sam. g. H. von Neuem übers. mit krit. und exeg. Noten z. Erkl. d.
von H. v. Hammer missverst. Stellen nebst Verbess. d. Textet nach
1 Cod. v. *G. Weil.* Stuttgart 1836. gr. 12. 1 Thlr. 15 Sgr.
Notiz über das arabische Buch. „Gabe der aufrichtigen Freunde" nebst
Proben desselben Arab. und Deutsch von *K. Nauwerk.* Berlin 1837.
8. 1 Thlr. 5 Sgr.
Proverbiorum arabicorum centuriae duae, ab anonymo quodam Arabe
collectae et explicatae: cum interpr. lat. et scholiis *Jos. Scaligeri*
et *Thom. Erpenii.* Leidae 1614. 4. Ed. II. emend. ibid. 1623. 8.
Sammlung einiger arabischer Sprüchwörter, die von Stecken oder
Stäben hergenommen sind, von *J. J. Reiske.* Leipzig. 1758. 4.
Selecta quaedam ex sententiis proverbiisque arabicis a Th Erpenio olim
ed. c. vers lat. hic illic castig. et access. centum proverbiorum
mere arab. Recudi fecit atque e codd. emend *Ev. Scheid.* Harderv.
1775. 4.
Ebu Medini Mauri Fessani Sententiae quaedam arab. nunc pr. ed. ac
lat. vert. *Fr. de Dombay.* Vindob. 1805. 8. 20 Sgr.
Pars vers. arab. libri *Colailah wa Dimnah* s. fabularum *Bidpai* phi-
los. Indi. in us. audit. ed. ab *H. A. Schultens.* Lugd. Bat. 1795.
4. 6 Thlr. 15 Sgr.
Sylvestre de Sacy, Calila et Dimna, ou Fables de *Bidpaï,* en arabe,
précédées d'un Mémoire sur l'origine de ce livre, et suivies de la
Moallaka de *Lebid,* en arabe et en français. Paris 1806. 4. br.
20 Frcs.
Kalila and Dimna, or the Fables of *Bidpai's* translat. from the Arabic by *Wyndham Knatchbull.* Oxford. 1819. 8.
Die Fabeln Bidpai's aus dem Arab. von *Ph. Wolff.* Stuttgart ·1837.
18. 1 Thlr. 26¼ Sgr.
Locmani, Sapientis Fabulae et selecta quaedam Arabum adagia, cum
interpr. lat. et notis *Thomae Erpenii.* Leidae 1615. 8. Editio princeps. Ed. II. ibid. 1636. 4.

Locmani fabulae et plura loca ex codd. max. part. hist. selecta in us.
scool. arab. ed. *G. W. Freytag.* Bonn 1823. 8.   1 Thlr.
Locmani sapient. fab. 40; recens. et in us. praelect. ed *Er. Rusk.*
Hafn. 1831. 8.   15 Sgr.
Locmani fabulae, quae circumfer. annot. crit. et glossar. explanatae ab
Aem. Roedigero. Halae 1830. 4. Ed. II. emend. ibid. 1839. 4.
geh.   1 Thlr.
Loqmân, surnommé Le Sage, Fables. Edition Arabe, corrigée sur un
Manuscr. de la Bibl. Roy. de Paris, avec une trad. Française et
accomp. de remarques et d'un vocabulaire Arabe Français, par *Ch.
Schier.* Dresde et Leipsic 1831. 4.   1 Thlr.
Ed. II. ibid. 1839. br.   1 Thlr. 15 Sgr.
Les Mille et une nuits, contes Arabes, trad. en Français par *A. Gal.
land.* Paris 1704—1708. 12 Voll. 8. Nouv. ed. 1773. 8 Voll. 8.
— — contin. par *Caussin de Perceval.* Paris. Tôme I - IX. 12.
— — contin. et accomp. de not. et d'un essai histor. sur les M. et
I. Nuits par *Loiseleur Deslongchamps.* ibid. 1837. 4.
— — ed. illustr. p. le meill. artist. de France et de l'étranger rev.
et corr., précédée d'une diss. par *S. de Sacy.* ibid 1838—40. IV.
Voll. 8.
Tausend und eine Nacht. Arabisch. Nach einer Handschrift aus Tunis,
nebst Erklärung der darin vorkommenden und in den Wörter-
büchern fehlenden Wörter. Herausgegeben von *Max Habicht.*
Breslau 1825—1839. 8 Bde. 16. br.   16 Thlr.
Fortges. v. Fleischer. Vol. 9—12. 1842—1843.   8 Thlr.
— — arab. Erzählungen, zum ersten Male ergänzt und vollst. übers.
von *M. Habicht, F. G. v. d. Hagen* und *K. Schall.* Breslau 1825
—36. 15 Bde. 12.   3½ Thlr.
Tausend und eine Nacht, zum ersten Male aus dem arab Urtext
treu übersetzt von *Gust. Weil.* Tübingen 1836 sqq. 4 Bde.
                                                        24 Thlr.
Les Voyages de *Sind-Bad* le Marin et la Ruse des Femmes. Contes
Arabes. Trad. littér. accomp. du texte et de not. par L. Langlès.
Paris 1814. 12.
Die beiden Sindbad, oder Reiseabentheuer Sindb. des Seefahrers, nach
e. cod. nnmittelb. und wörtlich treu aus dem Arab. übersetzt und
mit erkl. Anm. nebst 2 sprachl. Beilagen z. Gebr. für angehende
Orient. Herausgegeben von *J. G. H. Reinsch.* Breslau 1836. 12. 20 Sgr.
Historia decem Vezirorum et filii regis Azad Bacht insertis tredecim
aliis narrationibus in us. tiron. ed. *G. Knoes.* Gottingae 1807. 8.
                                                         1 Thlr.

Haririi eloquent. arab. principis tres prior. consessus pro spec. emiss. ac not. illustr. ab *A. Schultens.* Franeq. 1731. 4.

Consessus *Haririi* quartus, quint. et sext. lat. conv. ac not illustr. Acc. monum. vetust. Arabiae, cur. et ed. *A. Schultens.* Lugd. Bat. 1740. 4.

Abi Mohammed El Kasim Basrensis vulgo *Hariri* cons. XXVI. Rakda seu variegatus dictus una c. schol. arab. ed. ac vert. *J. J. Reiske.* Lipsiae 1737. 4.

Abi Mohammed Al Casim vulgo dicti *Hariri,* eloq. arab. princ. Primus cons. Basrensis lat. conv. a *J. Ury.* Oxon 1774. 4.

Les cinquante séances en arabe; publ. p. *Caussin de Perceval.* Paris 1818. 4. 5 Thlr.

Les Séances de *Hariri,* publ. en arabe avec un comment. choisi par *S. de Sacy.* Paris 1821—22 Fol. 60 Frcs.

Die Verwandlungen des Ebn Said von Serug, oder die Makamen des *Hariri* in freier Nachbildung von *Fr. Rückert.* Stuttgart 1864. 4te Auflage. 1 Thlr. 24 Sgr.

Haririi Bazrensis narrationum, consessuum nomine celebratarum decas. Ex Arabum sermone in Lat. transt. ediditque *C. R. S. Peiper.* Cervimontii 1831. 4. 17½ Sgr.

Ed. II. Lipsiae 1835. 4. 1½ Thlr.

Haririus latinus s. Abu Mohammed Alcasemi, fil. Alii, fil. Mohamm. fil. Osmani, Haririi Bazrensis, Heramensis, Narrationes consess. nom. celebr , omnes et integrae ex Arab. serm. in lat. transl. difficil. loc ill. et ed. st. *C. R. S. Peiper.* Cervimont. 1831—32. III. Partes. 4. 4 Thlr.

Philosophus Autodidactus, in Epistola *Abi Jaafar Ebn Tophail* de *Hai Ebn Yokdhan,* in qua ostenditur, quomodo ex inferiorum contemplatione ad Superiorum notitiam ratio humana adscendere possit. Ex arab. in lat. versa ab *Ed. Pocockio.* Oxon 1671 4.

Der Naturmensch, oder Geschichte des *Hai Ebn Joktan,* ein morgenländischer Roman des *Abu Dschafar Ebn Tofail;* aus dem Arab. überserzt von *J. G. Eichhorn.* Berlin 1782. 8. 20 Sgr.

Abi'l Walidi Ibn Zeiduni Risalet s. Epistolium arab. et lat c. notul. ed. *J. J. Reiske.* Lipsiae 1755. 4.

H. E. Weyers, Specimen criticum, exhibens locos Ibn Khacanis de Ibn Zeiduno e Codd. editos, lat. reddit. et annotat. illustratos. Lugd. Bat. 1831. 4. br. 4 Thlr. 15 Sgr.

Carmen mysticum Borda dictum *Abi Abdallae* M. B. S. Busiridae Aeg. lat. conv. ed. *Joh. Ury.* Arab. et Lat. Lugd. Bat. 1771. 4. 1 Thlr. 10 Sgr.

Hamasa, oder die ältesten arabischen Volkslieder, gesammelt von Abu

Temmâm, übersetzt von *Fr. Rückert*, in 2 Theilen. Stuttgart 1846.
8.　　　　　　　　　　　　　　　　　　　　　　　4½ Thlr.
Septem Moallakât, carmina antiquissima Arabum, ed. rec. scholia
　　auctiora atque emendatiora addidit, adnotationes criticas adjecit *Fr.*
　　Aug Arnold. Lipsiae 1850. 4.　　　　　　　　　　5 Thrr.
Muallakat. Die sieben Preisgedichte der Araber ins Deutsche übersetzt
　　von *Philipp Wolff*. Rotweil 1857. 8.　　　　　　22½ Sgr.
التائيَة لابن الفارض. Das arabische Hohe Lied der Liebe, d. i.
　　Ibnol Faridh's Ta'ijet in Text und Uebersetzung zum ersten Male
　　herausgegeben von *Hammer-Purgstall*. Wien 1854. 4.　3½ Thlr.
Carmen elegiacum Ibnu-1-Faridi cum commentario Abdul-Ghanyi. ed.
　　Geo. Aug. Wallin. Helsingfors 1850. 8.
Le Divan de Cheikh Ibn-El-Faredh accompagné de deux commentaires
　　arabes; texte arabe édit par les soins et aux frais du Cheikh
　　Roshaid Ed-Dahdah avec une préface écrite en français par Mr.
　　l'abbé *Bargès*. Paris 1855. 4.　　　　　　　　13½ Thlr.
Al-Hadirae Diwanus cum al-Yczidii scholiis. ed. versione lat. et anno-
　　*t*atione illustravit *G. H. Engelmann*. Lugd. Bat. 1858. 8. 10 Sgr.
Chalef elahmar's Qasside. Berichtigter arab. Text. Uebersetzung und
　　Commentar von *W. Ahlwardt*. Greifswalde 1859. 8.　2½ Thlr.
Fables de Lockman, expliquées d'après une methode nouvelle, par
　　Aug. Cherbonneau. Paris 1846. 12.
Fables de Loqman le sage. Le texte revu, accompagné d'une version
　　française et de notes etc., par *J. Derenbourg*. Berlin et Londres
　　1850. 12.　　　　　　　　　　　　　　　　　　　20 Sgr.
Fables de Lokman, en arabe et en français, avec la prononciation
　　figurée, ainsi que la traduction mot à mot interlinéaire, le tout suivi
　　d'une analyse grammaticale, de notes et d'une traduction française
　　au net par *Léon et Henri Hélot*. Paris 1846. 8.　　3½ Thlr.
Les Séances de Hariri, publiées en arabe avec un commentaire choisi,
　　par *Silvestre de Sacy*. Deuxième édition revue sur les manuscrits
　　et augmentée de notes hist. et expl. en français, par *A. M. Reinaud*
　　et Derenbourg. Paris 1849. 4.　　60. Fr. Antiq. Preis 25 Thlr.
Makamat, or Rhetorical Anecdotes of Al Hariri. By *Theod. Preston*.
　　London 1850. 8.　　　　　　　　　　　　　6 Thlr. 20 Sgr.
Epistola critica Nasifi al Jazigi ad de Sacyum. Versione lat. et ad-
　　notationibus illustr. indicemque add. *A. F. Mehren*. Lipsiae
　　1848. 8.　　　-　　　　　　　　　　　　　1 Thlr. 10 Sgr.
Enis el-Djelis ou histoire de la belle Persane, conte des mille et une
　　nuits, traduit de l'arabe et accompagné de notes, par *M. Kazimirski*.
　　Paris 1846. 8.　　　　　　　　　　　　　　　　1 Thlr.

Histoire de Chems - Eddine et Nour-eddine, extraite de mille et une nuits, ponctuée à la manière française, et accompagnée d'une analyse grammaticale des mots et des formes les plus difficiles, par *Cherbonneau.* Paris 1852. 12. 25 Sgr.
Les fourberies de Delilah. Conte extrait de mille et une nuits, ponctué ... et accompagné de l'arab. gr. etc. par *A. Cherbonneau.* Paris 1856. 8.

Koranica et Islamica.

Al-Koranus s. lex. Islamitica Muhammedis ad opt. codd. fid. ed. ex mus. *Abr. Hinckelmann.* Hamburg 1695. 4.
Alcorani textus universus ex correct. Arab. exempl. summa fide ac pulch. char. descript. et ex arab. idiom. in latin. transl. appos. not. atque refutat. Praemissus est prodromus. auct. *L. Maraccio.* Patav. 1698. Fol. Weigel 22 Thlr.
Al-Koran. Arabice. Petropoli. 1787. Fol. Weigel 15 Thlr.
— — Kasan. 1803. 4. et saepius.
Corani textus arabicus ad fid libr. mss. et impress. et ad praecipuor. interpr. lect. et auctorit. recens. indicesque triginta sectionum et suratarum add. G. *Flügel.* Lipsiae 1834. 4. 6 Thlr. 20 Sgr.
— ed. II. emend. cur. *C. Redslob.* ibid. 1837 8. 5 Thlr.
L'Alcoran de Mahomet. Translaté d'Arabe en Français, par le *Sieur* de *Ryer.* à Paris. 1647. 4. et saepius. 1683. 12. Weigel 1½ Thlr.
The *Koran* commonly called the Alcoran of Mohammed: traeslat. into English with explanat. notes taken from the most approved commentators, to which is prefixed a preliminary discourse by *G. Sale.* London 1774. ibid. 1764. 1774. Weigel 4 Thlr. 20 Sgr. 1801. 1836. 2 Voll. 8.
— Aufs treulichste wieder ins Teutsche verdollmetscht von. *Th. Arnold.* Lemgo. 1746. 4. 3 Thlr. 15 Sgr.
Le *Coran* trad. de l'Arabe accomp. de not. et précédé d'un abrégé de la vie de Mahomet tiré des écrivains orient. les plus estimés par *M. Savary.* Paris 1783 et 1798. II. Voll. 8. Amst. 1786. II. Voll. 12.
Le *Coran* nouv. edit. augm. de la doctrine et des devoirs de la religion musulmane, ainsi que de l'Eucologe musulmane p. *Garcin de Tassy.* Paris 1829. 3 Voll. 18. ibid. 1836. 3 Voll. 12.
Der *Koran* oder das Gesetzbuch für die Muselmänner durch Muhammed den Sohn Abdall, nebst einig. feierl. koranischen Gebeten unmittelbar a. d. Arab. übers. mit Anm. und einem Register ver-

sehen. Herausgegeben von *Fr. Eb. Boysen.* Halle. 1773. 8. 2te
verb Ausgabe. ibid. 1775. 8.   1 Thlr. 26¼ Sgr.
— nach Boysen von Neuem aus d. Arab. übers. mit einer histor.
Einl. und Anm. von *G. Wahl.* ibid. 1828. 8.   4 Thlr.
— neu übers. von *Ullmann.* Krefeld 1841.   1½ Thlr.
Historia Josephi, ex *Alkorano*, arab. cum tripl. vers. lat. et schol.
Thomae Erpenii. Leidae 1617- 4.
Corani cap. I. et secundi versus priores, arab. et lat. cum animadv.
hist. et philol. nec non notarum specimine ed. *Just. Fr. Froriep.*
Lipsiae 1768. 8.   10 Sgr.
Der kleine Koran, oder Uebersetzung der wichtigsten und lehrreichsten
Stücke des Koran mit kurz. Anm. von *Joh. Chr. W. Augusti.*
1798. 8.   25 Sgr.
Prodromi ad refutat. Alcorani P. I—IV. (auct. *L. Maraccio*). Rom.
Congr de prop. fide 1691. 8.   Weigel 5 Thlr. 15 Sgr.
Türkischer Katechismus der Muhammed. Rel. nach dem arab. Origi-
nal übers. von *C. H. Ziegler.* mit erkl. Zusätzen verm. Hamburg
und Leipzig 1792. 8.   15 Sgr.
Testamentum et pactiones inter Mohammedem et christianae fidei cul-
tores. ed. princ. Arab. et Lat. *G. Sionita.* Paris 1630. 4.
Mahum. testam. s. Pacta c. christ. in orient. inita Lat. et Th. Bibli-
andri apolog pro edit. Alcorani. Rostoch 1638. 4.
— Arab. et lat. nov. recus. op. et stud. *J. G. Nissel.* Lugd. Bat.
1655. 4.   Weigel 1 Thlr. 7½ Sgr.
— Arab. et lat. c. praef. *Abr. Hinckelmann.* Hamburgi. 1690. 4.
Deutsch. 1664. 4.
Muhammedanus precans, i. e. Liber precationum Muhammedanicarum
Arabicus latin. n. don. et not. illustr. typisque mand. et in lucem
edit. auth. *Henningio Henningi.* Sleswig 1666. 8. Weigel
            1 Thlr. 15 Sgr.
H. Reland. De religione Mohammetica libri duo. Quorum prior exhi-
bet compend. theol. Mohammed. edit. Lat. vers. et not. illustr. Po-
sterior examinat nonnulla, quae falso Mohammedanis tribuuntur.
Ultraj. 1705. 8.   Weigel 15 Sgr.
Ed. II. auctior Traj. ad*Rh. 1717. 8.
— Teutsch. Hannover 1717. 8.
La relig. des Mah. Tiré du Latin de Mr. Reland et augm. d'une Conf.
de Foi Mahom. à la Haye. 1721. 8.   Weigel 1 Thlr. 10 Sgr.
Alb. Meursinge. Specimen ę litteris orient., exhibens *Sojutii* librum
de interpretibus Korani, e cod. edit. et annotat. illustr. Lugd. Bat.
1839. 4. maj.   3 Thlr.
Coranus arabice. Recensionis Flügel. Textum recognitum iterum ex-

primi curavit *Gust. Maurit. Redslob.* Ed. stereot. Lipsiae 1855. 8.
5 Thlr.

Beidhawii Commentarius in Coranum. ed. indicibusque instruxit *H. O. Fleischer.* Lipsiae 1844—48. 2 Voll. 4. 17 Thlr. 26 Sgr.

Le Koran. Traduction nouvelle, faite sur le texte arabe, par Mr. *Kazimirski.* Nouv. édition entièrement revue et corrigée, augmentée de notes, de commentaire et d'un index. Paris 1852. 12. Nouv. édition 1854. 1 Thlr. 5 Sgr.

عـمـدة عقيدة اهـل الـسـنـة والجـماعة . Pillar of the creed of the sunnites, being a brief Exposition of their principal Tenets etc. edited by the Rev. *W. Cureton.* London, for the Soc. of the Publication of oriental Texts. 1853. 8. 1 Thlr. 25 Sgr.

Précis de Jurisprudence musulmane, par Khalil ibn Ishak. Traduit par *Perron.* Paris 1848—55. 25 Thlr.

Sidi Khalil. Précis de Jurisprudence musulmane, suivant le rite malekite. Publié par l. soins de la Soc. asiat. Paris 1855. 8. 2 Thlr.

Précis de Jurisprudence Musulmane selon le rite Chafeïte, par Abu Chodjâ. Texte arabe avec traduction et annotations par *S. Keijzer.* Leyde 1859. 8. . 1½ Thlr.

Biblia et Christiana.

Pentateuchus Arab. Lugd. Bat. 1622. 4. · Weigel 2 Thlr. 20 Sgr.

Geneseos quatuor prima capita, arab. et lat. ed. *G. C. B. (Bürcklin).* Francof. a. M. 1700. 4. Weigel 12½ Sgr.

Psalmorum liber, ex arab. in lat. transl. Arab. et lat. Romae 1614. 4. . Weigel 3 Thlr. 15 Sgr.

R. Saadiae Phijum. versio Jesaiae arab. c. aliis specim. arab. nunc pr. ed. atque ad mod. Chrestom. bibl. Glossario instr. *H. Eb. Glo. Paulus.* Jenae 1790—91. 1 Thlr. 10 Sgr.

Canticum Canticor. aethiop. c. vers. arab. et lat. *G. Nisselius.* Lugd. Bat. 1656. 4. Weigel 20 Sgr.

Testamentum novum, arab. Leid. typ. Erpen. 4 Weigel 3½ Thlr.

Testamentum novum, arab. sumpt. soc. angl. London 1727. 4. Weigel 6 Thlr.

Evangelium Jesu Christi arab. c. fig. eleg. lign. incis. Rom. typ. Medic. 1590. Fol. Weigel 10 Thlr.

Evangelia arab. lat. Rom typ. Medic. 1619. Fol. 9 Thlr. 20 Sgr.

Jacobi epist. cath. versio arab. Witteb. 1694. 4. Weigel 10 Sgr.

Vitae IV. Evangelistarum ex ant. cod. ms. Arab. Caes. erutae op. *P.*
　　Kirstenii. Bresl. typ. arab. auctoris. 1605. Fol.　　Weigel 25 Sgr.
Historia Josephi Fabri lignar. lib. apocryph. arab. c. vers. lat. not. ill.
　　G. Wallin. Lips. Zeidler 1722. 4.　　　　Weigel 1 Thlr. 10 Sgr.
Compendium histor. eorum, quae Muhamm. de Christo et praecip.
　　aliq. rel. Christ. capp. tradiderunt. auct. Levino Warnero. Lugd.
　　Bat. 1643. 4.
Evangelium Infantiae, vel liber apocryphus de Infantia Servatoris ex
　　Ms. ed. ac lat. vers. et notis illust. *Henr. Sike.* Traj. ad Rh.
　　1697. 8.

Medica, Mathematica et Astronomica.

Reiske et *J. Ern. Fabri* Opuscsla medica ex monumentis Arabum et
　　Ebraeorum. Iter. recens. praef, vit. auct. ind. rer. adj. *Ch. G.*
　　Gruner. Halis 1776. 8.　　　　　　　　　　　　22 ½ Sgr.
Aben Alį, principis filii Sinae, alias corrupte Avicennae, Libri V. ca-
　　nonis medicinae.　Quib. additi sunt libri logic. physic. et metaph.
　　Arab. nunc primum impressi. Romae 1593. Fol. Weigel 15 ½ Thlr.
— ex Gerardi Crem. vers. et And. Alpagi Behm castig. a J. Costaeo
　　et J. P. Mongio annot. jamprid. illustr. Nunc vero ab eod. Costaeo
　　recogn. et nov. observ. adauctus. Vita Avic. etc. Venet. 1608.
　　Fol.　　　　　　　　　　　　　　　　Weigel 4 Thlr. 20 Sgr.
Avicennae Canon s. liber Canonis de Medicina; accedunt aliquot ejus
　　opuscula logica, physica, metaphysica. Romae 1593. Fol.
Rhazes de variolis et morbillis. arab. et latine; c. aliis nonnullis ejusd.
　　argum. cura et impens. *Jo. Channing.* Lond. 1766. 8.
Albucasis (Abulcasis) de chirurgia, arab. et lat. cura *Joh. Channing.*
　　Oxon. 1778- 2 Voll. 4.　　　　　　　　　　　Weigel 10 Thlr.
The Algebra of *Muhammed Ben Musa*, arabic and english. Edit and
　　translat. by *Fr. Rosen.* Lond. 1831. 8.
Le livre de la Grande Table Hakémite, (auct. *Abul Hassan Ali Ebn*
　　Júnis). trad. par *Caussin.* Paris. An. XII. (1804). 4.
Muhamedis Alfragani, Arabis, chronologica et astronomica elementa
　　(lat. versa) ed. *Jac. Christmann.* Fraoeof. 1590. 8.
Mohamm. filii Ketiri Ferganensis, qui vulgo *Alfraganus* dicitur, elem.
　　astronom. Arab. et Latine p. *J. Golium* c. huj. notis Amstelod.
　　1669. 4.　　　　　　　　　　　　　　　Weigel 4 Thlr. 15 Sgr.
Euclidis Elementorum libri tredecim ex traditione doctissimi *Nassired-*
　　dini Tusini nunc primum Arabice impressi. Rom. 1594. Fol.
　　　　　　　　　　　　　　　　　　　　Weigel 9 Thlr.

cf. *Gartz.* De interpretibus et explanatoribus Euclidis Arabicis. Halis. 1823. 4.

Epochae celebriores Astron. Histor. Chronol. Chataior. Syro-Graecor. Arab. Persar Chorasmior. usit. Arab. et Lat. Ex trad. Ulug. Beigi, eas prim. publ. rec. et comm. ill. *J. Gravius.* Lond. 1650. 4.

(Pentateuchus) secundum Arabicam Pentateuchi Sam. versionem, ab Abu Saiedo conscriptam, quem ed. *A. Kuenen,* fasciculus 1 et 2 continens libros Geneseos, Exodi et Levitici. Lugd. Bat. 1851—54. 8.
3 Thlr.

Rabbi Yapheth-ben Heli Bassorensis Karaithae in librum Psalm. commentarii arabici specimen ed. et in latinum convertit *E. Bargès* Paris 1846 8. 2 Thlr. 10 Sgr.

Joannis Apostoli de transitu beatae Mariae Virginis liber. Ex recensione et cum interpretatione *Max. Engeri..* Elberfeldae 1854. 8.
1 Thlr.

Philosophica.

Documenta philosophiae Arabum ex codd. ed. lat. vert. *Aug. Schmoelders.* Bonnae 1836. 8.

O Kind! Die berühmte ethische Abhandlung *Ghasali's.* Arab und deutsch als Neujahrsgeschenk von *Hammer-Purgstall.* Wien 1828. gr. 12. 22½ Sgr.

Enchiridion studiosi, arabice conscriptum a Borhaneddino Alzernouchi ar. et lat. ed. *Hadrianus Relandus.* Traj. ad Rh. 1709. 8.

Borhân-ed-dini es-Sérnudji Enchiridion studiosi. Ad fidem edit. Rel. et codd. denuo arabice edid. lat. vert, praecipuas lectt. varr. et scholia Ibn-Ismaëlis sel. adjecit, text. et scholia vocalibus instr. et lexico explan. *Car. Caspari.* Praef. est *H. O. Fleischer.* Lipsiae 1838. 4. maj. 2 Thlr.

באב מש „Porta Mosis" sive dissertationes aliquot a *R. Mose Maimonide,* suis in varias Mischnajoth, sive textus Talmudici partes, Commentariis praemissae, quae ad universam Judaeorum disciplinam aditum aperiunt. Nunc pr. Arab. et Lat. editae. Una cum Appendice Notarum Miscellanea, opera et studio *Eduardi Pocockii.* Oxoniae 1655. 4. Weigel 1 Thlr 10 Sgr.

Tabula *Cebetis* graece, arabice, latine, item aurea carmina *Pythagorae,* cum paraphrasi arabica. auctore *Johanne Elichmanno.* Lugd. Bat. 1640. 4. Weigel 2 Thlr. 10 Sgr.

Synopsis Propositorum Sapientiae Arabum philosophorum inscripta Speculum mundum repraesentans, ex arab. serm. lat juris facta ab *Abr. Ecchellensi* Maronita. Paris 1641. 4.

Idem liber Thesium Miscellanearum. loco disputationibus subj. et versione literali inrtruct. a *M. Henr. Opitio.* Jenae 1672. 4.

Statio quinta et sexta libri Menakif auctore Adhad-ed-Sin El-Igî cum commentario Gorganii. ed. *Th. Soerensen.* Lipsiae 1848. 8. 4 Thlr.

Der Streit zwischen Menschen und Thieren, ein arab. Mährchen aus den Schriften der lautern Brüder übersetzt mit Abh. und Anm., von *Fr. Dieterici.* Berlin 1858. 8.   1⅓ Thlr.

Behmenjar Ben El-Marzubân, der pers. Aristoteliker aus Avicenna's Schule. 2 metaph. Abhandlungen von ihm, arabisch und deutsch mit Anm. Herausgegeben von *Salom. Poper.* Leipzig 1851. 12.
     1⅓ Thlr.

Definitiones viri meritissimi Sejjid Scherif Ali Ben Muhammed Dschor-dschani. Accedunt definitiones theosophi Mohiji-eddin Mohammed Ben Ali, vulgo Ibn Arabi dicti. ed. et adnot. crit. instr. *G. Fluegel.* Lipsiae 1845. 8.   1 Thlr.

Aristotelis Categoriae graece, cum versione arab. Isaaci Honeini filii et var. lect. textus graeci e vers. arab. ductis ed. *Jul Theod. Zenker.* Lipsiae 1846. 8.   1⅓ Thlr.

كتاب الملل والنحل . Book of religions and philosophical sects, by Muh. Al. Sharastani. edited by *W. Cureton.* London 1842—46. 2 Voll. 8.   11 Thlr.

Abûl-Fath Muhammed asch-Schahrastâni's Religionspartheien und Philosophenschulen Uebersetzt und mit erkl. Anmerkungen versehen von *Theod. Haarbrücker.* Halle 1851. 2 Voll. 8.   4 Thlr.

El-Senusi's Begriffsentwicklung des muhammed. Glaubensbekenntnisses, arab. und deutsch mit Anm. von *M. Wolff.* Leipzig 1848. 8.
     10 Sgr.

Maverdii constitutiones politicae ex rec. *Max. Engeri.* acc. adnotationes et glossarium. Bonnae 1853. 8.   3 Thlr. 15 Sgr.

Addenda.

The Mahomedan Law of succession to the property of intestates, in Arabick, with a verbal translation and explanatory notes, by *William Jones.* Lond. 1782. 4. Et in Ejusd Oper. Voll. III. Lond. 1799. 8.

La Colombe, messagère plus rapide que l'éclair, plus promte que la nue: par *Michel Sabbagh,* traduit de l'arabe en français par *A. J. Silv. de Sacy.* à Paris. an. XIV. (1805). Weigel 1 Thlr. 15 Sgr.

S. Clericus. Scientia metrica s. tractatus de prosodia Arabica. Oxon. 1661. 8.

Wichmannshausen, J. Chr., gymnasium arab. in quo tres prior. David. odae c. vers. lat. exhib. Wittenb. 1724. 4. Weigel 1 Thlr.

Clodii, J. Chr., Grammatica arab. c. ind. Lips. 1729. 4. Weigel 25 Sgr.

Scheidii. J., Glossar. arab. lat. manuale. Ed. alt. Lugd. Bat. 1787. 4. Weigel 3 Thlr. 10 Sgr.

Alfiyya ou la quintessence de la grammaire arabe, ouvrage de Djémal-Eddin Mohammed, connu sous le nom d'Ebn-Malec. Publ. en orig. avec une comment. par *Silvestre de Sacy.* Paris 1833. 8. Weigel 3 Thlr.

Silv. de Sacy, traité élém. de la prosodie et l'art. métrique des Arabes. Paris 1831. 8. Weigel 1 Thlr. 7½ Sgr.

Epistolae quaedam arabicae a Mauris, Aegyptiis et Syris conscriptae ed. interpr. lat. annotationibusque illustr. et Glossar. adjecit *Max. Habicht.* Vratislaviae 1824. 4. 2 Thlr. 15 Sgr.

L'Algèbre d'Omar Alkhayyâni, publiée, traduite et accompagnée d'extraits inédits par *F. Woepke.* Paris 1851. 8. 1 Thlr. 20 Sgr.

Extrait du Fakhri, traité d'algèbre par Abou Bekr Mohammed ben Alhacan Alkarkhi, précédé d'un mémoire sur l'algèbre indéterminée chez les Arabes par *F. Woepke.* Paris 1853. 8. 3 Thlr. 10 Sgr.

Essai d'une restitution des travaux perdus d'Apollonius sur les quantités irrationelles, d'après les indications d'un Ms. *arabe*, par *F. Woepke.* Paris 1856. 4. Extr. des Mém. de l'Acad. 2 Thlr.

Ali ben Isa monitorii Oculariorum s. Compendii ophthalmiatrici e cod. arab. latine redd. Specimen, praemissa de medicis Arabibus oculariis dissertatione. ed. *C. A. Hille.* Dresd. et Lips. 1845. 8. 24 Sgr.

Zusammengesetzte Heilmittel der Araber. Nach dem 5ten Buche des Canons von Ebn Sina, aus dem Arab. übersetzt von *Joseph Sontheimer.* Freiburg 1845. 8. 1½ Thtr.

A Treatise on the Small-Pok and Measles, by Abu Becr Mohammed Ibn Zacariya Ar-Razi (commonly called Rhazes). Translated from the original Arabic by *W. A. Greenhill.* London 1848. 8. 25 Sgr.

Macrizi's Beschreibung der Hospitäler in el-Cahira, übersetzt von *Wüstenfeld*, mit dem arab. Texte als Beilage. Breslau 1846. 8.

Sidi-Sicuti. Livre de la miséricorde dans l'art de guérir les maladies et de conserver la santé. Traduction littérale de l'Arabe par Mr.

Pharaon, revue, précédée d'une introduction et annotée par *A. Bertheraud.* Paris et Alger. 1856. 8.   2 Frs.

The Hudsailian Poems edited in Arabic and translated with annotations by *J. G. L. Kosegarten.* Vol. 1. containing the First Part of the Arabic Text. London 1854. 4.   5 Thlr.

La Vie et les aventures de Fariac. Relation de ses voyages avec ses observations critiques sur les Arabes et sur les autres peuples. Par *Faris el-Chidiac.* Paris 1855. 4.   10 Thlr.

Diwan des Abu Nuwâs, des grössten lyrischen Dichters der Araber, deutsch bearbeitet von *Alfred v. Kremer.* Wien 1855. 8. 1½ Thlr.

Opuscula arabica, collected and edited by *William Wright.* Leydae, Lond. and Edinb. 1859. 8.   2 Fl.

دلالة الحائرين. Le guide des égarés, traité de théologie et de philosophie, par Moïse ben Maïmoun, dit Maimonide, publié et accompagné d'une trad. fr. et de notes par *B. Munk.* Paris 1856. 8. 2 vols. 1856—61. (Bd. 1 vergriffen).   13 Thlr. 10 Sgr.

Librorum hic commeratorum, qui apud bibliopolas frustra quaeruntur, magnam partem suppeditabit bibliopola Berolinensis *Calvary et Comp.*, cujus catalogus librorum „Catalogue d'une bibliothèque orientale" inscriptus Berol. 1864. in lucem editus est.

CHRESTOMATHIA.

I. QUATUOR PRIMA CAPITA GENESEOS.

CAPUT I.

1. أَوَّلَ مَا خَلَقَ ٱللّٰهُ ٱلسَّمَآءَ وَٱلْأَرْضَ 2. وَكَانَتِ ٱلْأَرْضُ

غَامِرَةً مُسْتَبْحِرَةً وَظَلَامٌ عَلَى وَجْهِ ٱلْغَمْرِ وَرِيَاحُ ٱللّٰهِ

تَهُبُّ عَلَى وَجْهِ ٱلْمَآءِ 3. فَشَآءَ ٱللّٰهُ أَنْ يَكُونَ نُورٌ فَكَانَ

نُورٌ 4. لَمَّا عَلِمَ ٱللّٰهُ أَنَّ ٱلنُّورَ جَيِّدٌ فَصَلَ ٱللّٰهُ بَيْنَ ٱلنُّورِ

وَٱلظَّلَامِ 5. وَسَمَّى ٱللّٰهُ أَوْقَاتَ ٱلنُّورِ نَهَارًا وَأَوْقَاتَ ٱلظَّلَامِ

لَيْلًا وَلَمَّا مَضَى ٱللَّيْلُ وَٱلنَّهَارُ يَوْمٌ وَاحِدٌ ٭ 6. شَآءَ ٱللّٰهُ أَنْ

يَكُونَ جَلَدٌ فِى وَسَطِ ٱلْمَآءِ وَيَكُونَ فَاصِلًا بَيْنَ ٱلْمَآءَيْنِ

7. فَصَنَعَ ٱللّٰهُ ٱلْجَلَدَ وَفَصَلَ بَيْنَ ٱلْمَآءِ ٱلَّذِى مِنْ

دُونِهِ وَٱلْمَآءِ ٱلَّذِى فَوْقَهُ. فَكَانَ كَذَلِكَ 8. وَسَمَّى ٱللَّهُ ٱلْجَلَدَ سَمَآءً وَلَمَّا مَضَى مِنَ ٱللَّيْلِ وَٱلنَّهَارِ يَوْمٌ ثَانٍ❊ 9. شَآءَ ٱللَّهُ أَنْ يَجْتَمِعَ ٱلْمَآءُ مِنْ تَحْتِ ٱلسَّمَآءِ إِلَى مَوْضِعٍ وَاحِدٍ وَيَظْهَرَ ٱلْيَبَسُ فَكَانَ كَذَلِكَ 10. وَسَمَّى ٱللَّهُ ٱلْيَبَسَ أَرْضًا وَمُجْتَمَعَ ٱلْمَآءِ بِحَارًا لَمَّا عَلِمَ أَنَّ ذَلِكَ جَيِّدٌ 11. وَشَآءَ ٱللَّهُ أَنْ يُكْلِئَ ٱلْأَرْضَ كَلَأً عُشْبًا ذَا حَبٍّ وَشَجَرًا ذَا ثَمَرٍ مُخْرِجٍ ثَمَرًا لِأَصْنَافِهِ مَا غَرْسُهُ مِنْهُ عَلَى ٱلْأَرْضِ فَكَانَ كَذَلِكَ 12. وَأَخْرَجَتِ ٱلْأَرْضُ كَلَأً وَعُشْبًا ذَا حَبٍّ لِأَصْنَافِهِ وَشَجَرًا مُخْرِجًا ثَمَرًا مَا غَرْسُهُ مِنْهُ لِأَصْنَافِهِ لَمَّا عَلِمَ ٱللَّهُ أَنَّ ذَلِكَ جَيِّدٌ 13. وَلَمَّا مَضَى مِنَ ٱللَّيْلِ وَٱلنَّهَارِ يَوْمٌ ثَالِثٌ❊ 14. شَآءَ ٱللَّهُ أَنْ يَكُونَ أَنْوَارٌ فِى جَلَدِ ٱلسَّمَآءِ تَفْرِزُ بَيْنَ ٱللَّيْلِ وَٱلنَّهَارِ فَتَكُونَ آيَاتٍ وَأَوْقَاتًا وَأَيَّامًا وَسِنِينَ 15. وَتَكُونَ أَنْوَارًا فِى جَلَدِ ٱلسَّمَآءِ تُضِىُ عَلَى ٱلْأَرْضِ فَكَانَ كَذَلِكَ 16. وَصَنَعَ ٱللَّهُ

النَّيِّرَيْنِ الْعَظِيمَيْنِ النَّيِّرَ الْأَكْبَرَ لِلْإِضَاءَةِ فِى النَّهَارِ وَالنَّيِّرَ الْأَصْغَرَ لِلْإِضَاءَةِ فِى اللَّيْلِ وَالْكَوَاكِبَ. 17. وَجَعَلَهَا اللَّهُ فِى جَلَدِ السَّمَاءِ لِتُضِىءَ عَلَى الْأَرْضِ. 18. وَلِلْإِضَاءَةِ فِى النَّهَارِ وَفِى اللَّيْلِ وَلِتَفْرِزَ بَيْنَ النُّورِ وَالظَّلَامِ لَمَّا عَلِمَ اللَّهُ أَنَّ ذَلِكَ جَيِّدٌ. 19. وَلَمَّا مَضَى مِنَ اللَّيْلِ وَالنَّهَارِ يَوْمٌ رَابِعٌ۞ 20. شَاءَ اللَّهُ أَنْ يَسْعَى مِنَ الْمَاءِ سَاعٍ ذُو نَفْسٍ حَيَّةٍ وَطَيْرٌ يَطِيرُ عَلَى الْأَرْضِ قُبَالَةَ جَلَدِ السَّمَاءِ. 21. فَخَلَقَ اللَّهُ التَّنَانِينَ الْعِظَامَ وَسَائِرَ النُّفُوسِ الْحَيَّةِ الدَّابَّةِ الَّتِى سَعَتْ مِنَ الْمَاءِ لِأَصْنَافِهَا وَكُلَّ طَائِرٍ ذِى جَنَاحٍ لِأَصْنَافِهِ لَمَّا عَلِمَ اللَّهُ أَنَّ ذَلِكَ جَيِّدٌ. 22. وَبَارَكَ اللَّهُ فِيهِمْ وَقَالَ حَاكِمًا أَثْمِرُوا وَأَكْثِرُوا وَعُمُّوا الْمَاءَ الَّذِى فِى الْبِحَارِ وَالطَّيْرُ يَكْثُرُ فِى الْأَرْضِ. 23. وَلَمَّا مَضَى مِنَ اللَّيْلِ وَالنَّهَارِ يَوْمٌ خَامِسٌ۞ 24. شَاءَ اللَّهُ أَنْ تُخْرِجَ الْأَرْضُ نُفُوسًا حَيَّةً لِأَصْنَافِهَا بَهَائِمَ وَدَبِيبًا وَوُحُوشَ

الْأَرْضُ فَكَانَ كَذَلِكَ. 25 فَصَنَعَ اللّٰهُ وَحْشَ الْأَرْضِ لِأَصْنَافِهِ وَالْبَهَائِمَ لِأَصْنَافِهَا وَكُلَّ دَبِيبِ الْأَرْضِ لِأَجْنَاسِهِ لَمَّا عَلِمَ اللّٰهُ أَنَّ ذَلِكَ جَيِّدٌ. 26 وَقَالَ اللّٰهُ نَصْنَعُ إِنْسَانًا بِتَصْوِيرِنَا وَتَشْكِيلِنَا إِيَّاهُ مُسَلَّطًا يَسْتَوْلِى عَلَى سَمَكِ الْبَحْرِ وَطَيْرِ السَّمَاءِ وَالْبَهَائِمِ وَجَمِيعِ الْأَرْضِ وَسَائِرِ الدَّبِيبِ الدَّابِّ عَلَيْهَا. 27 فَخَلَقَ اللّٰهُ آدَمَ بِصُورَتِهِ بِصُورَةٍ شَرَّفَهَا اللّٰهُ مُسَلَّطًا خَلْقَهُ ذَكَرًا وَأُنْثَى خَلَقَهُمَا. 28 وَبَارَكَ فِيهِمَا اللّٰهُ وَقَالَ لَهُمَا أَثْمِرُوا وَاكْثُرُوا فَعُمُّوا الْأَرْضَ وَامْلِكُوهَا وَاسْتَوْلُوا عَلَى سَمَكِ الْبَحْرِ وَطَيْرِ السَّمَاءِ وَسَائِرِ الْحَيَوَانِ الدَّابِّ عَلَى الْأَرْضِ. 29 وَقَالَ اللّٰهُ هَا قَدْ أَعْطَيْتُكُمْ كُلَّ عُشْبٍ ذِي حَبٍّ عَلَى وَجْهِ جَمِيعِ الْأَرْضِ وَكُلَّ شَجَرٍ فِيهِ ثَمَرٌ ذُو حَبٍّ يَكُونُ لَكُمْ طَعَامًا وَلِجَمِيعِ وَحْشِ الْأَرْضِ. 30 وَجَمِيعِ طَيْرِ السَّمَاءِ وَسَائِرِ مَا دَبَّ عَلَى الْأَرْضِ الَّذِي فِيهِ نَفْسٌ حَيَّةٌ الْآنَ جَمِيعَ خُضَرِ

اَلْعُشْبَ جَعَلْتُهُ مَأْكَلًا فَكَانَ كَذَلِكَ 31. لَمَّا عَلِمَ اللّٰهُ أَنَّ جَمِيعَ مَا صَنَعَهُ جَيِّدٌ جِدًّا وَلَمَّا مَضَى مِنَ اللَّيْلِ وَالنَّهَارِ يَوْمٌ سَادِسٌ۞

CAPUT II.

1. كَمِلَتِ السَّمَوَاتُ وَالْأَرْضُ وَجَمِيعُ جُيُوشِهِنَّ 2. وَأَكْمَلَ اللّٰهُ فِى الْيَوْمِ السَّابِعِ خَلْقَهُ الَّذِى صَنَعَهُ وَعَطِلَ فِيهِ أَنْ يَخْلُقَ شَيْئًا مِنْ مِثْلِ خَلْقِهِ 3. وَبَارَكَ اللّٰهُ الْيَوْمَ السَّابِعَ وَقَدَّسَهُ إِذْ عَطِلَ فِيهِ أَنْ يَخْلُقَ شَيْئًا مِنْ مِثْلِ خَلْقِهِ الَّذِى صَنَعَهُ۞ 4. هَذَا شَرْحُ نَوَاشِئِ السَّمَاءِ وَالْأَرْضِ إِذْ خُلِقَتَا فِى وَقْتِ صَنَعَ اللّٰهُ الْأَرْضَ وَالسَّمَاءَ 5. وَإِنَّ جَمِيعَ شَجَرِ الصَّحْرَآءِ قَبْلَ أَنْ يَكُونَ فِى الْأَرْضِ وَجَمِيعَ عُشْبِهَا قَبْلَ أَنْ يَنْبُتَ لَمْ يُمْطِرِ اللّٰهُ عَلَيْهَا وَلَا إِنْسَانٌ كَانَ لِيَفْلَحَ الْأَرْضَ 6. وَلَا بُخَارٌ كَانَ يَصْعَدُ مِنْهَا فَيَسْقِى جَمِيعَ وَجْهِهَا 7. وَإِنَّ اللّٰهَ خَلَقَ آدَمَ تُرَابًا

مِنَ ٱلْأَرْضِ وَنَفَخَ فِى أَنْفِهِ نَسَمَةَ ٱلْحَيَاةِ فَصَارَ آدَمُ نَفْسًا
نَاطِقًا .8 وَغَرَسَ ٱللَّهُ جِنَانًا فِى عَدْنٍ شَرْقِيًّا وَصَيَّرَ هُنَاكَ
آدَمَ ٱلَّذِى خَلَقَهُ .9 وَأَنْبَتَ ٱللَّهُ مِنَ ٱلْأَرْضِ كُلَّ
شَجَرَةٍ حَسَنٍ مَنْظَرُهَا وَطَيِّبٍ مَأْكَلُهَا وَشَجَرَةَ ٱلْحَيَاةِ
فِى وَسَطِ ٱلْجِنَانِ وَشَجَرَةَ مَعْرِفَةِ ٱلْخَيْرِ وَٱلشَّرِّ
.10 وَجَعَلَ نَهْرًا يَخْرُجُ مِنْ عَدْنٍ لِيَسْقِىَ ٱلْجِنَانَ وَمِنْ
ثَمَّ يَفْتَرِقُ فَيَصِيرُ أَرْبَعَةَ أُرُوسٍ .11 ٱسْمُ أَحَدِهَا ٱلنِّيلُ
وَهُوَ ٱلْمُحِيطُ بِجَمِيعِ بَلَدِ زَوِيلَةَ ٱلَّذِى فِيهِ ٱلذَّهَبُ
.12 وَذَهَبُ ذَلِكَ ٱلْبَلَدِ جَيِّدٌ ثَمَّ ٱللُّؤْلُؤُ وَحِجَارَةُ ٱلْبِلَّوْرِ
.13 وَٱسْمُ ٱلنَّهْرِ ٱلثَّانِى جِيحَانُ وَهُوَ ٱلْمُحِيطُ بِجَمِيعِ بَلَدِ
ٱلْحَبَشَةِ .14 وَٱسْمُ ٱلنَّهْرِ ٱلثَّالِثِ دَجْلَةُ وَهُوَ يَسِيرُ فِى
شَرْقِىِّ ٱلْمَوْصِلِ وَٱلنَّهْرُ ٱلرَّابِعُ هُوَ ٱلْفُرَاتُ .15 فَأَخَذَ ٱللَّهُ
آدَمَ وَأَنْزَلَهُ فِى جِنَانِ عَدْنٍ لِيَفْلَحَهُ وَلِيَحْفَظَهُ .16 وَأَمَرَ
ٱللَّهُ آدَمَ قَائِلًا مِنْ جَمِيعِ شَجَرِ ٱلْجِنَانِ جَائِزٌ لَكَ أَنْ

17. وَمِنْ شَجَرَةِ مَعْرِفَةِ الْخَيْرِ وَالشَّرِّ لَا تَأْكُلْ تَأْكُلُ فَإِنَّكَ فِى يَوْمِ أَكْلِكَ مِنْهَا تَسْتَحِقُّ أَنْ تَمُوتَ

18. وَقَالَ اللّٰهُ لَا خَيْرَ فِى بَقَاءِ آدَمَ وَحْدَهُ أَصْنَعُ لَهُ عَوْنًا حِذَاءَهُ

19. فَحَشَرَ اللّٰهُ مِنَ الْأَرْضِ جَمِيعَ وَحْشِ الصَّحْرَاءِ وَطَيْرِ السَّمَاءِ وَأَتَى بِهَا إِلَى آدَمَ لِيَرَى مَا يُسَمِّيهَا فَكُلُّ مَا سَمَّى آدَمُ مِنْ نَفْسٍ حَيَّةٍ بِاسْمٍ هُوَ اسْمُهُ إِلَى الْآنِ

20. فَسَمَّى آدَمُ أَسْمَاءً لِجَمِيعِ الْبَهَائِمِ وَطَيْرِ السَّمَاءِ وَجَمِيعِ وَحْشِ الصَّحْرَاءِ وَلَمْ يَجِدْ آدَمُ عَوْنًا حِذَاءَهُ

21. فَأَوْقَعَ اللّٰهُ سُبَاتًا عَلَى آدَمَ لِئَلَّا يَحِسَّ فَنَامَ فَاسْتَلَّ إِحْدَى أَضْلَاعِهِ وَسَدَّ مَكَانَهَا بِلَحْمٍ

22. وَبَنَى اللّٰهُ الضِّلْعَ الَّتِى أَخَذَ امْرَأَةً فَأَتَى بِهَا إِلَى آدَمَ

23. وَقَالَ آدَمُ هٰذِهِ الْمَرَّةَ شَاهَدْتُ عَظْمًا مِنْ عِظَامِى وَلَحْمًا مِنْ لَحْمِى وَيَنْبَغِى أَنْ تُسَمَّى امْرَأَةً لِأَنَّهَا مِنَ الْمَرْءِ أُخِذَتْ

24. وَلِذٰلِكَ يَتْرُكُ الرَّجُلُ أَبَاهُ وَأُمَّهُ وَيَلْزَمُ زَوْجَتَهُ فَيَصِيرَانِ

كَجَسَدٍ وَاحِدٍ. 25 وَكَانَا جَمِيعًا عُرْيَانَيْنِ آدَمُ وَزَوْجَتُهُ وَلَا يَحْتَشِمَانِ مِنْ ذَلِكَ

CAPUT III.

1. وَالثُّعْبَانُ صَارَ حَكِيمًا مِنْ جَمِيعِ حَيَوَانِ الصَّحْرَاءِ الَّذِى خَلَقَهُ اللَّهُ. فَقَالَ لِلْمَرْأَةِ أَيَقِينًا قَالَ اللَّهُ لَا تَأْكُلَا مِنْ جَمِيعِ شَجَرِ الْجِنَانِ. 2. قَالَتِ الْمَرْأَةُ لِلثُّعْبَانِ مِنْ ثَمَرِ شَجَرِ الْجِنَانِ نَأْكُلُ. 3. لَكِنْ مِنْ ثَمَرِ الشَّجَرَةِ الَّتِى فِى وَسَطِهِ قَالَ اللَّهُ لَا تَأْكُلَا مِنْهُ وَلَا تَدْنُوا بِهِ كَيْلَا تَمُوتَا. 4. قَالَ لَهَا لَسْتُمَا تَمُوتَانِ. 5. إِنَّ اللَّهَ عَالِمٌ أَنَّكُمَا فِى يَوْمِ أَكْلِكُمَا مِنْهُ تَنْفَتِحُ عُيُونُكُمَا وَتَصِيرَانِ كَالْمَلَائِكَةِ عَارِفَى الْخَيْرِ وَالشَّرِّ بِزِيَادَةٍ. 6. فَمَّا رَأَتِ الْمَرْأَةُ أَنَّ الشَّجَرَةَ طَيِّبَةُ الْمَأْكَلِ شَهِيَّةٌ لِلْمَنْظَرِ مُنًى لِلْعَقْلِ أَخَذَتْ مِنْ ثَمَرِهَا فَأَكَلَتْ وَأَعْطَتْ بَعْلَهَا فَأَكَلَ مَعَهَا. 7. فَانْفَتَحَتْ عُيُونُهُمَا فَعَلِمَا أَنَّهُمَا عُرْيَانَانِ فَخَيَّطَا مِنْ

وَرَقَ ٱلتِّينِ مَا صَنَعَا مِنْهُ مِآزَرَ. 8. فَسَمِعَا صَوْتَ ٱللّٰهِ

مَارًّا فِى ٱلْجِنَانِ بِرِفْقٍ فِى حَرَكَةِ ٱلنَّهَارِ فَٱسْتَخْبَأ آدَمُ

وَزَوْجَتُهُ مِنْ قِبَلِ صَوْتِ ٱللّٰهِ خَبَآءَ فِيمَا بَيْنَ شَجَرِ ٱلْجِنَانِ

9. فَنَادَى ٱللّٰهُ آدَمَ وَقَالَ كَهُ مُقَرِّرًا أَيْنَ أَنْتَ. 10. قَالَ

إِنِّى سَمِعْتُ صَوْتَكَ فِى ٱلْجِنَانِ فَتَيَقَّنْتُ إِذْ أَنَـا عُرْيَانٌ

فَٱسْتَخْبَأْتُ. 11. قَالَ مَنْ أَخْبَرَكَ أَنَّكَ عُرْيَانٌ أَمِنَ ٱلشَّجَرَةِ

ٱلَّتِى نَهَيْتُكَ عَـنِ ٱلْأَكْلِ مِنْهَا أَكَلْتَ. 12. قَالَ آدَمُ

ٱلْمَرْأَةُ ٱلَّتِى جَعَلْتَهَا مَعِى هِىَ أَعْطَتْنِى مِنَ ٱلشَّجَرَةِ فَأَكَلْتُ.

13. قَالَ ٱللّٰهُ لِلْمَرْأَةِ مَا ذَا صَنَعْتِ قَالَتِ ٱلثُّعْبَانُ أَغْوَانِى

فَأَكَلْتُ. 14. قَالَ ٱللّٰهُ لِلثُّعْبَانِ إِذْ صَنَعْتَ هَذَا بِعِلْمٍ

فَأَنْتَ مَلْعُونٌ مِـنْ جَمِيعِ ٱلْبَهَائِمِ وَجَمِيعِ وَحْشِ ٱلصَّحْرَآءِ

وَعَلَى صَدْرِكَ تَسْلُكُ وَتُرَابًا تَأْكُلُ طُولَ أَيَّامِ حَيَاتِكَ

15. وَأَجْعَلُ عَدَاوَةً بَيْنَكَ وَبَيْنَ ٱلْمَرْأَةِ وَبَيْنَ نَسْلِكَ

وَنَسْلِهَا وَهُوَ يَشْدَخُ مِنْكَ ٱلرَّأْسَ وَأَنْتَ تَلْدَغُهُ فِى ٱلْعَقِبِ

16. وَقَالَ لِلْمَرْأَةِ لَأُكَثِّرَنَّ مَشَقَّتَكِ وَحَمْلَكِ وَبِمَشَقَّةٍ تَلِدِينَ الْأَوْلَادَ وَإِلَى بَعْلِكِ يَكُونُ قِيَادُكِ وَهُوَ يَتَسَلَّطُ عَلَيْهِ

17. وَقَالَ لِآدَمَ إِنْ قَبِلْتَ قَوْلَ زَوْجَتِكَ فَأَكَلْتَ مِنَ الشَّجَرَةِ الَّتِي نَهَيْتُكَ قَائِلًا لَا تَأْكُلْ مِنْهَا مَلْعُونَةٌ الْأَرْضُ بِسَبَبِكَ بِمَشَقَّةٍ تَأْكُلُ مِنْهَا طُولَ حَيَاتِكَ 18. وَشَوْكًا وَدَرْدَرًا تُنْبِتُ لَكَ وَتَأْكُلُ عُشْبَ الصَّحْرَاءِ 19. بِعَرَقِ وَجْهِكَ تَأْكُلُ الطَّعَامَ إِلَى حِينِ رُجُوعِكَ إِلَى الْأَرْضِ الَّتِي أُخِذْتَ مِنْهَا لِأَنَّكَ تُرَابٌ وَإِلَى التُّرَابِ تَرْجِعُ 20. وَسَمَّى آدَمُ زَوْجَتَهُ حَوَّاءَ لِأَنَّهَا كَانَتْ أُمَّ كُلِّ حَيٍّ نَاطِقٍ

21. وَصَنَعَ اللَّهُ لِآدَمَ وَزَوْجَتِهِ ثِيَابَ بَدَنٍ وَأَلْبَسَهُمَا

22. ثُمَّ قَالَ اللَّهُ هُوَذَا آدَمُ قَدْ صَارَ كَوَاحِدٍ مِنَّا يَعْرِفُ مَعْرِفَةَ الْخَيْرِ وَالشَّرِّ وَالْآنَ فَيَجِبُ أَنْ يُخْرَجَ مِنَ الْجِنَانِ لِئَلَّا يَمُدَّ يَدَهُ فَيَأْخُذَ مِنْ شَجَرَةِ الْحَيَاةِ أَيْضًا وَيَأْكُلَ فَيَحْيَا إِلَى الدَّهْرِ 23. فَطَرَدَهُ اللَّهُ مِنْ جِنَانِ عَدْنٍ

لِيَفْلَحَ ٱلْأَرْضَ ٱلَّتِى أُخِذَ مِنْهَا 24. وَلَمَّا طُرِدَ آدَمُ أُسْكِنَ مِنْ شَرْقِىِّ جِنَانِ عَدْنٍ ٱلْمَلَائِكَةَ وَلَمَعَ سَيْفٌ مُتَقَلِّبٌ لِيَحْفَظُوا طَرِيقَ شَجَرِ ٱلْحَيَاةِ۞

CAPUT IV.

1. ثُمَّ إِنَّ آدَمَ وَاقَعَ حَوَّا زَوْجَتَهُ فَحَمَلَتْ وَوَلَدَتْ قَائِنَ فَقَالَتْ قَدْ رُزِقْتُ رَجُلًا مِنْ عِنْدِ ٱللَّهِ 2. ثُمَّ عَاوَدَتْ فَوَلَدَتْ أَخَاهُ هَابِيلَ فَكَانَ هَابِيلُ رَاعِىَ غَنَمٍ وَقَائِنُ كَانَ يَفْلَحُ ٱلْأَرْضَ 3. فَلَمَّا كَانَ بَعْدَ أَيَّامٍ أَتَى قَائِنُ مِنْ ثَمَرِ ٱلْأَرْضِ بِهَدِيَّةٍ لِلَّهِ 4. وَأَتَى هَابِيلُ أَيْضًا بِشَىْءٍ مِنْ بُكُورَةِ غَنَمِهِ وَمِنْ سِمَانِهَا فَقَبِلَ ٱللَّهُ هَابِيلَ وَهَدِيَّتَهُ 5. وَقَائِنُ وَهَدِيَّتَهُ لَمْ يَقْبَلْهُمَا فَٱشْتَدَّ عَلَى قَائِنَ جِدًّا وَسَقَطَ وَجْهُهُ حَيَاءً 6. وَقَالَ ٱللَّهُ لِقَائِنَ لِمَ ٱشْتَدَّ عَلَيْكَ وَلِمَ سَقَطَ وَجْهُكَ 7. أَلَا إِنَّكَ لَوْ جَوَّدْتَ قَبِلْتُ وَإِنْ لَمْ تُجَوِّدْ فَأَيْنَمَا ٱتَّجَهَتْ خَطَاوُكَ رَابِضٌ وَإِلَيْكَ قَيَادُهُ وَأَنْتَ ٱلْمُسَلَّطُ عَلَيْهِ

8. ثُمَّ قَاوَلَ قَائِنُ هَابِلَ أَخَاهُ فَلَمَّا كَانَا فِى بِالاِخْتِيَارِ الصَّحْرَاءِ قَامَ قَائِنُ إِلَى هَابِلَ أَخِيهِ فَقَتَلَهُ 9. فَقَالَ اللَّهُ لِقَائِنَ مُقَرِّرًا أَيْنَ هَابِيلُ أَخُوكَ قَالَ لَا أَعْلَمُ هَلْ أَنَا حَافِظُ أَخِى 10. وَقَالَ مَا ذَا صَنَعْتَ دَمُ أَخِيكَ صَارِخٌ إِلَىَّ مِنَ الْأَرْضِ 11. وَالْآنَ أَنْتَ مَلْعُونٌ مِنَ الْأَرْضِ الَّتِى فَتَحَتْ فَاهَا وَقَبِلَتْ دَمَ أَخِيكَ مِنْ يَدِكَ 12. بِأَنْ تَفْلَحَ الْأَرْضَ وَلَا تَعُودُ أَنْ تُعْطِيَكَ قُوَّاهَا وَنَائِعًا نَائِدًا تَكُونُ فِى الْأَرْضِ 13. قَالَ قَائِنُ لِلَّهِ تَعَالَى نَنْبِى أَعْظَمُ مِنْ أَنْ يُغْفَرَ 14. فَإِنْ طَرَدْتَنِى الْيَوْمَ عَنْ وَجْهِ الْأَرْضِ هَلْ أَسْتُرُ مِنْ بَيْنِ يَدَيْكَ وَإِنْ كُنْتُ نَائِعًا نَائِدًا فِى الْأَرْضِ كَانَ كُلُّ مَنْ وَجَدَنِى يَقْتُلُنِى 15. قَالَ اللَّهُ لِذَلِكَ كُلُّ مَنْ قَتَلَ قَائِنَ يُقَادُ بِهِ كَثِيرًا فَجَعَلَ اللَّهُ لِقَائِنَ آيَةً لِئَلَّا يَقْتُلَهُ كُلُّ مَنْ وَجَدَهُ 16. وَخَرَجَ قَائِنُ مِنْ قُدَّامِ اللَّهِ فَأَقَامَ بِأَرْضِ نُودٍ شَرْقِىَّ عَدْنٍ 17. وَوَاقَعَ قَائِنُ زَوْجَتَهُ

فَحَمَلَتْ وَوَلَدَتْ خُنُوخَ ثُمَّ بَنَى قَرْيَةً فَسَمَّاهَا بِٱسْمِ ٱبْنِهِ
خُنُوخَ 18. ثُمَّ وُلِدَ لِخُنُوخَ عِيرَانُ وَعِيرَانُ أَوْلَدَ
مَحْيَائِيلَ وَمَحْيَائِيلُ أَوْلَدَ مَثُوشَائِيلَ وَمَثُوشَائِيلُ أَوْلَدَ لَامِخَ
19. وَٱتَّخَذَ لَهُ لَامِخُ زَوْجَتَيْنِ ٱسْمُ إِحْدَاهُمَا عَادَا وَٱلْأُخْرَى
صِلَّا 20. فَوَلَدَتْ عَادَا يَابَالَ هُوَ أَوَّلُ سُكَّانِ ٱلْخِيَامِ
وَمُتَّخِذِى ٱلْمَوَاشِى 21. وَٱسْمُ أَخِيهِ يُوبَالُ هُوَ أَوَّلُ مَنْ
حَمَلَ ٱلطُّنْبُورَ وَٱلْقِيثَارَ 22. وَصِلَّا أَيْضًا وَلَدَتْ تُوبَلَ
قَائِنَ وَهُوَ أَوَّلُ صَيْقَلٍ لِجَمِيعِ صَنْعَةِ ٱلنُّحَاسِ وَٱلْحَدِيدِ
وَكَانَتْ أُخْتُهُ نَاعِمَى 23. فَقَالَ لَامِخُ لِٱمْرَأَتَيْهِ يَا عَادَا وَيَا
صِلَّا ٱسْمَعَا قَوْلِى وَيَا مَرْأَتَى لَامِخَ ٱنْصِتَا لِمَقَالِى أَتَرَانِى
قَتَلْتُ رَجُلًا بِشَجَّتِى أَوْ صَبِيًّا بِجِرَاحَتِى 24. إِنْ كَانَ
كَثِيرًا تَنْقَادُ بِقَائِنَ فَبِلَامِخَ أَكْثَرُ وَأَكْثَرُ 25. ثُمَّ إِنْ
آدَمَ وَاقَعَ أَيْضًا زَوْجَتَهُ فَوَلَدَتِ ٱبْنًا وَأَسْمَتْهُ شِيتًا
وَقَالَتْ إِنَّهُ قَدْ رَزَقَنِى ٱللَّهُ نَسْلًا آخَرَ بَدَلَ هَابِلَ

اِنَّ قَتَلَهُ قَائِنْ‬ 26. وَلِشِيتٍ اَيْضًا وُلِدَ اَبْنٌ وَسَمَّاهُ اَنُوشَ حِينَئِذٍ اَبْتُدِىَ بِالدُّعَآءِ بِاَسْمِ اَللَّهِ‬

II. CORANUS.

SURA I.

سورة فاتحة الكتاب

مكّيّة وآيها سبع آيات

بِسْمِ اَللَّهِ اَلرَّحْمَنِ اَلرَّحِيمِ

١ اَلْحَمْدُ لِلَّهِ رَبِّ اَلْعَالَمِينَ ٢ اَلرَّحْمَنِ اَلرَّحِيمِ ٣ مَالِكِ يَوْمِ اَلدِّينِ ٤ اِيَّاكَ نَعْبُدُ وَاِيَّاكَ نَسْتَعِينُ ٥ اِهْدِنَا اَلصِّرَاطَ اَلْمُسْتَقِيمَ ٦ صِرَاطَ اَلَّذِينَ اَنْعَمْتَ عَلَيْهِمْ ٧ غَيْرِ اَلْمَغْضُوبِ عَلَيْهِمْ وَلَا اَلضَّالِّينَ

Locus illustris, qui Labidum poetam convertisse dicitur, ex Sur. II. v. 1ᵏ—19.

ها اُولَآئِكَ اَلَّذِينَ اَشْتَرَوُا ؟؟؟ اَللَّهَ بِالْهُدَى فَمَا رَبِحَت تِجَارَتُهُمْ وَمَا كَانُوا مُهْتَدِينَ ١٩ مَثَلُهُمْ كَمَثَلِ اَلَّذِى

اسْتَوْقَدَ نَارًا فَلَمَّا أَضَاءَتْ مَا حَوْلَهُ ذَهَبَ اللَّهُ بِنُورِهِمْ

وَتَرَكَهُمْ فِى ظُلُمَاتٍ لَا يُبْصِرُونَ ١٧ صُمٌّ بُكْمٌ عُمْىٌ فَهُمْ

لَا يَرْجِعُونَ ١٨ أَوْ كَصَيِّبٍ مِنَ السَّمَاءِ فِيهِ ظُلُمَاتٌ وَرَعْدٌ

وَبَرْقٌ يَجْعَلُونَ أَصَابِعَهُمْ فِى آذَانِهِمْ مِنَ الصَّوَاعِقِ حَذَرَ

الْمَوْتِ وَاللَّهُ مُحِيطٌ بِالْكَافِرِينَ ١٩ يَكَادُ الْبَرْقُ يَخْطَفُ

أَبْصَارَهُمْ كُلَّمَا أَضَاءَ لَهُمْ مَشَوْا فِيهِ وَإِذَا أَظْلَمَ عَلَيْهِمْ قَامُوا

وَلَوْ شَاءَ اللَّهُ لَذَهَبَ بِسَمْعِهِمْ

SURA III.

سورة آل عمران

مدنية وهى مائتا آية

بِسْمِ اللَّهِ الرَّحْمَنِ الرَّحِيمِ

١ الم اللَّهُ لَا إِلَهَ إِلَّا هُوَ الْحَىُّ الْقَيُّومُ ٢ نَزَّلَ عَلَيْكَ

الْكِتَابَ بِالْحَقِّ مُصَدِّقًا لِمَا بَيْنَ يَدَيْهِ وَأَنْزَلَ التَّوْرَاةَ

وَالْإِنْجِيلَ مِنْ قَبْلُ هُدًى لِلنَّاسِ وَأَنْزَلَ الْفُرْقَانَ ٣ إِنَّ

ٱلَّذِينَ كَفَرُوا بِآيَاتِ ٱللَّهِ لَهُمْ عَذَابٌ شَدِيدٌ وَٱللَّهُ عَزِيزٌ

ذُو ٱنْتِقَامٍ ٤ إِنَّ ٱللَّهَ لَا يَخْفَى عَلَيْهِ شَيْءٌ فِى ٱلْأَرْضِ

وَلَا فِى ٱلسَّمَاءِ هُوَ ٱلَّذِى يُصَوِّرُكُمْ فِى ٱلْأَرْحَامِ كَيْفَ

يَشَاءُ لَا إِلَهَ إِلَّا هُوَ ٱلْعَزِيزُ ٱلْحَكِيمُ ٥ هُوَ ٱلَّذِى أَنْزَلَ

عَلَيْكَ ٱلْكِتَابَ مِنْهُ آيَاتٌ مُحْكَمَاتٌ هُنَّ أُمُّ ٱلْكِتَابِ وَأُخَرُ

مُتَشَابِهَاتٌ فَأَمَّا ٱلَّذِينَ فِى قُلُوبِهِمْ زَيْغٌ فَيَتَّبِعُونَ مَا

تَشَابَهَ مِنْهُ ٱبْتِغَاءَ ٱلْفِتْنَةِ وَٱبْتِغَاءَ تَأْوِيلِهِ وَمَا يَعْلَمُ تَأْوِيلَهُ

إِلَّا ٱللَّهُ وَٱلرَّاسِخُونَ فِى ٱلْعِلْمِ يَقُولُونَ آمَنَّا بِهِ كُلٌّ مِنْ

عِنْدِ رَبِّنَا وَمَا يَذَّكَّرُ إِلَّا أُولُوا ٱلْأَلْبَابِ ٦ رَبَّنَا لَا تُزِغْ

قُلُوبَنَا بَعْدَ إِذْ هَدَيْتَنَا وَهَبْ لَنَا مِنْ لَدُنْكَ رَحْمَةً إِنَّكَ

أَنْتَ ٱلْوَهَّابُ ٧ رَبَّنَا إِنَّكَ جَامِعُ ٱلنَّاسِ لِيَوْمٍ لَا رَيْبَ فِيهِ

إِنَّ ٱللَّهَ لَا يُخْلِفُ ٱلْمِيعَادَ ٧ إِنَّ ٱلَّذِينَ كَفَرُوا لَنْ تُغْنِىَ

عَنْهُمْ أَمْوَالُهُمْ وَلَا أَوْلَادُهُمْ مِنَ ٱللَّهِ شَيْئًا وَأُولَئِكَ هُمْ وَقُودُ

ٱلنَّارِ ٩ كَدَأْبِ آلِ فِرْعَوْنَ وَٱلَّذِينَ مِنْ قَبْلِهِمْ كَذَّبُوا

بِآيَاتِنَا فَأَخَذَهُمُ ٱللَّهُ بِذُنُوبِهِمْ وَٱللَّهُ شَدِيدُ ٱلْعِقَابِ ١٠ قُلْ

لِلَّذِينَ كَفَرُوا سَتُغْلَبُونَ وَتُحْشَرُونَ إِلَى جَهَنَّمَ وَبِئْسَ ٱلْمِهَادُ

١١ قَدْ كَانَ لَكُمْ آيَةٌ فِي فِئَتَيْنِ ٱلْتَقَتَا فِئَةٌ تُقَاتِلُ فِى سَبِيلِ

ٱللَّهِ وَأُخْرَى كَافِرَةٌ يَرَوْنَهُمْ مِثْلَيْهِمْ رَأْيَ ٱلْعَيْنِ وَٱللَّهُ يُؤَيِّدُ

بِنَصْرِهِ مَنْ يَشَاءُ إِنَّ فِى ذَلِكَ لَعِبْرَةً لِأُولِى ٱلْأَبْصَارِ ١٢ زُيِّنَ

لِلنَّاسِ حُبُّ ٱلشَّهَوَاتِ مِنَ ٱلنِّسَاءِ وَٱلْبَنِينَ وَٱلْقَنَاطِيرِ ٱلْمُقَنْطَرَةِ

مِنَ ٱلذَّهَبِ وَٱلْفِضَّةِ وَٱلْخَيْلِ ٱلْمُسَوَّمَةِ وَٱلْأَنْعَامِ وَٱلْحَرْثِ ذَلِكَ

مَتَاعُ ٱلْحَيَاةِ ٱلدُّنْيَا وَٱللَّهُ عِنْدَهُ حُسْنُ ٱلْمَآبِ ١٣ قُلْ

أَؤُنَبِّئُكُمْ بِخَيْرٍ مِنْ ذَلِكُمْ لِلَّذِينَ ٱتَّقَوْا عِنْدَ رَبِّهِمْ جَنَّاتٌ

تَجْرِى مِنْ تَحْتِهَا ٱلْأَنْهَارُ خَالِدِينَ فِيهَا وَأَزْوَاجٌ مُطَهَّرَةٌ

وَرِضْوَانٌ مِنَ ٱللَّهِ وَٱللَّهُ بَصِيرٌ بِٱلْعِبَادِ ١٤ ٱلَّذِينَ يَقُولُونَ

رَبَّنَا إِنَّنَا آمَنَّا فَٱغْفِرْ لَنَا ذُنُوبَنَا وَقِنَا عَذَابَ ٱلنَّارِ

١٥ ٱلصَّابِرِينَ وَٱلصَّادِقِينَ وَٱلْقَانِتِينَ وَٱلْمُنْفِقِينَ وَٱلْمُسْتَغْفِرِينَ

بِٱلْأَسْحَارِ ١٦ شَهِدَ ٱللَّهُ أَنَّهُ لَا إِلَهَ إِلَّا هُوَ وَٱلْمَلَائِكَةُ وَأُولُوا

ٱلْعِلْمَ قَآئِمًا بِٱلْقِسْطِ لَا إِلَهَ إِلَّا هُوَ ٱلْعَزِيزُ ٱلْحَكِيمُ ١٨ إِنَّ

ٱلدِّينَ عِنْدَ ٱللَّهِ ٱلْإِسْلَامُ وَمَا ٱخْتَلَفَ ٱلَّذِينَ أُوتُوا ٱلْكِتَابَ

إِلَّا مِنْ بَعْدِ مَا جَاءَهُمُ ٱلْعِلْمُ بَغْيًا بَيْنَهُمْ وَمَنْ يَكْفُرْ بِآيَاتِ

ٱللَّهِ فَإِنَّ ٱللَّهَ سَرِيعُ ٱلْحِسَابِ ١٨ فَإِنْ حَاجُّوكَ فَقُلْ أَسْلَمْتُ

وَجْهِيَ لِلَّهِ وَمَنِ ٱتَّبَعَنِ ١١ وَقُلْ لِلَّذِينَ أُوتُوا ٱلْكِتَابَ

وَٱلْأُمِّيِّينَ ءَأَسْلَمْتُمْ فَإِنْ أَسْلَمُوا فَقَدِ ٱهْتَدَوْا وَإِنْ تَوَلَّوْا فَإِنَّمَا

عَلَيْكَ ٱلْبَلَاغُ وَٱللَّهُ بَصِيرٌ بِٱلْعِبَادِ ٢٠ إِنَّ ٱلَّذِينَ يَكْفُرُونَ

بِآيَاتِ ٱللَّهِ وَيَقْتُلُونَ ٱلنَّبِيِّينَ بِغَيْرِ حَقٍّ وَيَقْتُلُونَ ٱلَّذِينَ

يَأْمُرُونَ بِٱلْقِسْطِ مِنَ ٱلنَّاسِ فَبَشِّرْهُمْ بِعَذَابٍ أَلِيمٍ ٢١ أُولَئِكَ

ٱلَّذِينَ حَبِطَتْ أَعْمَالُهُمْ فِي ٱلدُّنْيَا وَٱلْآخِرَةِ وَمَا لَهُمْ مِنْ

نَاصِرِينَ ٢٢ أَلَمْ تَرَ إِلَى ٱلَّذِينَ أُوتُوا نَصِيبًا مِنَ ٱلْكِتَابِ

يُدْعَوْنَ إِلَى كِتَابِ ٱللَّهِ لِيَحْكُمَ بَيْنَهُمْ ثُمَّ يَتَوَلَّى فَرِيقٌ

مِنْهُمْ وَهُمْ مُعْرِضُونَ ٢٣ ذَلِكَ بِأَنَّهُمْ قَالُوا لَنْ تَمَسَّنَا

ٱلنَّارُ إِلَّا أَيَّامًا مَعْدُودَاتٍ وَغَرَّهُمْ فِي دِينِهِمْ مَا كَانُوا

يَغْتَرُّونَ ٢٤ فَكَيْفَ إِذَا جَمَعْنَاهُمْ لِيَوْمٍ لَا رَيْبَ فِيهِ وَوُفِّيَتْ كُلُّ نَفْسٍ مَا كَسَبَتْ وَهُمْ لَا يُظْلَمُونَ ٢٥ قُلِ ٱللَّهُمَّ مَالِكَ ٱلْمُلْكِ تُؤْتِى ٱلْمُلْكَ مَنْ تَشَآءُ وَتَنْزِعُ ٱلْمُلْكَ مِمَّنْ تَشَآءُ وَتُعِزُّ مَنْ تَشَآءُ وَتُذِلُّ مَنْ تَشَآءُ بِيَدِكَ ٱلْخَيْرُ إِنَّكَ عَلَى كُلِّ شَىْءٍ قَدِيرٌ ٢٦ تُولِجُ ٱللَّيْلَ فِى ٱلنَّهَارِ وَتُولِجُ ٱلنَّهَارَ فِى ٱللَّيْلِ وَتُخْرِجُ ٱلْحَىَّ مِنَ ٱلْمَيِّتِ وَتُخْرِجُ ٱلْمَيِّتَ مِنَ ٱلْحَىِّ وَتَرْزُقُ مَنْ تَشَآءُ بِغَيْرِ حِسَابٍ ٢٧ لَا يَتَّخِذِ ٱلْمُؤْمِنُونَ ٱلْكَافِرِينَ أَوْلِيَآءَ مِنْ دُونِ ٱلْمُؤْمِنِينَ وَمَنْ يَفْعَلْ ذَلِكَ فَلَيْسَ مِنَ ٱللَّهِ فِى شَىْءٍ إِلَّا أَنْ تَتَّقُوا مِنْهُمْ تُقَاةً وَيُحَذِّرُكُمُ ٱللَّهُ نَفْسَهُ وَإِلَى ٱللَّهِ ٱلْمَصِيرُ قُلْ إِنْ تُخْفُوا مَا فِى صُدُورِكُمْ أَوْ تُبْدُوهُ يَعْلَمْهُ ٱللَّهُ وَيَعْلَمُ مَا فِى ٱلسَّمَوَاتِ وَمَا فِى ٱلْأَرْضِ وَٱللَّهُ عَلَى كُلِّ شَىْءٍ قَدِيرٌ ٢٨ يَوْمَ تَجِدُ كُلُّ نَفْسٍ مَا عَمِلَتْ مِنْ خَيْرٍ مُحْضَرًا وَمَا عَمِلَتْ مِنْ سُوءٍ تَوَدُّ لَوْ أَنَّ بَيْنَهَا وَبَيْنَهُ أَمَدًا بَعِيدًا وَيُحَذِّرُكُمُ ٱللَّهُ نَفْسَهُ

وَٱللَّهُ رَءُوفٌ بِٱلْعِبَادِ ٢٩ قُلْ إِنْ كُنْتُمْ تُحِبُّونَ ٱللَّهَ فَٱتَّبِعُونِى يُحْبِبْكُمُ ٱللَّهُ وَيَغْفِرْ لَكُمْ ذُنُوبَكُمْ وَٱللَّهُ غَفُورٌ رَحِيمٌ قُلْ أَطِيعُوا ٱللَّهَ وَٱلرَّسُولَ فَإِنْ تَوَلَّوْا فَإِنَّ ٱللَّهَ لَا يُحِبُّ ٱلْكَافِرِينَ ٣٠ إِنَّ ٱللَّهَ ٱصْطَفَى آدَمَ وَنُوحًا وَآلَ إِبْرَهِيمَ وَآلَ عِمْرَانَ عَلَى ٱلْعَالَمِينَ ذُرِّيَّةً بَعْضُهَا مِنْ بَعْضٍ وَٱللَّهُ سَمِيعٌ عَلِيمٌ ٣١ إِذْ قَالَتِ ٱمْرَأَتُ عِمْرَانَ رَبِّ إِنِّى نَذَرْتُ لَكَ مَا فِى بَطْنِى مُحَرَّرًا فَتَقَبَّلْ مِنِّى إِنَّكَ أَنْتَ ٱلسَّمِيعُ ٱلْعَلِيمُ فَلَمَّا وَضَعَتْهَا قَالَتْ رَبِّ إِنِّى وَضَعْتُهَا أُنْثَى وَٱللَّهُ أَعْلَمُ بِمَا وَضَعَتْ وَلَيْسَ ٱلذَّكَرُ كَٱلْأُنْثَى وَإِنِّى سَمَّيْتُهَا مَرْيَمَ وَإِنِّى أُعِيذُهَا بِكَ وَذُرِّيَّتَهَا مِنَ ٱلشَّيْطَانِ ٱلرَّجِيمِ ٣٢ فَتَقَبَّلَهَا رَبُّهَا بِقَبُولٍ حَسَنٍ وَأَنْبَتَهَا نَبَاتًا حَسَنًا وَكَفَّلَهَا زَكَرِيَّا كُلَّمَا دَخَلَ عَلَيْهَا زَكَرِيَّا ٱلْمِحْرَابَ وَجَدَ عِنْدَهَا رِزْقًا قَالَ يَا مَرْيَمُ أَنَّى لَكِ هَذَا قَالَتْ هُوَ مِنْ عِنْدِ ٱللَّهِ إِنَّ ٱللَّهَ يَرْزُقُ مَنْ يَشَاءُ بِغَيْرِ حِسَابٍ ٣٣ هُنَالِكَ دَعَا زَكَرِيَّا رَبَّهُ قَالَ رَبِّ هَبْ لِى مِنْ

لَدُنْكَ ذُرِّيَّةً طَيِّبَةً إِنَّكَ سَمِيعُ الدُّعَاءِ فَنَادَتْهُ الْمَلَائِكَةُ وَهُوَ
قَائِمٌ يُصَلِّى فِي الْمِحْرَابِ ٣٤ أَنَّ اللَّهَ يُبَشِّرُكَ بِيَحْيَى مُصَدِّقًا
بِكَلِمَةٍ مِنَ اللَّهِ وَسَيِّدًا وَحَصُورًا وَنَبِيًّا مِنَ الصَّالِحِينَ
٣٥ قَالَ رَبِّ أَنَّى يَكُونُ لِي غُلَامٌ وَقَدْ بَلَغَنِيَ الْكِبَرُ وَامْرَأَتِي
عَاقِرٌ قَالَ كَذَلِكَ اللَّهُ يَفْعَلُ مَا يَشَاءُ ٣٦ قَالَ رَبِّ اجْعَلْ
لِي آيَةً قَالَ آيَتُكَ أَلَّا تُكَلِّمَ النَّاسَ ثَلَاثَةَ أَيَّامٍ إِلَّا رَمْزًا وَاذْكُرْ
رَبَّكَ كَثِيرًا وَسَبِّحْ بِالْعَشِيِّ وَالْإِبْكَارِ ٣٧ وَإِذْ قَالَتِ الْمَلَائِكَةُ
يَا مَرْيَمُ إِنَّ اللَّهَ اصْطَفَاكِ وَطَهَّرَكِ وَاصْطَفَاكِ عَلَى نِسَاءِ
الْعَالَمِينَ ٣٨ يَا مَرْيَمُ اقْنُتِي لِرَبِّكِ وَاسْجُدِي وَارْكَعِي مَعَ
الرَّاكِعِينَ ٣٩ ذَلِكَ مِنْ أَنْبَاءِ الْغَيْبِ نُوحِيهِ إِلَيْكَ وَمَا كُنْتَ
لَدَيْهِمْ إِذْ يُلْقُونَ أَقْلَامَهُمْ أَيُّهُمْ يَكْفُلُ مَرْيَمَ وَمَا كُنْتَ لَدَيْهِمْ
إِذْ يَخْتَصِمُونَ ٤٠ إِذْ قَالَتِ الْمَلَائِكَةُ يَا مَرْيَمُ إِنَّ اللَّهَ
يُبَشِّرُكِ بِكَلِمَةٍ مِنْهُ اسْمُهُ الْمَسِيحُ عِيسَى ابْنُ مَرْيَمَ وَجِيهًا
فِي الدُّنْيَا وَالْآخِرَةِ وَمِنَ الْمُقَرَّبِينَ ٤١ وَيُكَلِّمُ النَّاسَ فِي الْمَهْدِ

وَكَهْلًا وَمِنَ ٱلصَّالِحِينَ ٤٦ قَالَتْ رَبِّ أَنَّى يَكُونُ لِي وَلَدٌ وَلَمْ يَمْسَسْنِي بَشَرٌ قَالَ كَذَٰلِكِ ٱللَّهُ يَخْلُقُ مَا يَشَآءُ إِذَا قَضَى أَمْرًا فَإِنَّمَا يَقُولُ لَهُ كُنْ فَيَكُونُ ٤٧ وَيُعَلِّمُهُ ٱلْكِتَابَ وَٱلْحِكْمَةَ وَٱلتَّوْرَاةَ وَٱلْإِنْجِيلَ وَرَسُولًا إِلَى بَنِي إِسْرَآئِيلَ أَنِّي قَدْ جِئْتُكُمْ بِآيَةٍ مِنْ رَبِّكُمْ أَنِّي أَخْلُقُ لَكُمْ مِنَ ٱلطِّينِ كَهَيْئَةِ ٱلطَّيْرِ فَأَنْفُخُ فِيهِ فَيَكُونُ طَيْرًا بِإِذْنِ ٱللَّهِ وَأُبْرِئُ ٱلْأَكْمَهَ وَٱلْأَبْرَصَ وَأُحْيِي ٱلْمَوْتَى بِإِذْنِ ٱللَّهِ وَأُنَبِّئُكُمْ بِمَا تَأْكُلُونَ وَمَا تَدَّخِرُونَ فِي بُيُوتِكُمْ إِنَّ فِي ذَٰلِكَ لَآيَةً لَكُمْ إِنْ كُنْتُمْ مُؤْمِنِينَ ٤٨ وَمُصَدِّقًا لِمَا بَيْنَ يَدَيَّ مِنَ ٱلتَّوْرَاةِ وَلِأُحِلَّ لَكُمْ بَعْضَ ٱلَّذِي حُرِّمَ عَلَيْكُمْ وَجِئْتُكُمْ بِآيَةٍ مِنْ رَبِّكُمْ فَٱتَّقُوا ٱللَّهَ وَأَطِيعُونِ إِنَّ ٱللَّهَ رَبِّي وَرَبُّكُمْ فَٱعْبُدُوهُ هَٰذَا صِرَاطٌ مُسْتَقِيمٌ ٤٩ فَلَمَّا أَحَسَّ عِيسَى مِنْهُمُ ٱلْكُفْرَ قَالَ مَنْ أَنْصَارِي إِلَى ٱللَّهِ قَالَ ٱلْحَوَارِيُّونَ نَحْنُ أَنْصَارُ ٱللَّهِ آمَنَّا بِٱللَّهِ وَٱشْهَدْ بِأَنَّا مُسْلِمُونَ ٥٠ رَبَّنَا آمَنَّا بِمَا أَنْزَلْتَ وَٱتَّبَعْنَا

ٱلرَّسُولَ فَٱكْتُبْنَا مَعَ ٱلشَّاهِدِينَ ٤٧ وَمَكَرُوا وَمَكَرَ ٱللَّهُ وَٱللَّهُ

خَيْرُ ٱلْمَاكِرِينَ ٤٨ إِذْ قَالَ ٱللَّهُ يَا عِيسَى إِنِّى مُتَوَفِّيكَ

وَرَافِعُكَ إِلَىَّ وَمُطَهِّرُكَ مِنَ ٱلَّذِينَ كَفَرُوا وَجَاعِلُ ٱلَّذِينَ

ٱتَّبَعُوكَ فَوْقَ ٱلَّذِينَ كَفَرُوا إِلَى يَوْمِ ٱلْقِيَامَةِ ثُمَّ إِلَىَّ مَرْجِعُكُمْ

فَأَحْكُمُ بَيْنَكُمْ فِيمَا كُنْتُمْ فِيهِ تَخْتَلِفُونَ ٤٩ فَأَمَّا ٱلَّذِينَ

كَفَرُوا فَأُعَذِّبُهُمْ عَذَابًا شَدِيدًا فِي ٱلدُّنْيَا وَٱلْآخِرَةِ وَمَا لَهُمْ

مِنْ نَاصِرِينَ ٥٠ وَأَمَّا ٱلَّذِينَ آمَنُوا وَعَمِلُوا ٱلصَّالِحَاتِ

فَيُوَفِّيهِمْ أُجُورَهُمْ وَٱللَّهُ لَا يُحِبُّ ٱلظَّالِمِينَ ٥١ ذَلِكَ نَتْلُوهُ

عَلَيْكَ مِنَ ٱلْآيَاتِ وَٱلذِّكْرِ ٱلْحَكِيمِ ٥٢ إِنَّ مَثَلَ عِيسَى

عِنْدَ ٱللَّهِ كَمَثَلِ آدَمَ خَلَقَهُ مِنْ تُرَابٍ ثُمَّ قَالَ لَهُ كُنْ

فَيَكُونُ ٥٣ ٱلْحَقُّ مِنْ رَبِّكَ فَلَا تَكُنْ مِنَ ٱلْمُمْتَرِينَ

٥٤ فَمَنْ حَاجَّكَ فِيهِ مِنْ بَعْدِ مَا جَاءَكَ مِنَ ٱلْعِلْمِ فَقُلْ

تَعَالَوْا نَدْعُ أَبْنَاءَنَا وَأَبْنَاءَكُمْ وَنِسَاءَنَا وَنِسَاءَكُمْ وَأَنْفُسَنَا

وَأَنْفُسَكُمْ ثُمَّ نَبْتَهِلْ فَنَجْعَلْ لَعْنَةَ ٱللَّهِ عَلَى ٱلْكَاذِبِينَ

٥٥ إِنَّ هَذَا لَهُوَ ٱلْقَصَصُ ٱلْحَقُّ وَمَا مِنْ إِلَهٍ إِلَّا ٱللَّهُ وَإِنَّ ٱللَّهَ لَهُوَ ٱلْعَزِيزُ ٱلْحَكِيمُ ٥٦ فَإِنْ تَوَلَّوْا فَإِنَّ ٱللَّهَ عَلِيمٌ بِٱلْمُفْسِدِينَ ٥٧ قُلْ يَا أَهْلَ ٱلْكِتَابِ تَعَالَوْا إِلَى كَلِمَةٍ سَوَاءٍ بَيْنَنَا وَبَيْنَكُمْ أَلَّا نَعْبُدَ إِلَّا ٱللَّهَ وَلَا نُشْرِكَ بِهِ شَيْئًا وَلَا يَتَّخِذَ بَعْضُنَا بَعْضًا أَرْبَابًا مِنْ دُونِ ٱللَّهِ فَإِنْ تَوَلَّوْا فَقُولُوا ٱشْهَدُوا بِأَنَّا مُسْلِمُونَ ٥٨ يَا أَهْلَ ٱلْكِتَابِ لِمَ تُحَاجُّونَ فِي إِبْرَهِيمَ وَمَا أُنْزِلَتِ ٱلتَّوْرَاةُ وَٱلْإِنْجِيلُ إِلَّا مِنْ بَعْدِهِ أَفَلَا تَعْقِلُونَ ٥٩ هَا أَنْتُمْ هَؤُلَاءِ حَاجَجْتُمْ فِيمَا لَكُمْ بِهِ عِلْمٌ فَلِمَ تُحَاجُّونَ فِيمَا لَيْسَ لَكُمْ بِهِ عِلْمٌ وَٱللَّهُ يَعْلَمُ وَأَنْتُمْ لَا تَعْلَمُونَ ٦٠ مَا كَانَ إِبْرَهِيمُ يَهُودِيًّا وَلَا نَصْرَانِيًّا وَلَكِنْ كَانَ حَنِيفًا مُسْلِمًا وَمَا كَانَ مِنَ ٱلْمُشْرِكِينَ ٦١ إِنَّ أَوْلَى ٱلنَّاسِ بِإِبْرَهِيمَ لَلَّذِينَ ٱتَّبَعُوهُ وَهَذَا ٱلنَّبِيُّ وَٱلَّذِينَ آمَنُوا وَٱللَّهُ وَلِيُّ ٱلْمُؤْمِنِينَ ٣ وَدَّتْ طَائِفَةٌ مِنْ أَهْلِ ٱلْكِتَابِ لَوْ يُضِلُّونَكُمْ وَمَا يُضِلُّونَ إِلَّا أَنْفُسَهُمْ وَمَا

يَشْعُرُونَ ٣٣ يَا أَهْلَ ٱلْكِتَابِ لِمَ تَكْفُرُونَ بِآيَاتِ ٱللّٰهِ وَأَنْتُمْ

تَشْهَدُونَ ٣٤ يَا أَهْلَ ٱلْكِتَابِ لِمَ تَلْبِسُونَ ٱلْحَقَّ بِٱلْبَاطِلِ

وَتَكْتُمُونَ ٱلْحَقَّ وَأَنْتُمْ تَعْلَمُونَ ٦٥ وَقَالَتْ طَائِفَةٌ مِنْ

أَهْلِ ٱلْكِتَابِ آمِنُوا بِٱلَّذِى أُنْزِلَ عَلَى ٱلَّذِينَ آمَنُوا وَجْهَ ٱلنَّهَارِ

وَٱكْفُرُوا آخِرَهُ لَعَلَّهُمْ يَرْجِعُونَ ٦٦ وَلَا تُؤْمِنُوا إِلَّا لِمَنْ تَبِعَ

دِينَكُمْ قُلْ إِنَّ ٱلْهُدَى هُدَى ٱللّٰهِ أَنْ يُؤْتَى أَحَدٌ مِثْلَ

مَا أُوتِيتُمْ أَوْ يُحَاجُّوكُمْ عِنْدَ رَبِّكُمْ قُلْ إِنَّ ٱلْفَضْلَ بِيَدِ ٱللّٰهِ

يُؤْتِيهِ مَنْ يَشَاءُ وَٱللّٰهُ وَاسِعٌ عَلِيمٌ ٦٧ يَخْتَصُّ بِرَحْمَتِهِ مَنْ

يَشَاءُ وَٱللّٰهُ ذُو ٱلْفَضْلِ ٱلْعَظِيمِ ٦٨ وَمِنْ أَهْلِ ٱلْكِتَابِ مَنْ

إِنْ تَأْمَنْهُ بِقِنْطَارٍ يُؤَدِّهِ إِلَيْكَ وَمِنْهُمْ مَنْ إِنْ تَأْمَنْهُ بِدِينَارٍ

لَا يُؤَدِّهِ إِلَيْكَ إِلَّا مَا دُمْتَ عَلَيْهِ قَائِمًا ٦٩ ذَلِكَ بِأَنَّهُمْ

قَالُوا لَيْسَ عَلَيْنَا فِي ٱلْأُمِّيِّينَ سَبِيلٌ وَيَقُولُونَ عَلَى ٱللّٰهِ

ٱلْكَذِبَ وَهُمْ يَعْلَمُونَ ٧٠ بَلَى مَنْ أَوْفَى بِعَهْدِهِ وَٱتَّقَى فَإِنَّ

ٱللّٰهَ يُحِبُّ ٱلْمُتَّقِينَ ٧١ إِنَّ ٱلَّذِينَ يَشْتَرُونَ بِعَهْدِ ٱللّٰهِ

وَأَيْمَانِهِمْ ثَمَنًا قَلِيلًا أُولَٰئِكَ لَا خَلَاقَ لَهُمْ فِي ٱلْآخِرَةِ وَلَا

يُكَلِّمُهُمُ ٱللَّهُ وَلَا يَنظُرُ إِلَيْهِمْ يَوْمَ ٱلْقِيَامَةِ وَلَا يُزَكِّيهِمْ

وَلَهُمْ عَذَابٌ أَلِيمٌ ٧٧ وَإِنَّ مِنْهُمْ لَفَرِيقًا يَلْوُونَ ٱلْسِنَتَهُم

بِٱلْكِتَابِ لِتَحْسَبُوهُ مِنَ ٱلْكِتَابِ وَمَا هُوَ مِنَ ٱلْكِتَابِ

وَيَقُولُونَ هُوَ مِنْ عِندِ ٱللَّهِ وَمَا هُوَ مِنْ عِندِ ٱللَّهِ وَيَقُولُونَ

عَلَى ٱللَّهِ ٱلْكَذِبَ وَهُمْ يَعْلَمُونَ ٧٣ مَا كَانَ لِبَشَرٍ أَن

يُؤْتِيَهُ ٱللَّهُ ٱلْكِتَابَ وَٱلْحُكْمَ وَٱلنُّبُوَّةَ ثُمَّ يَقُولَ لِلنَّاسِ كُونُوا

عِبَادًا لِّي مِن دُونِ ٱللَّهِ وَلَٰكِن كُونُوا رَبَّانِيِّينَ بِمَا كُنتُمْ

تَعْلَمُونَ ٱلْكِتَابَ وَبِمَا كُنتُمْ تَدْرُسُونَ ٧٤ وَلَا يَأْمُرَكُمْ أَن

تَتَّخِذُوا ٱلْمَلَائِكَةَ وَٱلنَّبِيِّينَ أَرْبَابًا أَيَأْمُرُكُم بِٱلْكُفْرِ بَعْدَ إِذْ

أَنتُم مُّسْلِمُونَ ٧٥ وَإِذْ أَخَذَ ٱللَّهُ مِيثَاقَ ٱلنَّبِيِّينَ لَمَا

آتَيْتُكُم مِّن كِتَابٍ وَحِكْمَةٍ ثُمَّ جَاءَكُمْ رَسُولٌ مُّصَدِّقٌ لِّمَا

مَعَكُمْ لَتُؤْمِنُنَّ بِهِ وَلَتَنصُرُنَّهُ قَالَ أَأَقْرَرْتُمْ وَأَخَذْتُمْ عَلَىٰ ذَٰلِكُمْ

إِصْرِي قَالُوا أَقْرَرْنَا قَالَ فَٱشْهَدُوا وَأَنَا مَعَكُم مِّنَ ٱلشَّاهِدِينَ

٧٦ فَمَنْ تَوَلَّى بَعْدَ ذَلِكَ فَأُولَئِكَ هُمُ الْفَاسِقُونَ ٧٧ أَفَغَيْرَ

دِينِ اللَّهِ يَبْغُونَ وَلَهُ أَسْلَمَ مَنْ فِي السَّمَوَاتِ وَالْأَرْضِ

طَوْعًا وَكَرْهًا وَإِلَيْهِ يُرْجَعُونَ ٧٨ قُلْ آمَنَّا بِاللَّهِ وَمَا أُنْزِلَ

عَلَيْنَا وَمَا أُنْزِلَ عَلَى إِبْرَهِيمَ وَإِسْمَعِيلَ وَإِسْحَقَ وَيَعْقُوبَ

وَالْأَسْبَاطِ وَمَا أُوتِيَ مُوسَى وَعِيسَى وَالنَّبِيُّونَ مِنْ رَبِّهِمْ لَا

نُفَرِّقُ بَيْنَ أَحَدٍ مِنْهُمْ وَنَحْنُ لَهُ مُسْلِمُونَ ٧٩ وَمَنْ يَبْتَغِ

غَيْرَ الْإِسْلَامِ دِينًا فَلَنْ يُقْبَلَ مِنْهُ وَهُوَ فِي الْآخِرَةِ مِنَ

الْخَاسِرِينَ ٨٠ كَيْفَ يَهْدِي اللَّهُ قَوْمًا كَفَرُوا بَعْدَ إِيمَانِهِمْ

وَشَهِدُوا أَنَّ الرَّسُولَ حَقٌّ وَجَاءَهُمُ الْبَيِّنَاتُ وَاللَّهُ لَا يَهْدِي

الْقَوْمَ الظَّالِمِينَ ٨١ أُولَئِكَ جَزَاؤُهُمْ أَنَّ عَلَيْهِمْ لَعْنَةَ اللَّهِ

وَالْمَلَائِكَةِ وَالنَّاسِ أَجْمَعِينَ ٨٢ خَالِدِينَ فِيهَا لَا يُخَفَّفُ

عَنْهُمُ الْعَذَابُ وَلَا هُمْ يُنْظَرُونَ ٧٣ إِلَّا الَّذِينَ تَابُوا مِنْ

بَعْدِ ذَلِكَ وَأَصْلَحُوا فَإِنَّ اللَّهَ غَفُورٌ رَحِيمٌ ٨٤ إِنَّ الَّذِينَ

كَفَرُوا بَعْدَ إِيمَانِهِمْ ثُمَّ ازْدَادُوا كُفْرًا لَنْ تُقْبَلَ تَوْبَتُهُمْ

وَأُولَٰئِكَ هُمُ ٱلضَّالُّونَ ٧٥ إِنَّ ٱلَّذِينَ كَفَرُوا وَمَاتُوا وَهُمْ كُفَّارٌ فَلَنْ يُقْبَلَ مِنْ أَحَدِهِمْ مِلْءُ ٱلْأَرْضِ ذَهَبًا وَلَوِ ٱفْتَدَىٰ بِهِ أُولَٰئِكَ لَهُمْ عَذَابٌ أَلِيمٌ وَمَا لَهُمْ مِنْ نَاصِرِينَ ●

٨٦ لَنْ تَنَالُوا ٱلْبِرَّ حَتَّىٰ تُنْفِقُوا مِمَّا تُحِبُّونَ وَمَا تُنْفِقُوا مِنْ شَيْءٍ فَإِنَّ ٱللَّهَ بِهِ عَلِيمٌ ٨٧ كُلُّ ٱلطَّعَامِ كَانَ حِلًّا لِبَنِى إِسْرَائِيلَ إِلَّا مَا حَرَّمَ إِسْرَائِيلُ عَلَىٰ نَفْسِهِ مِنْ قَبْلِ أَنْ تُنَزَّلَ ٱلتَّوْرَاةُ قُلْ فَأْتُوا بِالتَّوْرَاةِ فَاتْلُوهَا إِنْ كُنْتُمْ صَادِقِينَ ٨١ فَمَنِ ٱفْتَرَىٰ عَلَى ٱللَّهِ ٱلْكَذِبَ مِنْ بَعْدِ ذَٰلِكَ فَأُولَٰئِكَ هُمُ ٱلظَّالِمُونَ ٨٨ قُلْ صَدَقَ ٱللَّهُ فَٱتَّبِعُوا مِلَّةَ إِبْرَاهِيمَ حَنِيفًا وَمَا كَانَ مِنَ ٱلْمُشْرِكِينَ ٩٠ إِنَّ أَوَّلَ بَيْتٍ وُضِعَ لِلنَّاسِ لَلَّذِي بِبَكَّةَ مُبَارَكًا وَهُدًى لِلْعَالَمِينَ ٩١ فِيهِ آيَاتٌ بَيِّنَاتٌ مَقَامُ إِبْرَاهِيمَ وَمَنْ دَخَلَهُ كَانَ آمِنًا وَلِلَّهِ عَلَى ٱلنَّاسِ حِجُّ ٱلْبَيْتِ مَنِ ٱسْتَطَاعَ إِلَيْهِ سَبِيلًا ٩٢ وَمَنْ كَفَرَ فَإِنَّ ٱللَّهَ غَنِيٌّ عَنِ ٱلْعَالَمِينَ ٩٣ قُلْ يَا أَهْلَ ٱلْكِتَابِ

لِمَ تَكْفُرُونَ بِآيَاتِ اللّٰهِ وَٱللّٰهُ شَهِيدٌ عَلَى مَا تَعْمَلُونَ ٩٤ قُلْ يَا أَهْلَ ٱلْكِتَابِ لِمَ تَصُدُّونَ عَنْ سَبِيلِ ٱللّٰهِ مَنْ آمَنَ تَبْغُونَهَا عِوَجًا وَأَنْتُمْ شُهَدَآءُ وَمَا ٱللّٰهُ بِغَافِلٍ عَمَّا تَعْمَلُونَ ٩٥ يَا أَيُّهَا ٱلَّذِينَ آمَنُوا إِنْ تُطِيعُوا فَرِيقًا مِنَ ٱلَّذِينَ أُوتُوا ٱلْكِتَابَ يَرُدُّوكُمْ بَعْدَ إِيمَانِكُمْ كَافِرِينَ ٩٦ وَكَيْفَ تَكْفُرُونَ وَأَنْتُمْ تُتْلَى عَلَيْكُمْ آيَاتُ ٱللّٰهِ وَفِيكُمْ رَسُولُهُ وَمَنْ يَعْتَصِمْ بِٱللّٰهِ فَقَدْ هُدِيَ إِلَى صِرَاطٍ مُسْتَقِيمٍ ٩٧ يَا أَيُّهَا ٱلَّذِينَ آمَنُوا ٱتَّقُوا ٱللّٰهَ حَقَّ تُقَاتِهِ وَلَا تَمُوتُنَّ إِلَّا وَأَنْتُمْ مُسْلِمُونَ ٩٨ وَٱعْتَصِمُوا بِحَبْلِ ٱللّٰهِ جَمِيعًا وَلَا تَفَرَّقُوا وَٱذْكُرُوا نِعْمَتَ ٱللّٰهِ عَلَيْكُمْ إِذْ كُنْتُمْ أَعْدَآءً فَأَلَّفَ بَيْنَ قُلُوبِكُمْ فَأَصْبَحْتُمْ بِنِعْمَتِهِ إِخْوَانًا ٩٩ وَكُنْتُمْ عَلَى شَفَا حُفْرَةٍ مِنَ ٱلنَّارِ فَأَنْقَذَكُمْ مِنْهَا كَذَلِكَ يُبَيِّنُ ٱللّٰهُ لَكُمْ آيَاتِهِ لَعَلَّكُمْ تَهْتَدُونَ ١٠٠ وَلْتَكُنْ مِنْكُمْ أُمَّةٌ يَدْعُونَ إِلَى ٱلْخَيْرِ وَيَأْمُرُونَ بِٱلْمَعْرُوفِ وَيَنْهَوْنَ عَنِ ٱلْمُنْكَرِ وَأُولَآئِكَ هُمُ

ٱلْمُفْلِحُونَ ١٠٥ وَلَا تَكُونُوا كَٱلَّذِينَ تَفَرَّقُوا وَٱخْتَلَفُوا مِنْ
بَعْدِ مَا جَاءَهُمُ ٱلْبَيِّنَاتُ وَأُولَٰئِكَ لَهُمْ عَذَابٌ عَظِيمٌ
١٠٦ يَوْمَ تَبْيَضُّ وُجُوهٌ وَتَسْوَدُّ وُجُوهٌ فَأَمَّا ٱلَّذِينَ ٱسْوَدَّتْ
وُجُوهُهُمْ أَكَفَرْتُمْ بَعْدَ إِيمَانِكُمْ فَذُوقُوا ٱلْعَذَابَ بِمَا كُنْتُمْ
تَكْفُرُونَ ١٠٧ وَأَمَّا ٱلَّذِينَ ٱبْيَضَّتْ وُجُوهُهُمْ فَفِي رَحْمَةِ ٱللَّهِ
هُمْ فِيهَا خَالِدُونَ ١٠٨ تِلْكَ آيَاتُ ٱللَّهِ نَتْلُوهَا عَلَيْكَ
بِٱلْحَقِّ وَمَا ٱللَّهُ يُرِيدُ ظُلْمًا لِلْعَالَمِينَ ١٠٩ وَلِلَّهِ مَا فِي
ٱلسَّمَوَاتِ وَمَا فِي ٱلْأَرْضِ وَإِلَى ٱللَّهِ تُرْجَعُ ٱلْأُمُورُ ١١٠ كُنْتُمْ
خَيْرَ أُمَّةٍ أُخْرِجَتْ لِلنَّاسِ تَأْمُرُونَ بِٱلْمَعْرُوفِ وَتَنْهَوْنَ عَنِ
ٱلْمُنْكَرِ وَتُؤْمِنُونَ بِٱللَّهِ وَلَوْ آمَنَ أَهْلُ ٱلْكِتَابِ لَكَانَ خَيْرًا
لَهُمْ مِنْهُمُ ٱلْمُؤْمِنُونَ وَأَكْثَرُهُمُ ٱلْفَاسِقُونَ ١١١ لَنْ يَضُرُّوكُمْ
إِلَّا أَذًى وَإِنْ يُقَاتِلُوكُمْ يُوَلُّوكُمُ ٱلْأَدْبَارَ ثُمَّ لَا يُنْصَرُونَ
١١٢ ضُرِبَتْ عَلَيْهِمُ ٱلذِّلَّةُ أَيْنَ مَا ثُقِفُوا إِلَّا بِحَبْلٍ مِنَ ٱللَّهِ
وَحَبْلٍ مِنَ ٱلنَّاسِ وَبَاءُوا بِغَضَبٍ مِنَ ٱللَّهِ وَضُرِبَتْ عَلَيْهِمُ

ٱلْمَسْكَنَةُ ذَلِكَ بِأَنَّهُمْ كَانُوا يَكْفُرُونَ بِآيَاتِ ٱللَّهِ وَيَقْتُلُونَ

ٱلْأَنْبِيَآءَ بِغَيْرِ حَقٍّ ذَلِكَ بِمَا عَصَوْا وَكَانُوا يَعْتَدُونَ

١.٩ لَيْسُوا سَوَآءً مِنْ أَهْلِ ٱلْكِتَابِ أُمَّةٌ قَآئِمَةٌ يَتْلُونَ آيَاتِ

ٱللَّهِ آنَآءَ ٱللَّيْلِ وَهُمْ يَسْجُدُونَ ١١٠ يُؤْمِنُونَ بِٱللَّهِ وَٱلْيَوْمِ

ٱلْآخِرِ وَيَأْمُرُونَ بِٱلْمَعْرُوفِ وَيَنْهَوْنَ عَنِ ٱلْمُنْكَرِ وَيُسَارِعُونَ

فِي ٱلْخَيْرَاتِ وَأُولَآئِكَ مِنَ ٱلصَّالِحِينَ ١١١ وَمَا تَفْعَلُوا مِنْ

خَيْرٍ فَلَنْ تُكْفَرُوهُ وَٱللَّهُ عَلِيمٌ بِٱلْمُتَّقِينَ ١١٢ إِنَّ ٱلَّذِينَ

كَفَرُوا لَنْ تُغْنِيَ عَنْهُمْ أَمْوَالُهُمْ وَلَا أَوْلَادُهُمْ مِنَ ٱللَّهِ شَيْئًا

وَأُولَآئِكَ أَصْحَابُ ٱلنَّارِ هُمْ فِيهَا خَالِدُونَ ١١٣ مَثَلُ مَا

يُنْفِقُونَ فِي هَذِهِ ٱلْحَيَوةِ ٱلدُّنْيَا كَمَثَلِ رِيحٍ فِيهَا صِرٌّ

أَصَابَتْ حَرْثَ قَوْمٍ ظَلَمُوا أَنْفُسَهُمْ فَأَهْلَكَتْهُ وَمَا ظَلَمَهُمُ ٱللَّهُ

وَلَكِنْ أَنْفُسَهُمْ يَظْلِمُونَ ١١٤ يَا أَيُّهَا ٱلَّذِينَ آمَنُوا لَا

تَتَّخِذُوا بِطَانَةً مِنْ دُونِكُمْ لَا يَأْلُونَكُمْ خَبَالًا وَدُّوا مَا عَنِتُّمْ

قَدْ بَدَتِ ٱلْبَغْضَآءُ مِنْ أَفْوَاهِهِمْ وَمَا تُخْفِي صُدُورُهُمْ أَكْبَرُ

قَدْ بَيَّنَّا لَكُمُ ٱلْآيَاتِ إِنْ كُنْتُمْ تَعْقِلُونَ ١١٥ هَا أَنْتُمْ أُولَاءِ
تُحِبُّونَهُمْ وَلَا يُحِبُّونَكُمْ وَتُؤْمِنُونَ بِٱلْكِتَابِ كُلِّهِ وَإِذَا لَقُوكُمْ قَالُوا
آمَنَّا وَإِذَا خَلَوْا عَضُّوا عَلَيْكُمُ ٱلْأَنَامِلَ مِنَ ٱلْغَيْظِ قُلْ مُوتُوا
بِغَيْظِكُمْ إِنَّ ٱللَّهَ عَلِيمٌ بِذَاتِ ٱلصُّدُورِ ١١٦ إِنْ تَمْسَسْكُمْ
حَسَنَةٌ تَسُؤْهُمْ وَإِنْ تُصِبْكُمْ سَيِّئَةٌ يَفْرَحُوا بِهَا وَإِنْ تَصْبِرُوا
وَتَتَّقُوا لَا يَضُرُّكُمْ كَيْدُهُمْ شَيْئًا إِنَّ ٱللَّهَ بِمَا يَعْمَلُونَ مُحِيطٌ
١١٧ وَإِذْ غَدَوْتَ مِنْ أَهْلِكَ تُبَوِّئُ ٱلْمُؤْمِنِينَ مَقَاعِدَ لِلْقِتَالِ
وَٱللَّهُ سَمِيعٌ عَلِيمٌ ١١٨ إِذْ هَمَّتْ طَائِفَتَانِ مِنْكُمْ أَنْ تَفْشَلَا
وَٱللَّهُ وَلِيُّهُمَا وَعَلَى ٱللَّهِ فَلْيَتَوَكَّلِ ٱلْمُؤْمِنُونَ ١١٩ وَلَقَدْ
نَصَرَكُمُ ٱللَّهُ بِبَدْرٍ وَأَنْتُمْ أَذِلَّةٌ فَٱتَّقُوا ٱللَّهَ لَعَلَّكُمْ تَشْكُرُونَ
١٢٠ إِذْ تَقُولُ لِلْمُؤْمِنِينَ أَلَنْ يَكْفِيَكُمْ أَنْ يُمِدَّكُمْ رَبُّكُمْ بِثَلَاثَةِ
آلَافٍ مِنَ ٱلْمَلَائِكَةِ مُنْزَلِينَ ١٢١ بَلَى إِنْ تَصْبِرُوا وَتَتَّقُوا
وَيَأْتُوكُمْ مِنْ فَوْرِهِمْ هَذَا يُمْدِدْكُمْ رَبُّكُمْ بِخَمْسَةِ آلَافٍ مِنَ
ٱلْمَلَائِكَةِ مُسَوِّمِينَ ١٢٢ وَمَا جَعَلَهُ ٱللَّهُ إِلَّا بُشْرَى لَكُمْ

وَلِتَطْمَئِنَّ قُلُوبُكُمْ بِهِ وَمَا ٱلنَّصْرُ إِلَّا مِنْ عِنْدِ ٱللَّهِ ٱلْعَزِيزِ ٱلْحَكِيمِ لِيَقْطَعَ طَرَفًا مِنَ ٱلَّذِينَ كَفَرُوا أَوْ يَكْبِتَهُمْ فَيَنْقَلِبُوا خَائِبِينَ ١٢٣ لَيْسَ لَكَ مِنَ ٱلْأَمْرِ شَىْءٌ أَوْ يَتُوبَ عَلَيْهِمْ أَوْ يُعَذِّبَهُمْ فَإِنَّهُمْ ظَالِمُونَ ١٢٤ وَلِلَّهِ مَا فِى ٱلسَّمَوَاتِ وَمَا فِى ٱلْأَرْضِ يَغْفِرُ لِمَنْ يَشَاءُ وَيُعَذِّبُ مَنْ يَشَاءُ وَٱللَّهُ غَفُورٌ رَحِيمٌ

J. G. L. KOSEGARTENII
Chrestomathia Arabica.
Pag. 22—27.

قِصَّةُ ٱلْقَيْنَةِ ٱلْبَغْدَادِيَّةِ

وَهِىَ مَأْخُوذَةٌ مِنْ كِتَابِ تَزْيِينِ ٱلْأَسْوَاقِ

لِلشَّيْخِ ٱلْمُحَقِّقِ

حُكِىَ أَنَّهُ كَانَ بِبَغْدَادَ رَجُلٌ مِنْ ذَوِى ٱلنَّعَمِ فَعَشِقَ قَيْنَةً عَلَى أَوْفَرِ مَا يَكُونُ مِنَ ٱلْجَمَالِ وَٱلْمَعْرِفَةِ بِٱلْغِنَاءِ

وَالْعَرَبُ فَأَنْفَقَتْ عَلَيْهَا مَا مَعَهُ حَتَّى نَفِدَ وَضَاقَتْ حَالُهُ
فَاسْتَشَارَ بَعْضَ أَصْدِقَائِهِ فِيمَا يَفْعَلُهُ فَأَشَارَ عَلَيْهِ أَنْ يَبِنْاقَنَ
لَهَا فِي الْغِنَاءِ عِنْدَ النَّاسِ فَإِنَّهَا مَطْلُوبَةٌ وَيَحْصُلُ لَكَ بِكُلِّهَا
الثَّرْوَةُ فَعَمَّ لِذَلِكَ وَأَخْبَرَهَا أَنَّ الْمَوْتَ عِنْدَهُ أَسْهَلُ مِنْ هَذَا
فَقَالَتْ لَمْ الرَّأْيُ أَنْ تَبِيعَنِي فَتَحْصُلَ مِنْ ثَمَنِي عَلَى غِنَاكَ
وَأَكُونَ أَنَا فِي ثَرْوَةٍ فَإِنَّهُ لَا يَشْتَرِي مِثْلِي إِلَّا غَنِيٌّ فَأَحْضَرَهَا
السُّوقَ فَاشْتَرَاهَا رَجُلٌ هَاشِمِيٌّ مِنْ أَهْلِ الْبَصْرَةِ بِأَلْفٍ
وَخَمْسِمَائَةِ دِينَارٍ فَلَمَّا قَبَضَ الْمَالَ وَحَقَّقَ الْبَيْعَ صَارَ كُلٌّ
مِنْهُمَا عَلَى أَقْبَحِ حَالٍ مِنَ الْبُكَاءِ وَالنَّحِيبِ وَاجْتَهَدَ فِي
الْإِقَالَةِ فَلَمْ يُجَبْ

قَالَ فَخَرَجْتُ لَا أَدْرِي أَيْنَ أَذْهَبُ إِذْ لَا يُمْكِنُنِي
الدُّخُولُ إِلَى الْبَيْتِ وَقَدْ أَوْحَشَ مِنْهَا فَدَخَلْتُ مَسْجِدًا
فَجَعَلْتُ الْكِيسَ تَحْتَ رَأْسِي وَنِمْتُ بَعْدَ أَنْ بَكَيْتُ
طَوِيلًا فَمَا انْتَبَهْتُ إِلَّا بِجَذْبَةِ الْكِيسِ مِنْ تَحْتِ رَأْسِي

فَقُمْتُ لِأَعْدُوَ خَلْفَهُ فَإِذَا رِجْلِي مَشْدُودَةٌ بِحَبْلٍ إِلَى وَتِدٍ

فَمَا حَلَلْتُهَا إِلَّا وَقَدْ ذَهَبَ الرَّجُلُ فَاشْتَدَّ مَا بِي فَجِئْتُ

وَلَطَمْتُ وَجْهِي وَالْقَيْتُ نَفْسِي فِي دِجْلَةَ لِأَغْرَقَ فَأَمُوتَ

فَاسْتَنْقَذَنِي الْحَاضِرُونَ ظَانِّينَ أَنِّي وَقَعْتُ غَلَطًا فَأَخْبَرْتُهُمْ

بِقِصَّتِي فَمِنْهُمْ مَنْ عَنَّفَ وَمِنْهُمْ مَنْ رَحِمَ فَتَحَلَّا بِي شَمْجُ

مِنْهُمْ فَوَعَظَنِي وَقَالَ لَسْتَ أَوَّلَ مَنِ افْتَقَرَ بَعْدَ غِنًى أَمَّا

كَفَاكَ نَهَابُ مَالِكَ حَتَّى تُذْهِبَ نَفْسَكَ وَتَمُوتَ عَاصِيًا

قَاتِلَ نَفْسٍ فَتَصِيرَ إِلَى النَّارِ فَسَكَنَ مَا بِي قَلِيلًا ثُمَّ

عَاوَدَنِي الْقَلَقُ وَالْحُزْنُ فَشَكَوْتُ إِلَى صَدِيقِ لِي فَأَشَارَ

عَلَيَّ بِالْخُرُوجِ مِنْ بَغْدَادَ فَعَسَى أَنْ أَجِدَ مَنْ أَكْتُبُ

عِنْدَهُ مِنَ الرُّؤَسَاءِ لِحُسْنِ خَطِّي وَأَعْطَانِي خَمْسِينَ دِرْهَمًا

فَعَزَمْتُ عَلَى الِانْحِدَارِ إِلَى وَاسِطَ لِأَنَّ لِي بِهَا صَدِيقًا مِنَ

الْكُتَّابِ فَجِئْتُ إِلَى الشَّطِّ فَرَأَيْتُ زَلَّالًا مُتَهَيِّئًا فَطَلَبْتُ

النُّزُولَ مَعَهُمْ فَقَالُوا نَحْمِلُكَ بِدِرْهَمَيْنِ وَلَكِنَّ الزَّلَّالَ لِهَاشِمِيٍّ

وَلَا يُرِيدُ مَعَهُ غَرِيبًا قَنَزَى بِزِينَا كَأَنَّكَ بَعْضُ ٱلْمَلَّاحِينَ

نُوقِعَ بِقَلْبِى أَنَّ ٱلزَّلَلَ لِلَّذِى ٱشْتَرَى جَارِيَتِى فَقُلْتُ ٱنْفَرَجَ

بِصَوْتِهَا إِلَى وَاسِطَ إِنْ كَانَ هُوَ فَٱشْتَرَيْتُ جُبَّةً فَلَبِسْتُهَا

كَٱلْمَلَّاحِينَ وَوَقَفْتُ مَعَهُمْ فَلَمْ أَلْبَثْ إِلَّا وَجَارِيَتِى قَدْ

أَقْبَلَتْ وَمَوْلَاهَا فَضُرِبَتْ لَهَا سِتَارَةٌ ثُمَّ ٱنْحَدَرُوا فَلَمَّا صَارَ

ٱلْعِشَاءَ وَأَكَلُوا وَشَرِبُوا قَالَ لِلْجَارِيَةِ إِلَى كَمْ هَذَا ٱلْحُزْنُ

وَٱلْمُدَافَعَةُ عَنِ ٱلْغِنَاءَ أَءَنْتِ أَوَّلُ مَنْ فَارَقَتْ مَوْلَاهَا وَٱلْحُوا

عَلَيْهَا فَأَخَذَتِ ٱلْعُودَ وَغَنَّتْ   شِعْرٌ

بَانَ ٱلْخَلِيطُ بِمَنْ عَلِمْتَ فَأُدْلِجُوا

عَمْدًا لِقَتْلِكَ ثُمَّ لَمْ يَتَحَرَّجُوا

وَغَدَتْ كَأَنَّ عَلَى تَرَائِبِ نَحْرِهَا

جَمْرُ ٱلْغَضَا فِى سَاحَةٍ يَتَأَجَّجُ

ثُمَّ غَلَبَهَا ٱلْبُكَاءَ فَرَمَتْ بِٱلْعُودِ وَنَهَضَتْ

فَٱنْتَفَضَتْ وَصُرِعَتْ فَنَضَحُوا عَلَى وَجْهِى

ٱلْمَآءَ وَٱنْدُوا فِي ٱنَّنِي فَٱفَقَتُ وَلَمْ يَزَالُوا يَتَلَطَّفُوا بِهَا حَتَّى

عَادَتْ فَغَنَّتْ شِعْرٌ

تَوَقَّفْتُ أُنْشِدُ بِٱلَّذِينَ أُحِبُّهُمْ وَكَأَنَّ قَلْبِي بِٱلشِّفَارِ يُقَطَّعُ

وَدَخَلْتُ دَارَهُمُ أُسَائِلُ عَنْهُمْ وَٱلدَّارُ خَالِيَةُ ٱلْمَنَازِلِ بَلْقَعُ

فَشَهِقْتُ شَهْقَةً كَانَتْ تَتْلَفُ مِنْهَا وَصُرِعْتُ فَقَالُوا كَيْفَ

حَمَلْتُمْ مَعَكُمْ مَجْنُونًا ٱطْرَحُوهُ فَلَحِقَنِي أَمْرٌ عَظِيمٌ وَعَمِلْتُ

فِي نَفْسِي عَلَى ٱلتَّصَبُّرِ

قَلَمَّا شَارَفَ ٱلْقَوْمُ ٱلْمَنْزِلَ فِي بَعْضِ ٱلطَّرِيقِ أَوْقَفُوا ٱلزُّلَلَ

وَخَرَجُوا يَتَنَزَّهُونَ وَخَلَا ٱلزُّلَلُ فَعَمَدْتُ عَلَى غَفْلَةٍ مِنَ

ٱلْمَلَّاحِينَ إِلَى ٱلْعُودِ فَأَصْلَحْتُهُ عَلَى طَرِيقَةٍ مَعْرُوفَةٍ بَيْنِي

وَبَيْنَهَا فَلَمَّا رَجَعُوا وَكَانَ ٱلْوَقْتُ مُقْمِرًا تَلَطَّفُوا بِهَا وَقَالُوا

تَرَيْنَ مَا نَحْنُ عَلَيْهِ فِي هَذَا ٱلْوَقْتِ فَبِٱللَّهِ عَلَيْكِ أَلَّا مَا

ٱنْشَرَحْتِ مَعَنَا فَأَخَذَتِ ٱلْعُودَ وَجَسَّتْهُ لِتُصْلِحَهُ فَشَهِقَتْ

شَهْقَةً مُنْكَرَةً ثُمَّ قَالَتْ هَذَا ٱلْعُودُ مُصْلَحٌ عَلَى طَرِيقَةٍ كَانَ

مَوْلَاىَ يُحِبُّهَا. وَيَقْتَرِحُهَا عَلَيَّ وَإِنَّهُ لَمَعَنَا فَقَالُوا وَاللَّهِ لَوْ كَانَ مَعَنَا مَا امْتَنَعْنَا مِنْ عِشْرَتِهِ لِيَخِفَّ مَا بِكَ فَقَالَتْ أَقْسِمُ بِاللَّهِ إِنَّهُ لَمَعَنَا لَا مَحَالَةَ فَقَالَ لِلْمَلَّاحِينَ هَلْ حَمَلْتُمْ مَعَنَا أَحَدًا فَقَالُوا لَا فَاشْفَقْتُ أَنْ يَنْقَطِعَ السُّؤَالُ فَقُلْتُ بَلَى يَا سَيِّدِي فَأَحْضِرْنِي وَقَالَ وَاللَّهِ إِنِّي مَا وَطِئتُهَا وَأَنَا رَجُلٌ قَدْ وَسِعَ عَلَيَّ وَمَا أَخَذْتُهَا إِلَّا لِسَمَاعِ غِنَائِهَا فَكُنْ مَعَنَا إِلَى الْبَصْرَةِ أُعْتِقْهَا وَأُزَوِّجَكَ بِهَا عَلَى شَرْطٍ أَشْرُطُهُ عَلَيْكَ قُلْتُ وَمَا هُوَ قَالَ تُحْضِرُهَا كُلَّ لَيْلَةٍ نُرِيدُهَا فَنَسْمَعُ غِنَاءَهَا مِنْ وَرَاءِ سِتَارَةٍ وَتَنْصَرِفُ بِانْصِرَافِكَ وَلَا تَمْنَعْنَا ذَلِكَ مَتَى أَرَدْنَاهُ فَقُلْتُ وَكَيْفَ أَمْنَعُ عَنْكَ ذَلِكَ وَأَنْتَ سَبَبُ حَيَوْتِي فَقَالَ لِلْجَوَارِيَةِ أَرَضِيتِ بِذَلِكِ فَقَالَتْ نَعَمْ وَشَكَرَتْهُ وَزَادَ سُرُورُهَا فَجَعَلَتْ تُغَنِّي وَأَنَا أَقْتَرِحُ عَلَيْهَا الْأَصْوَاتَ فَتَضَاعَفَ سُرُورُ الرَّجُلِ وَدُمْنَا عَلَى ذَلِكَ حَتَّى بَلَغْنَا نَهْرَ مَعْقِلٍ لَيْلًا وَنَحْنُ نَمِلُونَ فَرُبِطَ الزَّلَّالُ فَصَعِدْتُ لِقَضَآءِ

ٱلْحَاجَةِ فَغَلَبَنِى ٱلسُّكْرُ فَنِمْتُ وَلَمْ يَغْدِرُوا حَتَّى سَافَرُوا فَمَا
أَفَقْتُ إِلَّا بِحَرِّ ٱلشَّمْسِ فَلَمْ أَجِدْهُمْ فَقَعَدْتُ إِلَى ٱلْمَصْنَعَةِ
كَأَوَّلِ يَوْمٍ بَدَأْتُ

فَجَازَتْ بِى سُمَارِيَّةٌ فَنَزَلْتُ مَعَهُمْ إِلَى ٱلْبَصْرَةِ فَدَخَلْتُهَا
لَا أَعْرِفُ بِهَا مَوْضِعًا وَلَا أَحَدًا وَلَا سَأَلْتُ ٱلرَّجُلَ عَنِ ٱسْمِهِ
وَمَوْضِعِهِ فَرَأَيْتُ رَجُلًا مِنْ بَغْدَادَ كُنْتُ أَعْرِفُهُ فَقُمْتُ لَاشْكُوَ
إِلَيْهِ حَالِي فَأَسْرَعَ فِى ٱلْمَشْيِ فَتَبِعْتُهُ حَتَّى عَرَفْتُ مَوْضِعَهُ
وَجِئْتُ إِلَى بَقَّالٍ فَأَخَذْتُ مِنْهُ وَرَقَةً لَأَكْتُبَ حَالِى إِلَى
ٱلرَّجُلِ فَٱسْتَخْسَ ٱلْبَقَّالُ خَطِّى وَٱسْتَرَقَّ حَالِى فَسَأَلَنِى
عَنْهُ فَلَمَّا شَرَحَ لَهُ أَكْثَرَ مِنْ أَنَّهُ لَمْ يَبْقَ فِى يَدِى
شَيْءٌ فَقَالَ هَلْ لَكَ أَنْ تَكْتُبَ عِنْدِى كُلَّ يَوْمٍ بِنِصْفِ
دِرْهَمٍ وَمَا تَحْتَاجُ إِلَيْهِ مِنْ كُسْوَةٍ فَتَضْبِطَ مَالِى فَأَجَبْتُهُ
لَرَأَى بَعْدَ شَهْرٍ ٱلزِّيَادَةَ فِى غَلَّتِهِ بِضَبْطِى وَحِفْظِى مَا كَانَ
يَسْرِقُ لَهُ غِلْمَانُهُ فَوَادَ فِى إِكْرَامِى فَزَوَّجَنِى بَعْدَ حَوْلٍ

بِأَنْتِهِ وَأَشْرَكَنِى فِى مَالِهِ غَيْرَ أَنِّى فِى خِلَالِ ذَلِكَ حَزِينُ
ٱلْقَلْبِ مَيِّتُ ٱلنَّشَاطِ غَيْرُ مُحْتَفِلٍ بِشَىْءٍ مِمَّا أَرَاهُ فَلَمَّا كَانَ
ذَاتَ يَوْمٍ رَأَيْتُ ٱلنَّاسَ مُجْتَازِينَ بِأَنْوَاعِ ٱلزِّينَةِ مِنَ ٱلْمَآكِلِ
وَٱلْمَشَارِبِ وَٱلْفَرْشِ فَسَأَلْتُ عَنْ سَبَبِ ذَلِكَ فَقِيلَ لِى إِنَّهُ
عِيدُ ٱلشَّعَانِينِ لِلنَّصَارَى وَٱلنَّاسُ يَخْرُجُونَ لِلْفُرْجَةِ عَلَيْهِمْ
نَوَقَّعَ فِى نَفْسِى أَنْ أَخْرُجَ مَعَهُمْ عَسَى أَنْ أَظْفَرَ بِأَصْحَابِى
فَٱسْتَأْنَفْتُ ٱلرَّجُلَ فَأَذِنَ لِى وَأَصْلَحَ لِى مَا أَحْتَاجُ إِلَيْهِ مِنْ
طَعَامٍ وَشَرَابٍ فَخَرَجْتُ فَمَا وَصَلْتُ إِلَّا وَزَلَلُ أَصْحَابِى فِى
أَوَاسِطِ ٱلنَّاسِ فَلَمْ أَتَمَالَكْ دُونَ أَنْ طِرْتُ إِلَيْهِمْ فَحِينَ
رَأَوْنِى فَرِحُوا بِى وَحَيَّوْنِى وَقَنَّأُونِى بِٱلسَّلَامَةِ وَقَالُوا نَحْنُ
مُذْ فَقَدْنَاكَ ظَنَنَّا أَنَّكَ غَرِقْتَ فَأَخْرَجْتِ ٱلْجَارِيَةُ مِنْ
ثِيَابِهَا وَخَمَّشَتْ وَجْهَهَا وَكَسَّرَتْ عُودَهَا وَجَزَّتْ شَعْرَهَا
فَلَمَّا وَصَلْنَا ٱلْبَصْرَةَ خَيَّرْنَاهَا فِيمَا تُرِيدُ فَٱخْتَارَتْ لُبْسَ
ٱلْأَسْوَدِ وَتَمْثِيلَ قَبْرٍ تَجْلِسُ عِنْدَهُ وَتَبْكِى ثُمَّ أَخَذُونِى

فَٱدْخُلُونِى عَلَيْهَا فَلَمَّا رَأَتْنِى شَهَقَتْ شَهْقَةً وَخَرَّتْ مَغْشِيَّةً

فَنَضَحْتُ عَلَيْهَا ٱلْمَآءَ وَقَدْ غَلَبَنِى ٱلْبُكَآءُ حَتَّى بَكَوْا

كُلُّهُمْ لِبُكَآئِى فَلَمَّا أَفَاقَتْ قَالَ مَوْلَاهَا قَدْ وَهَبْتُهَا لَكَ قُلْتُ

لَا وَلَكِنِ أَفْعَلُ مَا وَعَدتَّ بِهِ مِنَ ٱلْعِتْقِ وَٱلتَّزْوِيجِ فَفَعَلَ

وَأَعْطَانِى ثِيَابًا وَأَفْرَدَ لِى دَارًا فِيهَا جَمِيعُ مَا أَحْتَاجُ إِلَيْهِ

وَأَعْطَانِى خَمْسَمِائَةِ دِينَارٍ وَقَالَ لِى هَذَا مِقْدَارُ مَا كُنْتُ

أُجِرِيهِ عَلَيْكَ إِلَى ٱلْيَوْمِ وَهُوَ مُسْتَمِرٌّ لَكَ فَجِئْتُ إِلَى ٱلْبَقَّالِ

فَأَعْلَمْتُهُ بِٱلْقِصَّةِ وَطَلَّقْتُ ٱبْنَتَهُ وَأَعْطَيْتُهُ مَهْرَهَا وَأَقَمْتُ مَعَ

ٱلْجَارِيَةِ فِى أَحْسَنِ حَالٍ وَأَنْعَمِ بَالٍ ۞

Ex eadem Chrestom. arab. p. 140. narratio de Assa el meila cantatrice.

قال اسحق وحدّثنى ابن سَلَام عن ابن جُعْدَبَةَ قال

كان ابن ابى عتيف مُعْجَبًا بعزّة الميلآء فاتى يوما عبدَ

الله بنَ جعفر فقال له بِأَبِى انت وَأُمِّى انها لا تنشط اآلَّ

لحضورك فاقسمتُ عليك أَلَا سَاعَدتَّنى وتركتِ شغلك ففعل

فاتيأها ورسولُ الامير على بابها يقول دَعى الغناء فقد ضَجّ

اهل المدينة منك وذكروا انك قد فتنتِ رجالهم ونساءهم

فقال له ابن جعفر اَرجعْ الى صاحبك فقل له عنّى اقسمتُ

عليك أَلَا نَادَيْتَ فى المدينة أىّ رجلٍ وامرأةٍ فسد بسبب

عزّة اِلَا كشف نفسه بذلك لَنَعْرِفَهُ ويظهر لنا ولكن امرُه

فنادى الرسول بذلك فما ظَهَّر احد نفسه ودخل ابن جعفر

اليها وابن ابى عتيق معه فقال لها لا يهولنّك ما سمعت

وهاتى فغنّينا فغنّته شعر القُطامِي

اِنّا مُحَيُّوكَ فاسْلَمْ أيّها الطّلَلُ وإِنْ بَلِيتَ وإِنْ طَالَتْ بِكَ الطِّيَلُ

فَاقْتَنَّ ابْنُ ابى عتيق طربا فقال له عبد الله بن

جعفر ما ارى ما ادرك ذكاتك بعد ان سمعت هذا الصوت من عزة

وقد مضت نسبة ما فى هذه الاخبار من الاغانى فى مواضع اخر

كتاب تأريخ الخميس E Cod. Berol.

Cod. Bibl. Reg. Berol. Sect. Wetzst. II. No. 304. Fol. 398 sq.

ومن أولاد عمر بن الخطّاب رضى الله عنه عبد الرحمان
ويُكَنّى أبا شَحْمَة ويُلَقّب المجلودَ وهو الّذى ضربه عمر
فى الحدّ حتّى مات كما ذُكِرَ ذالك فى كتاب الرِّياض
النّضِرَة وكتاب أُسْد الغابة وغيرهما عن مُجَاهِد عن ابن
عبّاس قال رأيتُ عمر وقد أقام الحدّ على ولده فقتله
فيه فقال دنتُ ذاتَ يوم فى المسجد وعمر جالس والنّاس
حولَه إذا أقْبَلَتْ جارية فقالت السلام عليك يا أمير
المؤمنين فقال وعليك السلام ورحمة اللّه فقال لَكِ حاجةٌ
قالت نعم خُذْ وَلَدَك هذا مِنّى فقال عمر إنّى لا أعرِفُ
فبَكَت الجارية وقالت يا أمير المؤمنين إن لَمْ يَكُنْ من
ظَهرِكَ فَهُو وَلَد وَلَدِك فقال أيّ أولادى قالت ابى شَحمة
فقال الحَلَالِ أم الحَرام فقالت من قِبَلى الحَلَالِ ومن

قَبْلِهِ الحَرام فقال عمر وكيف ذلك إتَّقِى اللَّه ولا تقولى
إلَّا حقًّا قالت يا أمير المؤمنين كُنْتُ مرَّةً فى بعض الآيام
بِحَيَائِط من حارة بنى النَّجَّار اذا أتانى ولدك ابو شحمة
يَتَمَايَل سُكْرًا وكان شَرِبَ عند نَسْكَة اليهودىّ قالت ثُمَّ
رَاوَدَنِى عن نفسى وجَرَّنى إلى الحائط ونال منِّى ما
يَنَال الرَّجل من المرأة وقد أُغْمِىَ علىَّ فكَتَمْتُ أمْرِى من
عَمِّى وجِيرانى حتَّى قَرِبَتِ الولادة فخَرجت إلى مَوضِع
فوَضَعْتُ هُذا وقَمَمْتُ بِقَتْلِه ثمَّ نَدِمْتُ على ذلك فَاحْكُمْ
بِحُكْمِ اللَّه بينى وبينه فَأمَرَ عمر مُناديًا فنادى فَأقْبَلَ الناس
يُهْرَعُونَ الى المَسْجِد ثم قام عمر فقال لا تَتَفَرَّقُوا حتَّى
آتِيَكم ثمَّ خرج فقال يا ابْنَ عبَّاس أَسْرِعْ معى فلم يزل
حتَّى أتَى مَنْزِلَهُ فقرع الباب وقال هُنَا وَلَدى أبُو شحمة
قيل له إنَّهُ على الطعام فدخل عليه وقال كُلْ يا ابنى
فيُوشِكُ أَنْ يَكُونَ آخِرَ زَادِك من الدنيا قال ابن عبَّاس

فرأيت الغلام وقد تَغَيَّرَ لونُه وَأَرْتَعَدَ وسقط الطعامُ من
يده فقال له عمر يا أبنى مَن أنا فقال أنت أبى وأمير
المؤمنين فقال فَلِى حقُّ طاعةٍ أم لا قال لَكَ طاعتانِ
مُفْتَرِضتان لأنَّك والدى وأمير المؤمنين فقال عمر بحقِّ
نبيِّك وبحقِّ أبيك هل كُنْتَ ضَيْفاً لنَسَكَة اليهودى فَشَرِبْتَ
الخَمْرَ عنده فَسَكِرْتَ قال قد كان ذلك وقد تُبْتُ قال
رأس مال المؤمنين التَّوبَةُ يا أبنى أَنْشُدُكَ باللّه هل دخلت
حائط بنى النجّار فرأيت أمرأةً فواقعْتَهَا فَسَكَتَ وبَكَى قال
عمر لا بَأْسَ يا أبنى أَصْدُقْ فإنَّ اللّه يُحِبّ الصادقين قال
قد كان ذلك وأنا تائب بارم فلمّا سَمِعَ عمر ذلك منه
قبض على يده ولبسه وجَرَّهُ إلى المسجد فقال الغُلاَم لا
يا أبتِ لا تَفْضَحْنى وخُذ السَّيْفَ وَأَقْطَعْنى إِرْبًا إِرْبًا قال
أَمَا سَمِعْتَ قولَهُ تعالى وَلْيَشْهَدْ عَذابَهُمَا طَائِفَةٌ مِن
المؤمنين ثم جرّه الى بين يَدَى أصحاب رسول اللّه فى

المسجد وقال صَدَقَتِ المرأةُ وأقَرَّ أبو شحمة بما قالت

وكان له مَمْلُوك يُقال له أفْلَح فقال له خُذ ابنى اليك

واضربُهُ مائة سَوط ولا تَقْصُر فى ضَرْبه فقال له افْعَل ويكى

فقال يا غلام إنّ طاعتى طاعة رسول اللّه فَاقْعَلْ ما اُمِرَك

به قال ابن عبّاس فنزع المملوك ثيابَهُ وضَجَّ النّاس بالبُكَاء

والنحيب وجعل الغلام يُشِير الى أبيه يا أبَتِ ارْحَمنى

فقال له عمر وهو يبكى وإنّما أفْعَل هذا كَىْ يَرْحَمَك ويَرْحَمنى

ثم قال يا أفلح اضْرِبْ فضربَهُ وهو يَسْتَغِيثُ وعمر يقول

اضربه حتى بلغ سبعين فقال يا أبت اسْقِنى شربة فقال يا

أبنى إنّ ربّك يُظهِرُك فيَسْقِيك محمد صلى اللّه عليه وسلم

شربة لا تظمأ بعدها أبَدًا يا غلام اضربه فضربه حتى بلغ

ثمانين فقال يا أبت السلام عليك فقال وعليك السلام ان

رأيت محمّدًا فَاقْرَأه منّى السلام وقُلْ له خلّفتَ عمر يقرأ

القرآن ويقيم الحدود يا غلام اضرب فلما بلغ تسعين

انقطع كلامه وضعف فرأيت أصحاب رسول الله قالوا انظُرْ
كَمْ هى وأخرِ الباقى مـن الحـد الى وقت آخـرَ فقال كما
لا تُوخر المَعْصيةَ لا تُوخر العقوبة وجاء الصريح الى أُمّه
فجاءت بـاكية وصارخة وقالت أحُجُّ عن كـلـ سـوط
حَجَّةً ماشية وأتَصَدَّقُ بما تَمْلِك يَدى من الدراهم
فقال إنّ الحـجّ والصَّدَقَةَ لا ينوبان عن الحـد فضربه
فلمّا كان آخِر سَوْط سقط الغلام مَيْتًا فصاح عمر
وقـال يا أُبنى محص الله عنك الخطايا ثم جعل
رأُسَه فى حُجْره وجعل يبكى ويقول بأبى مَنْ قَتَلَهُ
الحق بأبى مَنْ مات عند انقضَآه الحد بأبى مَنْ
لـم يـرحمْه أبوه وقَرَائبُهُ فنظر النّاس إليه فإذا هو
قد فارق الـدنيا فَلَمْ يَرَ يوماً أعْظَمَ منـه وضجّ
النّاس بـالنَّوْح والنَّحيب وأرادوا أنْ يَدْفنوه من
غيـر غسْل ولا كَفَنٍ كأنّه قُتل فى سبيل اللـه

قال عمر رضى الله عنه بَـلْ نُغَسِّلُهُ ونُكَفِّنُهُ وندفنه
فى مَقابِرِ المسلمين فإنَّه لَـمْ يَمُتْ قَتيلاً فى سبيل
الله وإنّما مات فى حدّ من حدود الله.

GLOSSARIUM.

Glossarium.

أ

أ 1) o! 2) an? num?

أَبَد tempus. sempitermitas.

لَا — أَبَدًا nullo tempore
nunquam.

أَب 1) pater. *st. cstr. nom.* أَبُو
gen. أَبِى *acc.* أَبَا *voc. c. suff.*
l. p. أَبِى *sive etiam* يَا أَبَتِ
v. يَا أَبَتِ o pater mi! 2)
*prima pars cognominum
arab.*

ابن — أَبْنَة *pl.* أَبْنَاء *vides. v.* بنى

أَتَى *fut. J.* 1) venit *ad aliquem ccap. pass.* أُتِى *alla-
tus est.* 2) venit *cum i. e. attulit aliquid ccap. et c.* بِ *r.*
IV. أَتَى (هَاتِى) attulit. dedit.
ccga. pass. أُوتِى accepit. *ccar.*

أَجّ *V.* arsit *ignis.*

أَجْر *pl.* أُخُور praemium.

أَحَد *fem.* إِحْدَى unus. aliquis.

أَخ 1) frater. 2) amicus. *st. cstr. nom.* أَخُو *gen.* أَخِي *acc.* أَخَا *pl.* إِخْوَان

أُخْت *pl.* أَخَوَات soror.

أَخَذَ *fut. U.* cepit, sumsit aliquid ccar. Imp. خُذْ VIII. اِتَّخَذَ pro اِتْتَخَذَ *idem.*

مَأْخُوذ *fem.* ة *part. pass.* I. captus. sumtus.

مُتَّخِذ *part. act.* VIII. capiens. sumens.

أَخَّرَ II. retardavit. distulit aliquid ccar.

آخَر *fem.* أُخْرَى *pl.* أُخَر alius.

آخِر *fem.* ة postremus. *fem. subst.* postremum. ٱلْآخِرَة *pro* ٱلْحَيَوة ٱلْآخِرَة vita postrema, aeterna.

إِنْ 1) ecce. 2) quum. dum. 3) quoniam.

إِنَّا 1) ecce. *ccnom. et* 2) quum. quando.

أَنِنَ *fut. A.* 1) auscultavit alicui cc. لِ *p.* 2) permisit alicui aliquid cc. لِ *p. et* فِي *vel* بِ *r.* II. clamavit. X. petiit concessionem rei ab aliquo. *ccap. et* فِي *r.*

أُذُن *fem. pl.* آذَان auris.

إِذْن *act.* 1) auscultatio. 2) venia. permissio.

أَذًى *act.* noxa. molestia.

إِرْب membrum. إِرْبًا إِرْبًا in frusta sc. conscidit.

تَأْرِيخ historia.

أَرْض *fem.* terra.

مِئْزَر *pl.* مَآزِر et مِئْزَر tegumentum, quo cingitur velaturve nudum corpus.

رَأَى pro أَرَاَى I. pers. fut. a أَرَى

أَسْد pl. أَسُود et أَسْد leo.

أَسْم pro إِسْم pl. أَسْمَاء nomen.

بِأَسْم pro بِسْم nomine.

أَصْر act. foedus. pactum.

إِضَاءَة vide s. v. ضَاء

غِنَاء vide s. v. أَغَانِى

أَفْغَيْر compositum ex أَ et فَ et غَيْر

فَاق praet. VI a أَقَفْت

أَفَلَا compositum ex أَ et فَ et لَا

قَام praet. IV a أَقَمْت

أَكَل fut. U. edit. comedit. Imp. كُل.

أَكْل act. esus.

مَأْكَل masc. et مَأْكَلَة fem. مَآكِل pl. cibus.

أَلْ pro أَلْ articulus def. inseparabilis.

أَلَّتِى pro أَلَّذِى masc. أَلَّذِى fem. أَلَّذِين pl. masc. pron. relat. qui, quae, quod.

أَلَا compos. ex أَ et لَا 1) nonne? 2) sane. profecto.

أَلَّا compos. ex أَن et لَا quod non. ut non. seq. fut. subjunct. agedum.

إِلَّا compos. ex إِن et لَا nisi. si non. sin minus. وَإِلَّا nisi et i. e. tum. tum quoque.

أَلَّف fut. A. II. 1) conjunxit res vel homines cc. 2) بَيْن conscripsit librum.

أَلْف mille. pl. أُلُوف et آلَاف

أَلَم compendium scribendi.

أَلَمْ *compos. ex* أَ *et* لَمْ an non? nonne? *cc. fut. apoc.*

الأَليم dolorificus.

إِلَه *sive* إِلَه *pro* الإِلَه deus. *cum. art.* الله *pro* الإِلَه Deus verus. *dat.* لله Deo. per Deum. والله per Deum. اللهم o Deus!

أَلَا *fut. U.* omisit. praetermisit. *ccar.*

إِلَى *ad.* usque ad. إِلَى أَنْ usque dum. donec.

أَمْ 1) an? num? 2) aut.

أُمّ mater. radix. principale et praecipuum.

أُمَّة populus. gens.

أُمِّى ignarus. idiota. *pec.* idololatra.

أَمَّا *compos. ex* أَ *et* مَا annon? nonne?

أَمَّا verum. quod adtinet ad. *ccnom.*

أَمَد finis. spatium. distantia.

أَمَرَ *fut. U.* jussit *aliquem aliquid ccap. et c.* ب *r. vel* أَنْ *verbi.*

أَمْر *act. pl.* أُمُور imperium. edictum. res.

أَمِير princeps. dux.

أَمْرُؤ *et* أَمْرَو *vide sub litera* م

أَمِن *fut. A.* securus fuit. confisus est. fidem habuit *alicui ccap.* IV. أَمَّن securum reddidit. fidem habuit *alicui ccap.* professus est *Deum cc.* ب

آمِن *ag.* tutus. securus de aliqua re *cc.* ل *vel c.* مِن *r.*

مُومِن *ag.* IV. credens. fidelis.

إِيمَان *act.* IV. credere. fides. religio.

أَنْ quod. ut. *ccfut. subj.*

أَنَّ quod. ut. *cca.* اِنَّنِى pro اِنَّى

أَنَّ 1) quod ille. 2) *pron. re-dundante:* quod.

إِنْ si. quodsi. *ccpraet.* aut c. fut. apoc. praesertim si اَوْ sequitur. اَوْ—اِنْ sive-sive

إِنَّ *cca.* ecce. sane. profecto.

إِنَّا .اِنَّنِى pro اِنَّا ,اِنَّنِى pro اِنَّى

إِنَّهُ certe is. *pron. redun-dante:* certe. اِنَّمَا tantum-modo.

أَنَا ego.

أَنْتَ *masc.* أَنْتِ *fem.* tu. أَنْتُمْ pl. masc. vos.

أُنْثَى femina.

إِنْجِيلْ Evangelium.

اِنْسَان *pl.* نَاس homo.

أَنْف nasus.

آنَاء *pl.* اَنْى ,اَنْو ,tempus.

أَنَّى ubi? quando? quomodo?

أَهْل populus. homines.

اَوْ aut. vel. sive.

آب .مَآب locus reditus. reditus.

آلْ familia. gens. *viris tantum illustribus tribuitur.*

أَوَّلْ *fem.* أُولَى primus.

أُولُوا gen. — أُولِى possessores. praediti. *sequente semper Genitivo.*

أُولَاء et أُولَاِتكَ hi. illi.

تَأْوِيلْ *act.* II. declaratio. signi-ficatio.

أَى quisnam? quae? quod? أَيُّهُمْ *ccgn.* quis eorum? يَا اَيُّهَا et اَيُّهَا o! *sq. nom. cum articulo.*

اِيّا particula, quae cum pron. *suff.* conjuncta accusativum pron. *indicat.* اِيّاكَ me. اِيّاكَ te.

اَيّام *pl.* dies. vide s. v. يوم

اَيَّدَ med. Je. II. آنَ firmavit, juvit *aliquem ccap.*

اَيضًا iterum. porro. etiam.

اَلْآنَ hoc tempore. nunc اِلَى الْآن usque ad hoc tempus. adhuc.

اَين ubi? quo? اَينَما ubicunque.

آيَة *pl.* اَى *et* آيَات signum. miraculum. versus Corani.

ب

ب in *c. abl.*, cum. apud. per. propter. *subinde ante praedicatum.* pro باَبِى pro patre meo *sc.* redimam.

بِئس malus est! *verbum vituperandi.*

بَاس malum. لَا بَاس haud nocet.

بَحَر X. alte demersus, mari obrutus fuit.

بَحَر *pl.* بِحَار mare.

بُخَار vapor. exhalatio.

بَدَأ I. *et* VIII. incepit *rem cc. r.*

بَدَل permutatio. بَدَل *acc.* loco. pro.

بَدَن corpus. truncus sine capite. corium?

بَدَا apparuit. IV. manifestum, conspicuum fecit.

بِر pietas. justitia. innocentia.

بَرَأ I. *et* IV. creavit.

اَبرَص leprosus.

بَرق fulgur.

بَرَّك III. benedixit *Deus homini cc.* فى *p.*

بَرِم *fut.* A. pertaesus fuit. molestiam et moerorem animi concepit *ex aliqua re*

اُسْم nomine. vide بِسْمِ

بَشَرَ I. et II. laeta nunciavit. nunciavit. ccap. et ب r.

بَشَر cutis exterior. caro. homo.

بُشْرَى laetus nuncius.

بَصَرَ IV. spectavit. intuitus est.

بَصَر pl. أَبْصَار visus. oculus.

بَصِير videns cc. ب r.

بَاطِل vanus. falsus.

بَطْن venter. uterus.

بِطَانَة amicitia intima. amicus intimus.

بَعْدَ post. بَعْدَ أَنْ et بَعْدَ إِنْ et بَعْدَ

مِنْ بَعْدِ postquam.

بَعِيد distans. longinquus.

بَعْض pars. aliquis. ccg. non-

فِى بَعْضِ الأَيَّامِ nulli. ccg. quodam die.

بَعْل maritus. uxor.

بَغْدَادِى Bagdadensis.

بَغْضَآء odium vehemens.

بَغَى fut. J. I. et VIII. petiit. quaesivit. VII. fut. requiritur. convenit. decet.

بَغْى expetitio. invidia. injuria.

اِبْتِغَآء act. VIII. expetitio. desiderium.

بَقَّال olerum s. escarum venditor.

بَقِى fut. A. reliquus fuit. permansit.

بَاقِ ag. reliquus.

بَقَآء act. manere. vita.

بَكَّة ut مَكَّة urbs Mecca.

بِكْر pl. بُكُور s. بُكُورَة? primogenitus.

اِبْكَار act. IV. mane.

أَبْكَم pl. بُكْم mutus.

بَكَى fut. J. flevit.

بُكَآء act. fletus.

بَل conj. 1. potins. quin. 2. sed. at vero. contra.

بَلَد urbs. provincia. regio.

بَلُّور Beryllus. vel Crystallum.

بَلَغ fut. U. pervenit. consecutus est. cca.

بَلَاغ assecutio. praedicatio.

بَلْقَع regio deserta, vasta.

بَلَى immo etiam. utique.

بَلِى fut. A. tritus, consumtus est.

بَنَى fut. J. condidit rem. aedificavit ccar.

بَنَى et اِبْن pro اِبْن filius. st. cstr. inter duo nomina

بَنُون et اِبْنَآء pl. بَن propria st. cstr. بَنُوا gen. بَنِين st. cstr. بَنِى.

اِبْنَة pro اِبْنَة et بِنْت filia. pl. بَنَات.

بَهَل VIII. male precatus est. supplicavit.

بَهِيمَة pl. بَهَائِم animal brutum. jumentum.

بَآء med. Vau. fnt. يَبُوت abiit. reversus est. reportavit aliquid cc. ب r. II. hospitium paravit, eoque excepit. ccga.

بَاب pl. أَبْوَاب janua. porta.

بَال animus. cor. status. conditio.

بَان coll. Bân. glans unguentaria. species arborum.

بَيْت pl. بُيُوت cubiculum. tentorium. domus.

بَاضَ *med. Je.* IX. أَبْيَضُ albus fuit *vel* evasit.

بَاعَ *med. Je. fut. J.* vendidit. *ccar. et* مِن *p. vel cap.*

بيع *act.* venditio.

بَانَ *med. Je. fut. J.* apparuit. II. بَيَّنَ manifestavit *ccar.*

بَيِّنَةٌ *pl.* بَيِّنَات res manifesta. demonstratio evidens.

بَيْنَ inter. بَيْنَ يَدَيْهِ inter manus ejus *i. e.* ante eum. coram eo. مِنْ بَيْنِ inter. *ccg.*

ت

تَبِعَ *fut. A.* I. et VIII. secutus est *ccap.*

تِجَارَةٌ mercatura. mercimonium.

تَحْتَ infra. sub. مِنْ تَحْتِ ex parte inferiori. subter.

تُرَابٌ terra. pulvis.

تَرِيبَةٌ *pl.* تَرَائِب ossa pectoris.

تَرَكَ *fut. U.* post se reliquit. missum fecit. *ccap.*

تِسْعُون nonaginta.

اتَّقَى *fut. J. pro* VIII. تَقَى *verbi* وَقَى. timuit.

تُقَاةٌ timor. abstinentia.

تَلِفَ *fut. A.* periit. interiit.

تِلْكَ haec. *fem. pron.* ذَلِكَ.

تَلَا *fut. U. et* تَلِى *fut. J.* secutus est. legit *librum ccar.*

تِنِّين *pl.* تَنَانِين serpens ingens. draco.

تَابَ *med. Vau. fut. U.* rediit. convertit se *a nequitia ad Deum. cc.* مِن *r. et* الى *p.*

poenitentiam ostendit *ob delictum.*

توبة *act.* conversio. emendatio morum. *cc.* من *r.*

تواب resipiscens *homo.* facile propitius *Deus.*

תּוֹרָה توراة lex Mosaica. Pentateuchus.

تين ficus. *coll. fructus et arbor* ficus.

ث

ثروة affluentia bonorum.

ثعبان serpens.

ثقف *fut. A.* invenit. offendit. apprehendit.

ثلت *fem.* ثلاث *et* ثلثة *et* ثلاثة tres.

ثالث *fem.* 8 tertius.

ثم deinde. tum. ثم ibi. istic.

ثمر I. *et* IV. fructus tulit *arbor.*

ثمر *coll.* ثمرة *unit.* fructus.

ثمل *pl.* ثملون temulentus. ebrius.

ثمن pretium *rei.*

ثمانون octoginta.

ثان *fem.* ثانية *pro* ثاني secundus.

ثوب *pl.* ثياب vestimentum. vestis interior.

ج

جبة tunica, *ex panno gossipino.*

جد studium. serium. valde.

جذبة *act.* trahere. tractus.

جر *fut. U.* traxit. duxit.

جراحة vulnus.

جَرَى *fut. J.* fluxit. IV. fluere fecit. stipendium dedit *alicui.* ccar. *et* على p.

جَارِيَة *pl.* جَوَارِ puella. ancilla.

جَزَّ *fut. U.* resecuit. totondit comam. ccar.

جَزَاء remuneratio. retributio.

جَسَّ *fut. U.* palpavit. palpitando exploravit *ehordas citharae.* ccar.

جَسَد corpus *hominis.*

جَعَل *fut. A.* collocavit. fecit. constituit *aliquid.* ccar. coepit facere ccfut.

جَلَد durities. firmamentum.

جَلَس *fut. J.* sedit. consedit. cc. على *r.*

جَمْر coll. جَمْرَة *unit.* prunae.

جَمَع *fut. A.* collegit. congregavit. VIII. congregati sunt.

جَمِيع universitas. omnis.

totus. ccg. جَمِيعًا una. simul.

أَجْمَع *pl.* أَجْمَعُون omnis. universus. *sequitur nomina, ad quae refertur.*

مُجْتَمِع *ag.* VIII. congregatus.

جَمَال pulchritudo.

جَنَّة *pl.* جَنَّات hortus. جَنَان coll. paradisus.

مَجْنُون *part. pass.* I. furens. insanus.

جَنَاح ala *avis.*

جِنْس *pl.* أَجْنَاس genus. species.

جَهَد VIII. serio laboravit *in re.* cc. فِي *r.*

مُجَاهِد *ag.* III. vir bellator.

2. *Nom. propr.*

جَهَنَّم Gehenna.

جَابَ med. Vau. IV. respondit. morem gessit ccap. adnuit alicui aliquid ccap. et عن r. vel الى r.

جَادَ med. Vau. II. bonum egregiumque fecit aliquid. bene egit.

جَوِيد pro جَيِّد bonus. egregius.

جَار pl. جِيرَان vicinus. socius.

جَازَ med. Vau. fut. U. licita fuit res. I. et VIII. praeteriit aliquem cc ب p.

جَائِز ag. licitus.

مُجْتَاز ag. VIII. praeteriens.

جَآءَ med. Je. fut. J. venit ccap. et الى p. attulit rem. cc ب r.

جَيْش pl. جِيوش exercitus.

ح

حَب fut. J. I. et IV. amavit. ccap.

حُب act. amor.

حَب bacca. semen. granum.

حَبِط frustra, sine praemio fuit opus. periit.

حَبْل funis. vinculum. foedus.

حَتَّى usque ad ccg. donec. adeo ut. ut. ccfut. subj.

حَجّ fut. U. 1. contendit aliquo. 2. iter sacrum fecit Meccam. III. causam dixit. litigavit cum aliquo ccap. et فى r.

حَجَّة unit. iter sacrum Meccanum unum.

حَجّ act. iter Meccanum sacrum.

حِجَارَة pl. حَجَر saxum. lapis.

حَجَر amplexus. gremium.

حَدّ *pl.* حُدُود 1. terminus. limes. 2. castigatio, poena a judice definita.

حَدِيد acutus. ferrum.

حَدَث II. narravit *alicui aliquo auctore ccap. et* عَن *auct.*

اِنْحِدَار *act.* VII. descensus.

حَذَّر II. cavere jussit. *ccga.*

حَذَر cautio. metus. حَذَر metu.

حِذَاة *act.* III. esse e regione alicujus. حِذَاة ex adverso. e regione. *ccap.*

مُحَرَّر *part. pass.* II. Deo devotus.

حَرّ calor.

مِحْرَاب cubiculum. conclave.

حَرْث satum. arvum.

حَرَج V. abstinuit *a crimine.*

حَرَكَة motio. motus.

حَرَّم II. prohibuit. vetuit *ccar. et* عَلَى *p.*

حَرَام vetitum. nefas.

حُزْن tristitia. sollicitudo.

حَزِين tristis.

حَسّ *fut. A. J. U. I. et* IV. sensit. percepit *aliquid cc* بِ *r.*

حَسَب *fut. A.* putavit. opinatus est *aliquid. ccar.*

حِسَاب computus. computatio.

حَسَّن X. approbavit. pulchrum censuit *aliquid. ccar.*

حُسْن pulchritudo. bonum. beneficium.

حُسْن *fem.* ﺓ *comp.* أَحْسَن

fem. حُسْنَى pulcher. bonus.

elegans. حَسَنَة _fem. subst._ 'bonum opus. beneficium. bonum aliquid.

حَشَرَ _fut. U. et J._ congregavit. _pass._ mortuus est. _scil. congregatus apud patres._

حَشَمَ VIII. puduit. erubuit.

حَصُور continens. abstemius.

حَصَلَ _fut. U._ mansit _alicui. cc._ لِ _p._ pervenit _ad rem._ acquisivit. _cc._ عَلَى _r. vel_ فِى _r._

حَضَرَ IV. adduxit. _ccga._

حَاضِر _ag._ praesens.

مُحْضَر _part. pass._ IV. adductus. praesens.

حُفْرَة fovea. fossa.

حَفَظَ _fut. A._ observavit. tuitus est.

حَافِظ _ag._ custos.

حِفْظ _act._ custodia. conservatio _rei._

مُحْتَفِل _ag._ VIII. curans.

حَقَّ _fut. U. et J._ necessaria fuit _s._ facta est _res._

حَقَّ _act._ verum. veritas. jus. justum. بِالْحَقّ certo. in veritate.

حَكَمَ _fut. U._ dijudicavit. _cc._ بَيْن _p._ decrevit. potestatem exercuit. _cc_ عَلَى _p. et_ بِ _r._

حَاكِم _ag._ decernens. imperans. judex.

حُكْم _act._ judicium. sapientia.

حِكْمَة sapientia. scientia.

حَكِيم _pl._ أَحْكَم _comp._ حُكَمَاء sapiens.

مُحۡكَم part. pass. IV. firmus. per se perspicuus.

حَكَى fut. J. narravit. ccar. vel c. اَنۡ vel c. بِاَنۡ.

حَلَّ fut. U. solvit. fut. J. licitum fuit. cc لِ p. IV. permisit. ccar.

حِلّ act. licitum. res licita.

حَلَال res licita. licitum.

حَمۡد act. laus. laudatio.

حَمَلَ fut. J. portavit. tulit fructum. praegnans fuit. in navem recepit. ccap.

حِمۡل act. portatio oneris, fructus, foetus. onus.

حَنِيف veram religionem sectans. orthodoxus.

حَاجَ med. Vau. I. et VIII. opus habuit re. cc اِلَى p.

حَاجَة necessitas. opus esse. res necessaria. negotium.

حَوَارِيُّون Apostoli Christi.

حَاطَ med. Vau. fut. U. custodivit. IV. circumdedit. perspexit. cc بِ r.

حَائِط ag. paries. murus. septum.

مُحِيط ag. IV. circumdans. perspiciens.

حَال status. conditio. res.

حَوۡل mutatio. annus. حَوۡلَ circum.

مَحَالَة dolus. machinatio.

حَيۡث ubi. quo loco.

حَارَة vicus urbis.

حِين tempus. حِينَ quum. حِينَئِذ quando. tum temporis.

حَتَّى *fut.* et حَيِيَ يَحْيَى *fut.* خَبَر *pl.* أَخْبَار fama. rumor.
historia.

يَحْيَا vixit. II. salvum fecit. خَبَال corruptio *rei.* interitus.
salutavit. IV. vivum fecit,
reddidit.

خَرَّ *fut.* U. et J. cecidit. de-
lapsus est.

حَيّ *fem.* ۃ vivus.

خَرَجَ *fut.* U. exiit. IV. eduxit.
produxit.

حَيَاة pudor. verecundia. *cc.*
مِن *p.* ·

خُرُوج *act.* exitus.

حَيَاة, حَيُوة vita.

خَاسِر *pl.* خَاسِرُونَ *ag.* dam-
num patiens. a via aberrans.

حيَوَان, حيوان res animata.
vivens. animal.

خَصَّ VIII. proprius, peculiaris fuit. proprium fecit tri-
buitque. *ccap* et *c.* ب *r.*

مُحَيِّي, مُحَيِّ *pl.* مُحَيُّون *ag.*
II. salutans.

خَصَمَ VI. *et* VIII. altercati
sunt inter se.

خ

خُضْر *pl.* خُضْرَة viror. olus
viride.

خَبَّا X. occultavit, abdidit se.

خَبَّاة *act.* abditio. *sed forte*
legendum خَبَاة Gen. 3, 8.

خَطّ *act.* scriptura.

خَبَّر II. *et* IV. nuntiavit. *ccap.*
et ar. vel ب *r.* vel *c.* أَنْ
verbi.

خَطَاة error. peccatum.

خَطِيئَةٌ pl. خَطَايَا error. delictum. peccatum.

خَطِفَ fut. A. rapuit. abripuit.
ccar.

خَفَّ fut. J. levis fuit. mitiga-
tus est dolor. II. levem fecit.

خَفِىَ fut. A. latuit. occultus
fuit. cc. على p. IV. operuit.
occultavit.

خِلَالٌ medium. interstitium.

خَالِدٌ pl. وُنَ ag. perennans.
perennis.

خَلِيطٌ socius. familiaris.

خَلَفَ II. retro reliquit aliquem. creavit aliquem suc-
cessorem suum. ccap. IV.
mutavit. VIII. diversus fuit.
dissensit.

خَلْفَ post. pone. ccg.

خَلَقَ fut. U. creavit. finxit.

خَلْقٌ res creatae. homines.

خَلَاقٌ portio boni et felici-
tatis.

خَلَا med. Vau. fut. U. solus
fuit, in secessum abiit cum
aliquo. cc. ب vel مع p.

خَالٍ ag. fem. خَالِيَةٌ vacuus.
desertus. solus.

خَمْرٌ vinum.

خَمْسَةٌ fem. خَمْسٌ quinque.

خَمْسُونَ quinquaginta.

خَمْسِمَايَةٍ quingenti.

خَامِسٌ quintus.

خُمِيسٌ 1. pars quinta. 2.
Nom. pr. viri.

خَمَشَ fut. U. et J. scalpsit. la-
niavit faciem unguibus ccar.

خَائِب *ag.* frustratus.

خَارَ *med. Je.* II. optionem dedit *alicui plurium rerum.* ccap. *et* في *vel* بين *r.* VIII. elegit.

خَيِّر bonus. bonum.

خِيَرَة bonum. res exquisita.

اخْتِيَار *act.* VIII. electio. liberum arbitrium.

خَاطَ *med. Je. fut. J.* I. *et* II. suit. consuit *vestem.*

خَيِّل *coll.* equi. equites.

خَيْمَة *pl.* خِيَام tentorium. tabernaculum.

د

دَاب mos. consuetudo.

دَبَّ *fut. J.* incessit rependo.

دَاب *ag.* repens.

دَابَّة *fem.* jumentum. bestia.

دَبِيب quicquid per terram graditur. reptile.

دُبُر *s. pl.* ادبار postica pars. tergum.

دَخَل *fut. U.* intravit *in locum* ccal. *ad aliquem cc.* الى *s.* على *p.* IV. introduxit.

دُخُول *act.* introitus.

دَرْس tribulus. *hebr.*

دَرَس *fut. U.* trivit *librum.* perlegit studiose.

دَرَك IV. assequutus est. prehendit *rem.* ccar.

دِرْهَم *pl.* دَرَاهِم Dirhem. numus argenteus. Drachma.

دَرَى *fut. J.* scivit. ccar. *vel c.* ب *r.*

دَعَا *fut. U.* vocavit. invitavit

ccap. et الى r. invocavit Deum. cca.

دُعَآء act. precatio.

وتَع Imp. verbi دَعِى

مُدَافَعَة act. III. propulsatio.

دَفَن fut. J. 1. recondidit ali- quid. 2. sepelivit mortuum ccap.

دَم pl. دِمَآء cruor. sanguis.

دِينَار pl. دَنَانِير Dinar. dena- rius. numus aureus.

دَنَا fut. U. adpropinquavit. ac- cessit. cc. ب

دُنْيَا comp. fem. أدنى pro- pinquior. proximus.

الحَيوة الدُنْيَا pro الدُنْيَا vita proxima, s. praesens. mun- dus. bona mundana.

دَهْر s. دُهْر tempus pec. longum. saeculum. perpetuitas.

دَار domus. mansio.

دَام med. Vau. fut. U. et A. perseveravit in re. institit rei. cc. على r.

دُون s. مِن دُون infra. sub. دُون أن pro. praeter. prae- terquam quod. nisi quod.

دِين religio. judicium pec. ex- tremum. يَوم الدِّين dies ju- dicii extremi.

مَدِينَة urbs.

ن

ادَّخَر VIII. نَخَر recondidit in thesaurum, reposuit. ccar.

نُرِيَة progenies. liberi. nepotes.

نَكَر fut. U. recordatus est ccar. memoravit, narravit.

ccar. *vel* c. اَنْ V. اَتَّكَرَ
recordatus est. *ccar.*

نَكَرَ *mas.*

نِكَرَ memoria. commemo-
ratio. monitum.

نَكَاةٌ acumen ingenii.

نَلَّ IV. vilem fecit. humiliavit.

نِلَّةَ vilitas. contemtus.

نَلِيلٌ *pl.* اَنَلَّةٌ vilis. abjectus.

نَنْب *pl.* نُنُوب crimen.

نَقَب *fut.* A. abiit. asportavit.
cc. ب *r.* IV. abstulit, sustu-
lit. *ccar.*

نَقَب aurum.

نَهَابٌ *act.* abitus. interitus.
ruina.

نَا hic. hoc. *fem.* نِى haec. *pl.*
اُولَاهْ hi. hae. haec.

نَلِكَ *pro* نَالِكَ hic. hoc. *si*

---

plures praesentes sunt نَلِكُمْ
fem. تِلْكَ *pl.* اُولَاتِكَ.

نُو possessor *rei.* praeditus *re.*
ccgr. *gen.* نِى *acc.* نَا *dual.*
نَوِى *gen.* نَوَا *nom.* نَوُوا *pl.*

fem. نَاتُ praedita. نَاتٌ *subst.*
natura. نَاتَ يَوْمْ quodam die.

نَاقَ *med.* Vau. *fut.* U. gusta-
vit. *ccar.*

ر

رَاس *pl.* اَرُوس ,رُووس ,روس caput *hominis, s. bestiae, s. rei.*
2. summum rei.

رَئِيس *pl.* رُوسَاهْ princeps.
praefectus.

رُوف, رُووف clemens. benignus.

رَأَى *fut.* يَرَى *apoc.* يَرْ vidit.

ccar. existimavit, bonum censuit. *cc.* اَنْ. IV. اَرَى *fut.* يُرِى ostendit. *ccga.*

رَأَى *act.* visus. opinio. consilium.

رَبّ *pl.* اَرْبَاب possessor. dominus.

رِبَّانِى divinae legis, religionis doctor. Rabbinus.

رَبِحَ *fut. A.* lucratus est. *ccar.*

رَابِض *ag.* cubans. recubans. *pec. de quadrupedibus.*

رَبَطَ *fut. U. et J.* ligavit. alligavit. *ccar.*

رَابِع *fem.* ة quartus.

رَجَعَ *fut. J.* rediit. *cc.* الى r.
مَرْجَع *et* رُجُوع reditus.

رِجْل *fem. pl.* رِجْل pes.

رَجُل *pl.* رِجَال vir.

رَجِيم lapidibus obrutus. diris devotus. exsecrabilis.

رَحِمَ *fut. A.* misertus est *alioujus. ccap.*

رَحْمَة misericordia. condonatio. clementia.

رَحِم *pl.* اَرْحَام vulva. uterus.

رَحِيم misericors. رَحْمَان

اَلرَّحْمَن et رَحْمَان رَحْمَن *item.*
اَلرَّحِيم valde misericors Deus.

رَدّ *fut. U.* reddidit. reduxit. redegit. *ccga.*

رَزَقَ *fut. U.* largitus est. *ccga.* sustentavit. *ccap.*

رِزْق donum. vitae sustentaculum.

رَاسِخْ *ag.* stabilis. firmus. constans.

رَسُولْ *pl.* رُسُلْ legatus. apostolus.

رَضِىَ *ult. Vau. fut. A.* gratum habuit *aliquid.* acquievit *in* re. *cc.* ب *r.* رَضِىَ ٱللّٰهُ عَنْهُ gratum habeat eum Deus.

رِضْوَان voluntas. beneplacitum.

رَعَدَ VIII. tremuit.

رَعْدْ tonitru.

رَاعِ *ag.* pastor, custos gregis.

رَافِع *ag.* attollens. adsumens ad se *ccap. et* الى.

رِفْقْ benignitas. favor.

رَقَّ X. misertus est *rei ccar.*

رَكَعَ *fut. A.* inclinavit caput deorsum.

رَاكِعْ *ag.* deorsum se flectens, *ita* orans.

رَمْزْ nutus. رَمْزًا nutu.

رَمَى *fut. J.* projecit rem. *ccar. vel c.* ب *r.*

رِيحْ *pl.* رِيَاحْ ventus.

رَادَ *med. Vau.* III. voluit. petiit. رَاوَدَنِى عَنْ نَفْسِى expetivit me a me ipsa, expetivit copiam mei a me ipsa. IV. voluit. *ccar. vel c.* أَنْ *vel c. fut.*

رَوْض *pl.* رِيَاضْ, hortus. pratum.

رَيْبْ *act.* dubitatio. dubium. *cc.* فى *r.*

ز

زَكَّا II. purificavit. purum piumque censuit. approbavit.

زَلَالْ navicula.

زَاجٍ *med. Vau.* II. matrimonio conjunxit *aliquem cum aliqua. ccgn. vel ca. et* بـ.

زَوْج conjux. *fem.* زَوْجَة uxor. *pl.* اَزْوَاج.

تَزْوِيج *act.* II. conjunctio. matrimonium.

زَانٍ *med. Je. fut. J.* auctus est. auxit *rem. cc.* فى *r.* VIII.

اِزْدَاد auctus est *re. ccar.*

زَاد 1. commeatus. 2. coena.

زِيَادَة augmentum. incrementum. بِزِيَادَة amplius. melius.

زَاغٍ *med. Je.* seduxit.

زَيْغ *act.* declinatio.

زَالَ *med. Je. fut. J. et A.* desiit facere. *ccfut.*

PETERMANN, Chrest. arab.

زَانٍ *med. Je.* II. ornavit. instruxit.

زِينَة ornamentum. apparatus.

تَزْيِين *act.* II. ornatio.

تَزَيَّا *vel* زَيَّا V. زِيّى *vel* تَزيّى vestivit se. vestitus fuit. *cc.* بـ *r.*

زِى vestitus. habitus.

س

س *particula futuro ind. et parag. praefixa, quae futurum tempus indicat.*

سَائِر *ag.* reliquus. pars reliqua. omnis. *ccg.*

سَأَل *fut. A.* interrogavit. *ccap. et* عن *vel* بـ *r.* petiit. *ccgа. vel cap. et* اَن III. *item. ccap.*

سُوَال *act.* interrogatio. petitio.

K

— 74 —

سَبَب pl. أَسْبَاب causa. occasio.

سِبَات somni quies. sopor.

سَبَّح II. laudavit Deum.

سِبْط pl. أَسْبَاط tribus pec. Israelitica.

سَبْعَة fem. سَبْع septem.

سَبْعُون septuaginta.

سَابِع septimus.

سَبِيل utr. via. فِي سَبِيلِ ٱللّٰهِ in via Dei i. e. religionis ergo.

سَتَرَ VII. et VIII. abdidit se.

سِتَارَة velum. tentorium.

سَجَدَ fut. U. procubuit supplex. adoravit.

مَسْجِد locus adorandi. templum.

سَحَر pl. أَسْحَار antelucanum tempus.

سَدَّ fut. U. obstruxit. occlusit.

سَادِس fem. sextus.

سُرُور act. laetitia.

سَرِعَ III. properavit ad aliquem. cc. إِلَى p. IV. festinavit.

سَرِيع comp. أَسْرَع properans. velox.

سَرَقَ fut. J. furatus est aliquid alicui ccar. et مِن vel لِ p.

سَعَدَ III. adjuvit. ccap. et عَلَى r.

سَعَى fut. A. cucurrit.

سَاعٍ ag. cursor.

سَفَرَ III. iter fecit. profectus est.

سَقَطَ fut. U. lapsus est. cecidit.

سَقَى fut. J. bibendum dedit. ccga. rigavit.

سَكَتَ *fut. U.* siluit.

سَكَرَ *fut. A.* ebrius fuit.

سُكْر *act.* ebrietas.

سَكَنَ *fut. U.* quievit. habitavit. IV. habitare fecit. collocavit.

سَاكِن *ag. pl.* سُكَّان habitans.

مَسْكَنَة paupertas.

سَلَّ I. *et* VIII. eduxit. extraxit.

سَلَّطَ V. dominium obtinuit. dominatus est. *cc.* عَلَى *vel* ب *r.*

مُسَلَّط *part. pass.* II. praefectus. dominus.

سَلَكَ *fut. U.* ambulavit. incessit *via.*

سَلِمَ *fut. A.* incolumis fuit. salvus evasit. IV. dedidit se. commisit *rem suam Deo.*

ccar. *et* الى *p.* Moslemus factus est.

سَلَام incolumitas. salus. pax. salutatio. اَلسَّلَامُ عَلَيْكَ pax sit tibi. salutatus sis! *formula salutandi et valedicendi Moslemorum.*

وَعَلَيْكَ ٱلسَّلَام et tibi sit pax! *responsionis formula.*

سَلَامَة incolumitas. salus.

مُسْلِم *ag.* Moslemus. pius.

إِسْلَام *act.* IV. pietas erga Deum. Islam, religio Moslemorum.

سَمَارِية navicula.

سَمِعَ *fut. A.* audivit. ccar. *vel c.* ب *r.*

سَمْع *act.* auditus. auris.

سَمَاع *act.* auditio.

سَمِيع audiens. exaudiens.

سَمَك coll. piscis.

سَمِين pl. سِمَان pinguis.

سَمَا fut. U. II. et IV. nomina-
vit. appellavit rem nomine.
ccga. vel cap. et ب nom.

سَمَوَات utr. pl. سَمَاء؟ coelum.

اِسْم nomen. vide sub lit. ا.

سِمَة pl. سَنَوَات s. سِنُون annus.

سَهْل comp. أَسْهَل facilis. gratus. acceptus.

سَاء med. Vau. fut. يَسُوء malus
fuit. male fecit alicui. ccap.

سُوء malum. calamitas.

سَيِّئَة malum. peccatum.

سَاحَة cavaedium. impluvium.

سَاد med. Vau. IX. أَسْوَدَّ niger
fuit.

سَادَة pl. سَيِّد princeps. dominus.

سُود pl. سَوْدَاء fem. أَسْوَد
niger.

سُورَة Sura. caput Corani.

سَوْط flagellum. plaga. ictus.

سُوق pl. أَسْوَاق forum.

مُسَوَّم ag. II. impressâ notâ in-
signiens equum. مُسَوَّم
part. pass. II. equus ita
signatus, nobilis.

سِوَاء؟ aequalis. idem.

سَار med. Je. fut. J. incessit.
ivit. fluxit.

سَيْف pl. سُيُوف s. أَسْيَاف gla-
dius.

ش

شَبِهَ similis fuit. tropice dictum obscurumque fuit. ag.

VI. مُتَشَابِه similis. obscurus.

شَجَّة vulnus capitis fracti.

شَجَر coll. unit. شَاجِرَة arbor.

شَدّ VIII. vehemens fuit. dura fuit res. cc. عَلَى p. vel بِ p.

مَشْدُود part. pass. ligatus. constrictus.

شَدِيد vehemens. durus. validus.

شَدَخ fut. A. fregit. fidit.

شَرّ malum. malus.

شَرِب fut. A. bibit.

شَرَاب potus. vinum.

شُرْبَة potatio. portio, quae unâ vice bibitur. potus. haustus.

مَشْرَب pl. مَشَارِب potus.

شَرَح fut. A. explicuit. exposuit. VII. laetatus est.

شَرْح explicatio. narratio.

شَرَط fut. U. et J. stipulatus est aliquid ab aliquo. ccar. et عَلَى p.

شَرْط pl. شُرُوط stipulatio. conditio.

شَرُف II. nobilitavit. III. imminuit rei. despexit in rem. ccar. vel c. عَلَى r.

شَرْقِى orientalis. شَرْقِيًّا ab oriente. orientem versus.

شَرِك IV. consortem fecit in re. ccap. et فِى r. socios adjunxit Deo. cc. بِ Dei i. e. plures deos coluit.

مُشْرِك ag. IV. polytheista.

شَرَى VIII. emit. vendidit. permutavit. ccar. et بِ pretii.

شَطّ ripa. ora fluminis.

شَيْطَان *pl.* شَيَاطِين Satanas.

شَعَرَ *fut. U.* scivit *rem. cc.* بِ *r.*

شِعْر *pl.* أَشْعَار carmen.

شَعْر capillus. crines.

عِيدُ ٱلشَّعَانِين festum palma-
rum, *quod ante pascha ce-
lebrant Christiani.*

شُغْل occupatio. negotium.

شَفْرَة *pl.* شِفَار culter. scalprum.

شَفِقَ IV. metuit *aliquid cc.* أَنْ

شَفَا extremitas, ora *rei.*

شَكَرَ *fut. U.* gratias egit. *ccap.*
vel c. الِى *p.*

شَكَا *fut. U.* questus est. *ccar.*
et الِى *p.*

شَمْس *pl.* شُمُوس sol.

شَهِدَ *fut. A.* praesens adfuit.

ccar. Sur. 24, 2. testatus
est. *cc.* بِ *vel* على *r. vel c.*

أَنْ. III. coram perspexit.

شَاهِد *fem.* ة *ag.* testans.
testis.

شَهِيد *pl.* شُهَدَآء testis. martyr.

شَهْر nova luna. mensis.

شَهَقَ *fut. A. et J.* gemuit.

شَهْقَة *unit.* gemitus. suspi-
rium.

شَهْوَة *pl.* شَهْوَات cupiditas.

شَهِىَ *comp.* أَشْهَى desiderabilis.

شَارَ *med. Vau.* IV. 1. innuit
manu vel oculo. monstravit
rem cc. الِى *p.* suasit. *cc.*
على *p. et* بِ *r.* interrogavit.
consuluit. *ccap. et* ﻓﻰ *r.*

شَوْك spina. carduus.

شَآء *med. Je. fut.* يَشَآء voluit.
ccar. vel c. اَن *s.* اَن

شَيْء *pl.* أَشْيَآء res. aliquid.

شَيْخ senex. dominus. *titul.*
honorif.

ص

صَبَح IV. mane fuit. mane fecit. factus est. *cca. vel c. fut.*

صَبَر *fut. J.* patiens fuit. patienter pertulit. *cc.* علي *r.* abstinuit. *cc.* عن *r.*

صَابِر *ag.* constans. patiens.

تَصَبُّر *act.* V. patientia. forti-
tudo.

صَبِيّ puer. adolescentulus.

صَاحِب *pl.* أَصْحَاب socius.
dominus. particeps.

صَحْرَآء planities vasta. deser-
tum. campus.

صَدّ *fut. U.* avertit. prohibuit.
ccap. et عن *r.*

صَدْر *pl.* صُدُور anterior pars
rei. pectus.

صَدَق *fut. U.* verax fuit. verum dixit. V. eleemosynam
largitus est.

صَادِق *ag* verax. verus.

مُصَدِّق *ag.* II. verificans.
credens.

صَدَقَة beneficium. eleemo-
syna.

صَدِيق *pl.* أَصْدِقَآء amicus.

صِرّ frigus herbas feriens. ventus frigidus.

صَارِخ *ag.* clamans. 2. clamor.
Nom. act. quale in verbis

vociferandi esse solet. cf.

نَحِيبٌ ,عَوِيلٌ, ضَجِيجٌ.

صِرَاطٌ via pec. patens.

صُرِعَ fut. A. pass. spasmo cor-
reptus est. lictus est animo.

صَعَدَ fut. A. descendit. cc.
الى l. vel cal.

صَاعِقَةٌ pl. صَوَاعِقُ ruens cum
ingenti tonitru deorsum ful-
men. mors. supplicium.

صَفَا VIII. اصْطَفَى selegit.

صَيْقَلٌ politor.

صَلَحَ IV. aptavit. concinnavit.
temperavit *lyram.* emenda-
vit *pec. se.* benefecit.

صَالِحٌ *ag.* probus. pius.

صَالِحَةٌ *fem.* bonum. virtus.

مُصْلِحٌ *part. pass.* IV. con-
cinnatus. temperatus.

صَلَّى II. صَلَا precatus est Deum.

صَلَّى ٱللّٰهُ عَلَيْهِ وَسَلَّمَ الى p. cc.
propitius sit ei Deus fa-
vensque. *votum pium, quod
pro Muhammede faciunt
Moslemi.*

أَصَمّ pl. صُمّ surdus.

صَنَعَ *fut.* A. fecit. condidit.

صَنْعَةٌ opus. artificium.

صِنْف pl. أَصْنَافٌ species. genus.

صَابَ *med. Vau.* IV. invenit.
adsecutus est. attigit. ad-
fecit. laesit.

صَيِّبٌ nubes pluviam effun-
dens.

صَوْتٌ pl. أَصْوَاتٌ sonus. vox.
cantilena.

صَارَ *med. Vau.* II. صَوَّرَ for-
mavit.

صُورَة forma. figura. imago.

صَاح med. Je. fut. J. clamavit.

صَار med. Je. fut. J. exstitit.
factus est. صَار على حَال
incidit in conditionem.

مَصِير incessus. abitus. locus,
quo quis pertingit.

ص

ضَبَط fut. U. conservavit. con-
tinuit rem.

ضَبْط act. conservatio. cura
rei.

ضَجّ fut. J. exclamavit. strepi-
tum edidit.

ضَرّ fut. U. nocuit. laesit. ccap.
vel c. ب p.

ضَرَب fut. J. percussit. pulsavit citharam cc. ب cith.

ضَرَب مَثَلا panxit proverbium.

ضَرْب act. percussio. ictus.
pulsatio citharae.

ضَعَف et ضَعُف fut. U. debilis,
infirmus fuit. VI. duplus
evasit. increvit.

ضَلّ IV. fecit, ut aberraret. ami-
sit. perdidit.

ضَالّ ag. errans.

ضَلَالَة error.

ضِلَع fem. pl. أَضلَاع costa. latus.

ضَاء med. Vau. IV. luxit. illu-
minavit.

إِضَاءَة act. illuminatio.

ضَيْف hospitans. conviva.

ضَاق med. Je. fut. J. angu-
stum, in angustia fuit.

ط

طَرَب act. commotio animi. gaudium.

طَرَح fut. A. abjecit. projecit.

طَرَد fut. A. abegit. expulit.

طَرَف pl. أَطْرَاف tractus. latus. extremitas rei.

طَرِيق semita. via trita. mos.

طَرِيقَة modus. regula.

طَعَام act. edere. cibus.

طَلَل pl. أَطْلَال corpus rei. vestigium domus.

طَلَب fut. U. quaesivit. flagitavit. petiit.

مَطْلُوب part. pass. expetitus. exoptatus.

طَلَق et طَلَّق II. dimisit uxorem.

طَمَان IV. أَطْمَان quievit. acquievit. securus fuit.

طَنْبُور tympanum.

طَهُر II. mundum reddidit. liberavit. IV. purum reddidit, purificavit.

مُطَهِّر ag. II. liberans. cc. مِن.

مُطَهَّر fem. ة part. pass. II. purificatus. mundus.

طَاع med. Vau. IV. obedivit. ccap. vel c. لِ p. X. اِسْتَطَاع et أَسْطَاع potuit efficere. ccap. vel c. أَن.

طَوْع obsequens. طَوْعًا sponte.

طَاعَة obedientia.

طَائِفَة pars rei. turba. aliquot homines.

طَال med. Vau. fut. U. longus fui. diu duravit.

طُول act. longitudo. diuturnitas.

طِيل vita. aetas.

طَوِيـــل longus. diuturnus.

طَوِيلًا per longum tempus.

طِيب act. suavitas. praestantissimum *alicujus rei*.

طَيِّب *fem.* ة bonus. jucundus. suavis.

طَار *med. Je. fut. J.* volavit. rapide latus fuit.

طَائِر *ag. pl.* طَيْر volans. volucris.

طَيْر *pl.* أَطْيَار volucris. avis.

ظ

ظَفِر *fut. A.* acquisivit *rem.* potitus est *re. cc.* بِ *r.*

ظَلَم *fut. J.* injuria affecit. *ccap.*

ظَلِم *fut. A.* obscura fuit *nox.* IV. *item et* tenebras offudit. *ccar. et* على *p.*

ظُلْم injúria. injustitia.

ظَالِم *ag.* injustus. opprimens.

ظُلَمَات *pl.* ظُلْمَة *s.* ظُلْمَة obscuritas. tenebrae. ظَلَام *item.*

ظَمِى *fut.* يَظْمَأُ sitivit.

ظَنّ *fut. U.* putavit *cc.* أَنْ *vel* cga.

ظَانّ *ag.* putans.

ظَهَر *fut. U. et J.* apparuit. conspicua fuit *res.* II. manifestavit. *ccar.*

ظَهْر tergum. dorsum. latus.

مِنْ ظَهْرِكَ ex tuo latere, a te ipso (tuus filius).

ع

عَبَد *fut. U.* adoravit. *cca.*

عِبَاد *pl.* عَبْد servus.

عِبْرَة pl. عِبَر exemplum. monitum.

عَتَق IV. manu misit servum.
عِتْق act. manumissio. libertas.

مُعَجَّب part. pass. IV. admiratione affectus rei. cc. ب r.

مَعْدُون part. pass. fem. ة. numeratus. determinatus. certus. paucus.

عَدْن act. commoratio. mansio.

جَنَّة عَدْن hortus aeternus. paradisus beatorum.

عَدَا fut. U. cucurrit. irruit in aliquem. cc. على p. VIII. item et iniquus fuit.

عَدُو pl. أَعْدَاء hostis. inimicus.

عَدَاوَة inimicitia. hostilitas.

عَذَبَ II. punivit. castigavit. ccap.

عَذَاب poena. supplicium.

مُعْرِض ag. IV. declinans. resistens. se opponens.

عَرَف fut. J. scivit. novit. cognovit.

عَارِف ag. sciens. perspiciens.

مَعْرُوف part. pass. notus. cognitus. probitas. benignitas.

مَعْرِفَه notitia. peritia.

عَرَق sudor.

عُرْيَان fem. ة. nudus.

عَزَّ IV. splendidum reddidit. nobilitavit. corroboravit.

عَزِيز eximius. potens.

عَزَم fut. J. proposuit sibi. animum applicuit. ccar. vel c. على r. vel c. أَن.

عَسَى ult. Je. fieri potest, prope fuit ut. cc. أَنْ.

عُشْب coll. herba. gramen.

عِشْرَة familiaritas. amicitia.

عَشِفَ fut. A. amavit. deperiit. ccap.

عَشِىٰ et عِشَآء vespera.

عَصَمَ VIII. deditus, affixus fuit. ce. بِ.

عَصَى fut. J. reluctatus est. repugnavit. cca. vel c. لِ vel c. عَلَى p.

عَاصٍ ag. pervicax. reluctans. ccap.

مَعْصِيَة 1. contumacia. pervicacia. 2. crimen. peccatum.

عَصّ dentibus prehendit. momordit digitos prae ira. ccar. et عَلَى p.

عَطَلَ otiosus fuit. desiit. cessavit. cc. مِن.

عَطَا IV. dedit aliquid alicui. ccga.

عَظْم pl. عِظَام os, ossis.

عَظِيم pl. عِظَام et عُظَمَآء comp.

أَعْظَم magnus.

عَقِب fem. calx pedis.

عِقَاب punitio. poena.

عُقُوبَة punitio. poena.

عَاقِر ag. sterilis.

عَقَلَ fut. J. percepit. intellexit.

عَقْل act. intellectus. intelligentia.

عَلِمَ fut. A. scivit. novit. cc. بِ r. vel car. vel c. أَنْ II. docuit. ccga. IV. significavit. indicavit. *ccga. vel cap. et* ب‎ *r.*

عِلْم‎ *act.* scientia. notitia. eruditio.

عَالِم‎ *ag. comp.* أعلَم‎ sciens. peritus *cc.* ب‎ *r.* عَالِم‎ *pl.* عُلَمَاء‎ vir doctus. doctor.

عَالِم‎ *pl.* ون‎ mundus. homines.

عَلِيم‎ sciens. peritus.

عَلَا‎ *fut. U. et* عَلِى‎ *fut. A.* altus, sublimis fuit. VI. 1) altus fuit. اللّٰه تَعَالَى‎ Deus, qui excelsus habeatur, qui exaltetur. 2) accessit. *cc.* الى‎.

عَلَى‎ super. in. inter. ad. propter. secundum. etsi. contra.

عَم‎ *fut. U.* communis fuit. communicavit. replevit. *cca.*

عَم‎ patruus, frater patris.

مَا‎ *et* عَن‎ *et* عَمَّا‎ ex a qua re? de eo quod. pro eo quod.

عَمَد‎ *fut. J.* cepit. arripuit. *cc.* الى‎ *r.*

عَمَد‎ propositum عَمْدًا‎ intendens. quaerens. consulto. data opera.

عُمْر‎ *pl.* أعمَار‎ vita. vitae tempus.

عَمِل‎ *fut. A.* operatus est. fecit.

عَمَل‎ *pl.* أعمَال‎ operatio. actio. opus.

عَن‎ a. ab. auctore aliquo. de. sine. pro. propter. عَنِّى‎ a me.

عَنَت‎ commisit crimen. incidit in malum. periit.

عِنْد‎ apud. penes. مِن عِنْد‎ ab.

عَنَّف‎ II. exprobravit. corripuit. *ccap. et* ب‎ *r.*

عَهْد fides. foedus. pactum.

عَوْج curvitas. distorta forma.
etiam de via religionis.

عَانَ med. Vau. fut. U. rediit.
cc. الى p. factus est. ccar.
III. rediit ad aliquem. ccap.

عِيد pl. أَعْيَاد festum. so-
lemnitas.

عُون lignum. cithara. lyra.

عَانَ med. Vau. fut. U. confu-
git ab infortunio ad aliquem.
cc. من r. et ب p. IV. trans.
ccap. et ب pers. alter.

عَانَ med. Vau. X. auxilium
petiit ab aliquo. ccap. vel c.
ب p.

عُون auxilium. adjutor.

عِيسى Isa. nom. viri. hebr.
Jesus.

عَيْن fem. pl. عيون oculus.
fons.

غ

غَدَا fut. U. mane venit. cc. على
p. mane fuit. cca. praedicat.

غَرّ fut. U. pellexit. decepit.

غَرِيب pl. غُرِبَاء peregrinus.
alienus.

غَرَس fut. J. et U. plantavit.

غَرْس plantatio. res plantata.
planta.

غَرِق fut. A, submersus fuit.

غَسَل fut. J. lavit. abluit. II.
multum lavit membra.

غُسْل lavatio. lotura.

مَغْشِى et مَغْشِى عَلَيْه part.
pass. lictus animo.

غَضَب fut. A. iratus fuit. cc.
p. على

غَضَب ira. furor.

مَغْضُوب عَلَيْهِ *part. pass.* in-
visus. exosus. contra quem
iracunde agitur.

غَضًا *unit.* غَضاة Gada. arbor
quaedam, cujus lignum pru-
nam vivacissimam praebet.

غَفَرَ *fut. J.* texit. condonavit.
ccar. et. لـ *p.* X. veniam pec-
catorum rogavit. *ccga. vel*
cap. et مِن *vel* لـ *r.*

غَفُور clemens. condonans.

مُسْتَغْفِر *ag.* X. veniam ro-
gans.

غَافِل *ag.* negligens. *cc.* عن *r.*

غَفْلة incuria. negligentia.

غَلّة proventus. reditus.

غَلَب *fut. J.* vicit. superavit.
ccap. vel c. على *p.*

غَلَط *act,* hallucinatio. error.

غُلَام *pl.* غِلْمَان juvenis. puer.
servus.

غَمّ *fut. U.* texit. contristavit.
ccap.

غَمْر aquae copia. gurges.
abyssus.

غَامِر *f.* ة. rudis. incultus. in-
habitatus.

غَمّا *fut. U.* I. contexit *domum.*
pass. I. *et* IV. غُمِّى عَلَيْهِ
et أَعْمِى عَلَيْهِ animo lictus
fuit.

غَنَم *coll. fem. et pl.* أَغْنَام
oves. grex ovium.

غَنَى *ult. Je.* II. cecinit *alicui*
aliquid. ccga. vel c. ب *r.* IV.
contentum reddidit. dita-
vit. *ccap.* profuit. *cc.* عن *p.*

غِنًى animus contentus.
opes. divitiae.

غِنًى fem. 5. contentus. dives.

غِنَاءٌ cantus. اغنية pl. اغاني

et اغانٍ cantilena.

غَاثَ med. Vau. X. opem im-
ploravit alicujus ccap. vel c.
ب p.

اغوَى IV. decepit. seduxit. ccap.

غيب res occulta. arcanum.

غَابَة terra depressa. arundi-
netum. saltus.

غَارَ med. Je. V. immutata
fuit res.

غير et غير ان praeter.
praeterquam quod. seq. at.

من غير et بغير sine.

غيظ indignatio. ira.

ف

ف praefixum consecutionem

indicans. proinde. itaque.
atque. ut, ne ccfut. subj.
vel antithet.

فتنة pl. فتات, فتون agmen hominum.

فتح VII. aperta fuit res.

فاتح fem. 5. ag. aperiens.
subst. initium.

فتن fut. J. pellexit. fascinavit
mulier aliquem. ccap.

فدى VIII. se redemit. redem-
tus fuit. cc. من r. et ب in-
strum.

فرج VII. recreatus est. moe-
rore solutus est.

فرجة, فرجة recreatio.

فرح fut. A. laetatus est re. cc.
ب r.

فرّ IV. segregavit aliquem.
ccap.

M

فَرَزَ *fut. J.* segregavit. discrevit. cc. بَيَّنَ.

فَرَش *act.* sternere. stragulum. stratum.

فَرَض VIII. necessario praestandum jussit Deus.

فِرْعَون Pharao. *nom. pr.*

فَرَق II. distribuit. separavit. perterruit. III. reliquit. V. abiit. discesserunt a se invicem. separati fuerunt. VIII. se divisit, separavit.

فُرْقَان quod distinguit. *pec.* verum a falso. الفُرْقَان liber ad hunc finem a Deo traditus. Coranus.

فَرِيق agmen. pars hominum.

فَرَى VIII. finxit. excogitavit. commentus fuit *mendacium.*

فَسَد *fut. U.* corrupta fuit, mala fuit *res.*

مُفْسِد seditiosus. maleficus. corruptor.

فَاسِق *ag.* impius. improbus.

فَشِل *Fut. A.* pusillanimis fuit. languit.

فَصَل *fut. J.* separavit. distinxit. cc. بَيَّنَ r.

فَاصِل *ag.* dividens. distinguens.

فِضَّة argentum.

فَضَح *fut. A.* proscidit. probro exposuit *aliquem.*

فَضْل praestantia. excellentia. bonum. bonitas.

فَعَل *fut. A.* fecit. *ccar.*

فَقَد *fut. J.* desideravit *rem.* caruit re. *ccar.*

فَقَر VIII. pauper factus est.

فَلَح *fut. A.* secuit, sulcavit *terram.* aravit.

مُفْلِح *ag.* IV. prosper. felix.

أفْلَح *Nomen viri.*

فَلِمَ et cur? *comp. ex* فَ *et* لِمَ et cur?

فَمٌ os, oris. *in st. cstr.* فَمُ *etc.* atque etiam فُو nom. فِى gen. فَا acc. — *pl.* أفْوَاه.

فَوْر *act.* aestuatio. مِنْ فَوْرِهِمْ (على) protinus ab adventu, antequam quiescerent.

فَاقَ IV. convaluit *a morbo,* ebrietate. cc. مِنْ *r.*

فَوْقَ super. supra. *ccg.*

مِنْ فَوْقِ super. desuper. *ccg.*

فِيمَا فِى in. cum. inter. de. in eo quod. de eo quod.

ق

أقْبَح *comp.* قَبِيح deformis. foedus. turpis.

قَبْر *pl.* قُبُور sepulcrorum.

مَقْبَرَة *pl.* مَقَابِر sepulcretum. locus sepulcrorum.

قَبَض *fut. J.* cepit. manu prehendit ac tenuit. *ccar. vel c.* على *r.*

قَبِلَ *fut. A.* accepit. recepit. IV. advenit. accessit. V. accepit, suscepit ut gratum.

قَبْلَ *et* مِنْ pars anterior.

قَبْلَ *et* مِنْ antea. prius.

قَبْلَ أنْ *et* مِنْ ante. *ccg.*

قَبْلِ أنْ antequam. priusquam.

مِنْ قِبَلِ a parte, respecta. ccg.

قُبَلَةَ e regione. ccg.

قَبُولٌ et قُبُولٌ act. acceptio.

قِيثَار, قِيثَار organum. cithara.

قَتَلَ fut. U. interfecit. ccap. III. pugnavit adversus aliquem. ccap.

قَتْل act. interfectio. occisio.

قَاتِل ag. interfector. homicida.

قِتَالٌ act. III. oppugnatio. pugna. proelium.

قَتِيل pl. قَتْلَى interfectus.

قَدْ praeponitur praeterito, quod vere tempus praet. significat, jam. certe. profecto.

قَدْ VI. تَقَاتْ animadversus, decisus fuit. Gen. 4, 24.

تَقَاتْ sed forte legendum ut v. 15.

قَدِيرٌ potens.

مِقْدَار quantitas. mensura pec. justa. potentia. vis.

قَدَّسَ II. consecravit. sanctificavit.

قُدَّام antica pars. قُدَّام ante.

مِنْ قُدَّام a conspectu alicujus. ccg.

قَرَّ IV. firmavit. confessus est veritatem. cc. ب.

مُقِرّ ag. II. ad confitendum quid cogens. interrogans.

قَرَأ fut. A. legit. praelegit.

قَرَأَ السَّلَام pertulit salutem dicendam ccap. vel c. عَلَى p.

القُرْآن Coranus.

قَرُبَ fut. A. et قَرِبَ fut. U.

propinquus fuit. appropinquavit.

مُقْرَب part. pass. II. prope admotus. in honore et pretio habitus. qui interioris admissionis est.

قَرِيب pl. قَرَائِبُ propinquus. consanguineus.

قَرَع VIII. flagitavit *aliquid ab aliquo*. ccar. et c. على *p.*

قَرَع fut. A. pulsavit *fores*. ccar.

قَرْيَة, قَرِيَة pl. قُرًى oppidum. urbs.

قِسْط justitia. veritas. بِالْقِسْط in veritate.

قَسَم IV. juravit per Deum. cc. ب *p.* obtestatus est *aliquem*. cc. على *p.*

قِصَّة pl. قِصَص narratio. historia.

قَصَر II. 1. abbreviavit. 2. negligens, segnis fuit *ad rem*. cc. فى *r.*

قَضَى fut. J. decrevit. absolvit.

قَضَاء act. decretum divinum. fatum. perfectio. peractio *rei.*

اِنْقِضَاء Act. VII 1. postulatio. 2. consummatio. finis.

قَطَع fut. A. resecuit. amputavit ccap. et r. abrupit. repudiavit. II. dissecuit. VII. abruptus fuit. desiit.

مَقْعَد pl. مَقَاعِدُ locus mansionis. castrum.

قَلِيل fem. ة. paucus. قَلِيلًا parum. paullum.

قَلَب VII. perturbatus, in — con — reversus est.

قَلْب pl. قُلُوب cor. animus. mens.

مُتَقَلِّب part. pass. V. inver-
sus. vibratus. versatilis.

قَلَق act. perturbatio. commotio animi.

قَلَم pl. أَقْلَام calamus. sagitta
aleatoria.

قَمِر IV. lunâ illustris fuit *nox*.

قَنَا vide sub وَقَى.

قَنَت fut. J. obedivit Deo. Deo
devotus fuit.

قَانِت ag. Deo obediens ac
devotus. diu precibus insi-
stens.

قِنْطَار s. قَنْطَرَة pl. قَنَاطِير talentum.

مُقَنْطَر part. pass. coacerva-
tum *talentum*.

قَاد med. Vau. IV. talione punivit. occîdit *homicidam pro
caeso*. ccap. et ب r.

قِيَاد habena. gubernatio.

قَالَ med. Vau. fut. U. dixit.

III. قَاوَلَ sermocinatus *cum
aliquo*, affatus *eum* est.
ccap. et فِى r.

قَوْل act. dictum. effatum.

قَوْلُهُ تَعَالَى effatum ejus,
qui laudibus celebretur, effatum Dei. *Sic dicta Corani
significantur.*

قَائِل ag. dicens.

مَقَال act. dictum. effatum.

قَامَ med. Vau. fut. U. surrexit.
accessit cc. الى. stetit. IV.
constituit. stabilivit. com-
moratus est. mansit *in loco*
cc. ب *l.*

قَائِم ag. stans. constans.
firmus.

مُسْتَقِيم ag. X. rectus.

قَوْم populus. homines. aliquot viri, homines.

قِيَامَة .s قِيمَة resurrectio.

قَيُوم subsistens pec. per se. aeternus.

مَقَام pl. مَقَامَات commoratio. locus:

قُوَّة pl. قُوَى potentia. robur. virtus. vis.

إِقَالَة act. IV. abruptio mercatus initi.

قَيْنَة pl. قِيَان puella. ancilla. cantrix. fidicina.

ك

كَ sicut. pariter atque. ccg.

كَذَلِكَ sicut hoc. ita. كَمِثْل sicut similitudo i. e. sicut.

كَمَا sicut id quod. sicut.

كَأَنْ comp. ex كَ et أَنْ velut si. perinde ac si. oca.

كَبَتَ fut. J. prostravit. depressit. subjugavit.

كِبَر act. senectus.

كَبِير comp. أَكْبَر magnus. aetate provectus.

كَتَبَ fut. U. scripsit.

كِتَاب pl. كُتُب scriptum. liber.

كَاتِب ag. pl. كُتَّاب scriba. scriptor.

كَتَمَ fut. U. occultavit. celavit aliquid aliquem. ccar. et p. عَن

كَثُرَ fut. U. multus, copiosus fuit. IV. multum fecit. multiplicavit.

كَثِير comp. أَكْثَر multus. كَثِيرًا multum. valde. saepe.

كَذَبَ *fut. J.* mentitus fuit. II. mendacii arguit. *ccap.* fefellit. defecit.

كَذِب *act.* mendacium.

كَذَّاب *ag. pl. reg. et* كَاذِب mendax. mentiens.

إِكْرَام *act.* honoratio.

كَرْهًا molestia. difficultas. invite. coacte.

كَسَبَ *fut. J.* lucratus est. acquisivit.

كَسَرَ *fut. J.* fregit. rupit.

كُسْوَة *pl.* كُسًى vestis.

كَشَفَ *fut. J.* retexit. aperuit. nuntiavit.

كَفَرَ *fut. U.* negavit. infitiatus est. *ccar. vel c.* ب *r.* infitiatus est Deum. impius fuit.

كُفْر *act.* infitiatio. impietas.

كَافِر *pl.* كُفَّار *ag.* infitians. impius.

كَفَلَ *fut. U.* sustinuit. curavit. educavit. *ccap.* II. administrandum concredidit. *ccga.* in curam suscepit. *ccap.*

كَفَنَ II. ferali amiculo involvit *mortuum ccap.*

كَفَن vestis feralis.

كَفَى *fut. J.* satis fuit. suffecit *alicui. ccap.* par fuit *alicui ccap.*

كُلّ universitas. *ccg.* كُلّ مَنْ quicunque. كُلَّمَا quotiescunque.

كَلِىَ pabulo abundavit *terra.* IV. germinavit *terra* germen.

كَلَأ pabulum, herba virescens. germen.

كَلَّمَ II. adloquutus est *aliquem.*
ccap.

كَلَام oratio. sermo. lingua.

كَلِمَة verbum. λόγος, Jesus.

كَمْ quantum? quot? *cca.* quoties! بِكَمْ quanti? إِلَى كَمْ
quousque?

كَمَا sicut. quemadmodum.
comp. ex كَ et مَا.

كَمَلَ *fut. U.* perfectus, ab-
solutus fuit. IV. perfecit.

أَكْمَه caecus *ab ipso ortu.*

كَنَى *fut. J.* I. *et* II. appellavit
cognomine *aliquem.*

كَهْل vir maturus. *ab anno*
30—51.

كَادَ *med. Vau. fut. A.* paene
fecit. voluit facere. tantum
non fecit *ccfut. vel. c.* أَنْ.

كَوْكَب *pl.* كَوَاكِب stella. sidus.

كَانَ *med. Vau. fut. U.* fuit.
*cca. praedicati. cum fut.
conjunctum efficit imperfectum, cum praet. plusquamperfectum.*

مَكَان locus. gradus. dignitas.

كَى et لِكَى *c.* لْ *part. seq. fut.
antith.* ut.

كَيْد dolus. insidiae. strata-
gema.

كِيس crumena.

كَيْف quo modo? quo pacto?
quare?

كَيْلَا ne. *comp. ex* كَى ut. *et*
لَا non.

ل

لَ certe. profecto.
لِ *nota dativi.* ad. propter. per

jurando. ut. *ccfut. subj.* utinam. *ccfut. apoc.* cf. *Gr.*
p. 98. *Ante suffixa, excepto*
لى, *et si admirationem in-*
dicat, scribitur cum Fatha.

لَا 1) non. 2) nullus. *conjun-*
gitur cum nomine in ac-
cusativo posito, quod et
articulo et nunnatione ca-
ret.

مَلَاكٌ *s.* مَلَكٌ *pl.* مَلَائِكَةٌ nuntius. nuntius coelestis. an-
gelus.

لُولُو *coll.* لُولُوَة *unit.* margarita.

لِئَلَّا ne. quo minus. *comp. ex*
لِ *ut,* أَن *ut, et* لَا non. *ccfut.*
subj.

لِأَنْ nam. quoniam. propterea.
quod. *cca. nom.*

لَئِنْ profecto si. quodsi. *comp.*

 es لَ profecto, *et* إِنْ si.

لُبّ *pl.* الْبَابُ cor. intellectus.
ingenium. أُولُوا الْأَلْبَابِ possessores cordium, cordati.
intelligentes.

لَبِثَ *fut. A.* cunctatus, moratus est.

لَبِسَ *fut. A.* induit sibi *vestem.*
indutus fuit *veste. ccar.* 2)
induit *alicui vestem. ccap.*
IV. induit. *ccga.*

لِبْسٌ vestis.

لَجَّ IV. importune institit *ali-*
cui. importune flagitavit
ab aliquo aliquid. cc. عَلَى
p. et c. فِى *vel* بِ *r.*

لَحِقَ adsequutus est. arripuit. *ccar. vel c.* بِ *r.* per-
tinuit ad aliquid.

لَحْمٌ caro.

لَدَغَ *fut. A.* momordit *serpens.* punxit *caudá scorpio.*

لَدُنْ, لَدَى cum affixis لَدَى *ad.* usque. prope. *ccg. vel* ca. مِنْ لَدُنْ apud. *a.* ab.

لَزِمَ *fut. A.* adhaesit *cca.*

لِسَانْ, اَلْسِنَةْ lingua.

لَطَفَ **V.** blanditus fuit *alicui aliqua re. cc.* لَ *p. et c.* بِ *r.*

لَعَلَّ, fortasse. forsan. *cca. vel c. pron. suff.*

لَعَنَ *fut.. A.* exsecratus est *aliquem.* male dixit *alicui. ccap.*

لَعْنَةْ maledictio.

مَلْعُون *part. pass.* exsecratus. detestabilis.

لَفَّ **I.** *et* **II.** involvit. obvolvit.

لَقَّبَ **II.** cognominavit *aliquem.*

لَقِیَ *fut. A.* invenit. obviam habuit. *ccap.* **IV.** projecit. injecit. *coar.* attribuit. *ccar. et* عَلَى *p.* occurrit. *ccap.* **VIII.** occurrit. accessit *ad aliquem. cc.* عَلَى *p.*

لَكَنْ sed. veruntamen. *cca.*

لَمْ non. haud. *ccfut. apoc., quod ita positum tempus praet. significat.*

أَلَمْ annon? *comp. ex* أ *et* لَمْ.

لَمَّا non. nondum. *comp. ex* لَمْ *et* مَا. quum. postquam.

لِمَ cur? quam ob rem? *scriptum pro* لِ *et* مَا. لِمَا *propterea quod.*

لَمَّا *comp. ex* لَ *et* مَا certe non. profecto non. certe.

لَمَع splendor. coruscatio.

لَمَعَنَا comp. ex لِ et مَع et suff. I. pers. pl.

لَنْ conflatum ex لَا et أَنْ non. haud ccfut. subj., quod ita positum tempus vere fut. significat.

لَوْ utinam. quod si. si. لَوْلَا nisi.

لَوْ أَنْ si. quod si. cca.

لَوْنْ color.

لَوَى fut. J. يَلْوُونَ pro يَلْوُنَ, بَلْوِيُونَ flexit. contorsit.

لَيْسَ II. p. لَسْتَ, لَسْتُ etc. non est. non exstat.

لَيْلْ et لَيْلَة pl. لَيَالٍ, لَيَالِى nox. لَيْلًا noctu.

م

مَا 1) quid? مَا ذَا idem. prae-

posita praepositione Elif abjicitur. 2) id بِمَ. الآمَ. عَلَمَ. quod. 3) quantum. quamdiu. 4) quam! 5) qualiscunque.

مَايَة pl. مِيَات, مِيُون centum.

تَلَتُ مَايَة ducenti. مَايَتَانِ trecenti.

مَآء aqua. vide paullo inferius.

مَآب reditus. vide sub آب.

مَازِر vide sub أَزَر.

مَاكَل vide sub أَكَل.

مُتَّخِذ vide sub أَخَذ.

مَتَاع merx. supellex.

مُتَّقِ vide sub وَقَى.

مَتَى 1) quando? quo tempore? 2) quum. quando. ccfut. apoc.

مَثَل pl. أَمْثَال similitudo. proverbium.

مِثْل pl. أَمْثَال similis. *ccg.*

تَمْثِيل *act.* II. effigies. imago.

مَحَص *fut.* A. a sordibus
purgavit.

مِحْنَة tentatio. afflictio. calamitas.

مُحِيط .حَاطَ *vide sub*

مَدّ *fut.* U. extendit. IV. *item*
et auxilio juvit. *ccap. et* ب *r.*

مَدِينَة urbs. Medina. *vide sub*

دَان *med. Je.*

مَدَنِى Medinensis.

مُذْ inde ab. ex quo.

مَرَّة vicis una. *pl.* مِرَار ,مَرَّات.

مَرَّة aliquando.

مَار *ag.* praeteriens. transiens.

مُسْتَمِرّ *ag.* X. permanens. constans. continuus.

أَمْرُو *gen.* أَمْرِئٍ *acc.* أَمْرَأً mas.
vir.

أَمْرَاة *et* مَرْأَة mulier. femina.

مَرَى VIII. dubitavit *cc.* فى *r.*

مُمْتَرٍ *pl.* مُمْتَرُون *ag.* VIII.
dubitans.

مَسّ *fut.* U. *et* A. tetigit. palpavit.

مُسْتَقِيم *ag.* X. *vide sub* قَام.

مَسِيح unctus. Messias.

مَشَى *fut.* J. ivit. incessit.

مَاشِيَة *fem.* مَاشٍ *ag.* pe-
dibus incedens.

مَشْى *act.* incessus.

مَاشِيَة pl. مَوَاشِى quadrupes. pec. oves et cameli.

مَصِير vide sub صَار med. Je.

مَطَر IV. pluere fecit.

مَع et مَعَ cum. una cum. apud. etsi. licet. ccg. nominis.

مَقَال vide sub قَال med. Vau.

مَقَام vide sub قَام.

مَكَر fut. U. machinatus est. dolum struxit. fefellit. cc. بـ p.

مَاكِر ag. machinator. deceptor. astutus.

مَكَّن IV. potestatem fecit alicui alicujus rei. ccap. et مِن r. possibilis fuit. concessum fuit alicui. ccap.

مَكَان locus. vide sub كَان.

مَكِّى Meccensis.

مِلَّة lex et religio, quam quis sequitur. natio, tribus ejusdem religionis. secta.

مِلْء et مَلَا res, quae quid implet. plenitas. plenitudo.

مَلَّاحُون pl. مَلَّاح nauta.

مَلَك s. مَلَاك pl. مَلَائِكَة vide sub الأ.

مَلَك fut. J. 1) cepit. 2) tenuit. possedit. VI. in potestate habuit. ccar. cohibuit se a re. ec. عَن nom. vel c. نُون أَن verb.

مَمْلُوك part. pass. I. possessus. servus.

مَالِك ag. possidens. dominus. rex.

مُلْك possessio. opes. regnum.

مِمْ comp. ex مِن et مَا ex quo?

unde? مِمَّا ex eo quod. propter id quod.

مِمَّن comp. ex مِن et مَن ex
quo? ex qua gente? ex
quo. a quo.

مَن quis? quisnam? qui. is qui.
quicunque. aliquis qui. non-
nullus qui.

مِن ex. a. ab. propter. prae. *in
comparatione* quam *et* مِن أَن
quam quod. quam ut. *In
sententiis negat. et interrog.
nominativum aut acc. in-
dicat.*

مَنَع *fut. A.* repulit. denega-
vit *aliquid alicui.* ccga. vel
car. *et* عَن *p.* VIII. recu-
savit. abstinuit *re.* areuit
rem. cc. مِن *r.* vel c. عَن *r.*

مُنَّى desiderabilis. *s. pl. a* مِنيَة
optatum. desiderium.

مَهْد *pl.* مُهُود cunae. lectica.

مِهَاد lectus. stratum.

مَهْر dos. pretium conjugis.

مَاتَ *med. Vau. fut. U.* mortuus est.

مَوْت mors.

مَيِّت *pl.* مَوْتَى, أَمْوَات mortuus.

مَال *pl.* أَمْوَال res, quas homo
possidet. possessio. bona.
opes. pecora. pecunia.

مِيَاه, أَمْوَاه *pl.* مِيَاه aqua.

مِيثَاق foedus *vide sub* وَثَق.

مِيعَاد locus condictus. *vide
sub* وَعَد.

مَال *med. Je. fut. J.* inclinavit se. VI. fluctuans incessit *superbientis aut ebrii
more.*

ن

نَبَأَ II. nuntiavit. *ccar.*

نَبِيُّونَ ,أَنْبَاءٌ ,أَنْبِيُّونَ *pl.* نَبِيٌّ
propheta.

نَبَأٌ *pl.* أَنْبَاءٌ nuntius. quod
nuntiatur. historia.

نُبُوَّةٌ prophetia.

نَبَتَ *fut. U.* germinavit. crevit
planta. IV. produxit. ger-
minare fecit.

نَبَاتٌ planta. germen. *etiam
de prole humana.*

نَبِهَ VIII. expergefactus est *ex
somno* cc. مِن *r.*

نَجَّارٌ faber lignarius.

نَحِيبٌ *act.* ejulatus. singultus.

نَحْرٌ *pl.* نُحُورٌ jugulum. su-
prema pars pectoris.

نُحَاسٌ aes. aes cyprium.

نَحْنُ nos.

نَدِمَ *fut. A.* poenituit *aliquem
rei.*

نَدَى I. III. VIII. vocavit. con-
vocavit. convenit.

نَذَرَ *fut. U. et J.* vovit, devo-
vit Deo. *ccar. et* لِ *p.*

نَزَعَ *fut. J.* detraxit. evulsit.
ccar. et مِن.

نَزَلَ *fut. J.* descendit. deversa-
tus est. iter fecit. II. *et* IV.
demisit. revelavit. hospitio
excepit.

مُنْزَلٌ *part. pass.* IV. demissus.

نُزُولٌ *act.* descensus.

مَنْزِلٌ *pl.* مَنَازِلُ mansio. domus.
deversorium.

نَزِهَ V. remotus fuit. secessit.

ambulavit. oblectavit se *in hortis.*

نِسْبَة genus origo.

نَسْل proles. progenies. *etiam de brutis et plantis.*

نَسْلَة Nomen viri.

نَسْمَة et نَسِيم aura lenis.

نِسْوَان ,نِسْوَة ,نِسَاء mulieres. *sing.* اِمْرَأَة.

نَاشِئَة *pl.* نَوَاشِى ,نَوَاشٍ quod producitur. productio.

نَشَدَ *fut. A. J. U.* quaesivit. rogavit. obtestatus fuit *per Deum. cca. et* ب. IV. recitavit carmen alicui. *ccga.*

نَشَط *fut. A.* alacer, strenuus fuit.

نَشَاط *act.* alacritas.

نَصِيب pars. portio. *pec.* sors felicior.

نَصَت tacuit. audivit. auscultavit.

نَصَر *fut. U.* adjuvit. defendit. *ccap. et* على *r.*

نَصْر *act.* auxilium. victoria.

نَاصِر *pl.* أَنْصَار *ag.* adjutor. defensor.

نَصْرَانِى *pl.* نَصَارَى Nazaraeus. christianus.

نِصْف dimidium.

نَضَح *fut. J.* sparsit *aliquid in* rem. cca. et c. على *fut. A.* lacrymavit *oculus.*

نَضَر *fut. U.* splenduit.

نَاضِر et نَضِر 1) splendens.
2) viridis. florens.

نَاطِقٌ loquens. rationalis.

نَظَرَ *fut. U.* adspexit. *cc.* الى. respexit. adjuvit. patienter tulit.

مَنْظَرٌ adspectus. facies.

نَعَمَ *fut. U. et* نَعِمَ *fut. A.* jucundus, gratus, propitius fuit. IV. benefecit. *cca. vel c.* ب *r. et c.* على *p.*

نَعَمْ ita est. maxime. libenter.

نِعْمَةٌ *pl.* نِعَمٌ commoditas vitae. opulentia. beneficentia. beneficium.

نَعَمٌ *pl.* أَنْعَامٌ pecora pascentia *pec.* oves et cameli.

نَعِيمٌ *comp.* أَنْعَمُ jucundus. gratus. mitis.

نَفَخَ *fut. A.* flavit *ore cc.* ب. inflavit. inspiravit. *cc.* فى.

نَفَدَ *fut. A.* periit. evanuit *res.*

نَفْسٌ *fem.* (Gen. 2, 7. *masc.*) *pl.* أَنْفُس *et* نُفُوس anima. animus. persona. ipse *cum pron. suff.*

نَفَضَ VIII. concussus fuit. horrore adfectus fuit.

نَفَقَ IV. expendit. erogavit *pecuniam in aliquid. ccar. et c.* على.

مُنْفِقٌ *ag.* IV. erogans *opes pec. in eleemosynas.*

نَقَذَ IV. liberavit. erupit. *ccap. et r.* من X. *item.*

اِنْتِقَام *act.* VIII. punitio. poena. vindicta.

مُنْكَر *fem.* 8 *part. pass.* IV. foedus. ingratus. iniquum.

أَنْمُلَةٌ *pl.* أَنَامِلُ extremitas digiti.

نَهْرٌ *pl.* أَنْهَار fluvius.

نَهَار pl. أنهر dies. نَهَارًا in-
terdiu.

نَهَض fut. A. surrexit ad aliquid. cc. لِ p. ad aliquem. cc.
الى p.

نَهَى fut. A. vetuit. prohibuit. ccap. et c. عن r. VIII.
abstinuit a re. cc. عَن vel
car. pervenit ad aliquem cc.
على p.

أنو آنَاءٌ vide sub. .

نَاب med. Vau fut. U. vicem
habuit explevitque. vica-
riam operam praestitit.
cc. عَن.

نَوْح planctus.

نَائِد ag. vagus.

نُور pl. أنوار lumen. splendor.

نَار pl. نِيرَان ignis. flamma.

نَيِّم fem. 8. lucidus. lumen.

نَاس homines. vide إنْسَان.

نَوع pl. أنوَاع species. genus.

نَائِع ag. commotus. agitatus.

نَام med. Vau fut. A. dormivit.

نَأل med. Je. fut. A. adsequutus, consequutus est. cca.

8

هَا en! ecce! arripe!

هَب imp. verbi وَهَب q. v.

هَب fut. U. spiravit ventus.

هَاتَى III. dedit. attulit.
هَات imperat. fem. ccga.

هَاتِى pl. هَاتُوا da! date!

هَدَى fut. J. duxit. bene dire-

xit. cc. لِ p. et cap. et لِ
l. VIII. اقْتَدَى recte ductus
est.

هُدَى act. directio. rectus
ductus ad religionem.

هَدِيَّة pl. هَدَايَا donum.

مُهْتَدٍ ag. VIII. recte ductus.

هَذَا hic. hoc. fem هَذِى , haec. pl. هَؤُلَاءِ hi. hae.

هَرَعَ propere incessit. IV. act.
et pass. festinavit, celeriter incessit.

هَزَّ VIII. agitatus fuit.

هَاشِمِى gent. Haschemita.

هَلْ an? هَلْ لَكَ placetne tibi?

هَلَكَ IV. perdidit. interemit.

هُمْ ii. illi. pron. pers. pl. m.

هَمَّ fut. U. cogitavit sollicito

cupidoque animo. intendit.
cc. ب et أَنْ.

هُنَّ eae. illae. pron. pers. pl. f.

هَنَا II. gratulatus est alicui
rem. ccap. et c. ب r.

هُنَا hoc loco. هُنَاكَ et هُنَالِكَ
ibi.

هُوَ is. ille. id. pron. m. pers. praecedente وَ vel فَ scribitur
فَهُوَ , وَهُوَ et هُوَذَا ecce!
هَؤُلَاءِ hi. hae. vide sub هَذَا.

هَالَ med. Vau. fut. U. terruit.
ccap.

هِىَ haec. ea. illa. praeced. وَ
vel فَ scribitur وَهِىَ , فَهِىَ.

هَيْئَة vel هِيئَة externa rei
forma.

مُتَهَيِّأ vel مُتَهَيِّئ part. pass. V.
paratus.

وَ 1) et. 2) una cum. cca. 3) vel. aut. 4) saepe. ccg. 5) per. ccg. وَاللّٰهِ per Deum.

وَتَدٌ palus. paxillus.

مِيثَاقٌ foedus. pactum.

وَجَبَ fut. يَجِبُ necesse fuit. cc. أَنْ verbi.

وَجَدَ fut. يَجِدُ invenit.

وَجَّهَ VIII اِتَّجَهَ tetendit. se convertit.

وَجْهٌ pl. وُجُوهٌ 1) facies. vultus. وَجْهُ النّهَارِ facies diei, diluculum. 2) super-ficies. 3) persona. ipse.

أَسْلَمْتُ وَجْهِي tradidi fa-ciem, personam meam i. e. me.

وَجِيهٌ honore et auctoritate spectabilis. princeps.

وَحْدٌ act. solitudo. وَحْدَهُ in solitudine sua. solus.

وَاحِدٌ fem. ة unus. solus.

وَحَشَ IV. vacuus fuit locus hominibus. cc. مِنْ p.

وَحَى IV. أَوْحَى indicavit. cc. عَلَى vel إِلَى vel لِ p.

وَدَّ fut. U. et A. amavit. optavit. desideravit. cc. لَوْأَنْ et لَوْأَنْ.

وَدَعَ fut. يَدَعُ posuit. collocavit. missum fecit. دَعْ imperat. fem. دَعِي mitte! sine!

وَرَاءٌ pars postica. مِنْ وَرَاءٍ a postica parte. pone. ccg.

وَرْقٌ coll. وَرَقَةٌ unit. frons. fo-lium arboris. folium chartae.

وَسَطْ pars media. medium.

أَوْسَطْ pl. أَوَاسِطْ medius. medium. vir mediae aetatis.

وَسِعَ amplus fuit. II. pass. وَسَّعَ

عَلَيْهِ dives factus est.

وَاسِعٌ ag. amplus. latus.

وَشَكَ IV. celeriter progressus fuit. يُوشِكُ أَنْ يَكُونُ cito futurum est, ut fiat. prope s. parum abest, quin futurum sit.

وَصَلَ fut. يَصِلُ junxit. pervenit.

وَضَعَ fut. يَضَعُ posuit. collocavit. peperit. edidit fetum ccar.

مَوْضِعٌ pl. مَوَاضِعُ locus. auctoritas.

وَطِئ fut. يَطَأُ calcavit. coivit cum muliere. ccap.

وَعَدَ fut. يَعِدُ promisit. minatus est. ccga. vel cap. et c. بِ.

مِيعَادٌ locus condictus. tempus condictum. promissio.

وَعَظَ fut. يَعِظُ monuit. ccap.

وَافِرٌ ag. comp. أَوْفَرُ multus. copiosus. locuples.

وَفَى II. solvit. totum dedit. ccga. pass. وَفِّى totum acepit. IV. pactum servavit. cc. بِ.

مُتَوَفٍّ ag. V. recipiens aliquem Deus per mortem.

وَقْت pl. أَوْقَات 1) hora. فِى 2) statim. مِنْ وَقْتِهِ et وَقْتِهِ tempus.

وَقَد *fut.* يَقِد arsit *ignis.* X. accendere studuit.

وَقُود materia igniaria. lignum.

وَقَع *fut.* يَقَع cecidit. III. rem habuit *cum muliere. ccap.* IV. cadere fecit.

وَقَف *fut* يَقِف stetit. substitit. IV. consistere fecit.

وَقَى *fut.* يَقِى servavit. tuitus est. *ccga.* et *ccap.* et عَن *vel* مِن *r.* VIII. اِتَّقَى 1) cavit. 2) reverens Dei fuit.

مُتَّق *ag.* VIII reverens Dei.

وَكَد V. confisus est *aliquo. cc.* على *p. et c.* فى *r.*

وَلَج IV. immisit. *ccap.* et فى *r.*

وَلَد *fut.* يَلِد genuit. peperit. IV. *item,*

وَلَد *pl.* أَوْلاد filius. proles.

وِلادة partio. partus.

وَلِى *fut.* يَلِى praefuit. II. praefecit. fugit. *ccga.* V. abiit. recessit. X. superavit. dominus rei factus fuit. *cc.* على.

وَلِى *pl.* أَوْلِيَاء propinquus. amicus. *comp.* أَوْلى propinquior. potior. melior.

مَوْلى *pl.* مَوَال propinquus. amicus. dominus.

وَهَب *fut.* يَهَب *imperat.* هَب dedit. donavit. *cc.* ل *p. et car.*

وَهَاب liberalis.

ى

يَا o! heus!

يبس locus siccus.

يَد dual. يَدَانِ pl. أَيْدٍ, أَيَادٍ manus. بَيْنَ يَدَيْهِ inter manus ejus i. e. ante eum.

يَقِنَ I. II. IV. V. certo scivit. cognovit. certus factus est.

يَقِين certa scientia. certitudo.

يَقِينًا certo. vere.

يَمِين pl. أَيْمَان manus dextra. pars dextera. jusjurandum.

يَهُودِيّ pl. يَهُود, هُود Judaeus. judaicus.

يَوْم pl. أَيَّام dies. يَوْمًا et يَوْم die quodam. ٱلْيَوْم hodie. nunc. إِلَى ٱلْيَوْم hactenus.

Lightning Source UK Ltd.
Milton Keynes UK
UKHW022050140223
417031UK00021B/251